全国技工院校市场营销专业任务驱动型教材（高级技能层级）
全国高等职业学校市场营销专业教材

TONGJIYU FENXI

统计与分析

（第二版）

主　编：刘　泽
主　审：袁　岩

中国劳动社会保障出版社

图书在版编目(CIP)数据

统计与分析/刘泽主编. -- 2版. -- 北京：中国劳动社会保障出版社，2018
全国技工院校市场营销专业任务驱动型教材. 高级技能层级　全国高等职业学校市场营销专业教材
ISBN 978-7-5167-3400-1

Ⅰ.①统…　Ⅱ.①刘…　Ⅲ.①市场调查-统计分析-高等职业教育-教材　Ⅳ.①F713.52

中国版本图书馆CIP数据核字(2018)第110662号

中国劳动社会保障出版社出版发行

(北京市惠新东街1号　邮政编码：100029)

*

北京市艺辉印刷有限公司印刷装订　新华书店经销

787毫米×1092毫米　16开本　17.25印张　338千字

2018年7月第2版　　2018年7月第1次印刷

定价：35.00元

读者服务部电话：(010) 64929211/84209101/64921644

营销中心电话：(010) 64962347

出版社网址：http://www.class.com.cn

http://zyjy.class.com.cn

简介

本书为国家级职业教育规划教材，适用于全国技工院校市场营销专业（高级技能层级）和全国高等职业学校市场营销专业，由人力资源社会保障部教材办公室组织编写。

教材从营销人员必备的统计知识入手，主要介绍了统计数据的收集、整理、分析等一系列统计方法，具体内容包括：认识统计、数据收集、数据整理与图表显示、数据特征的描述、抽样估计、统计指数、相关与回归分析、时间序列分析与预测等。教材采用了任务驱动的编写思路，使学生在具体的任务情境中体会统计方法的应用。教材在编写中尽量减少公式的推导，重点介绍统计方法的原理、适用条件和Excel结果的解释，以培养学生实际处理统计数据的能力。

教材配有电子课件，可通过职业教育教学资源和数字学习中心（http://zyjy.class.com.cn）免费下载。

本书由刘泽任主编，刘建冰、高瑛玮任副主编，张继成、严瑜、曹灵芝、王珏、王琳参加编写，袁岩任主审。

目录 CONTENTS

模块一　认识统计

认识统计
模块一知识框图
统计的内涵
统计学的方法
统计的职能
统计学中的基本概念
统计应用软件
统计学
统计数据
统计工作
总体、样本与个体
参数与统计量
变量
模块一

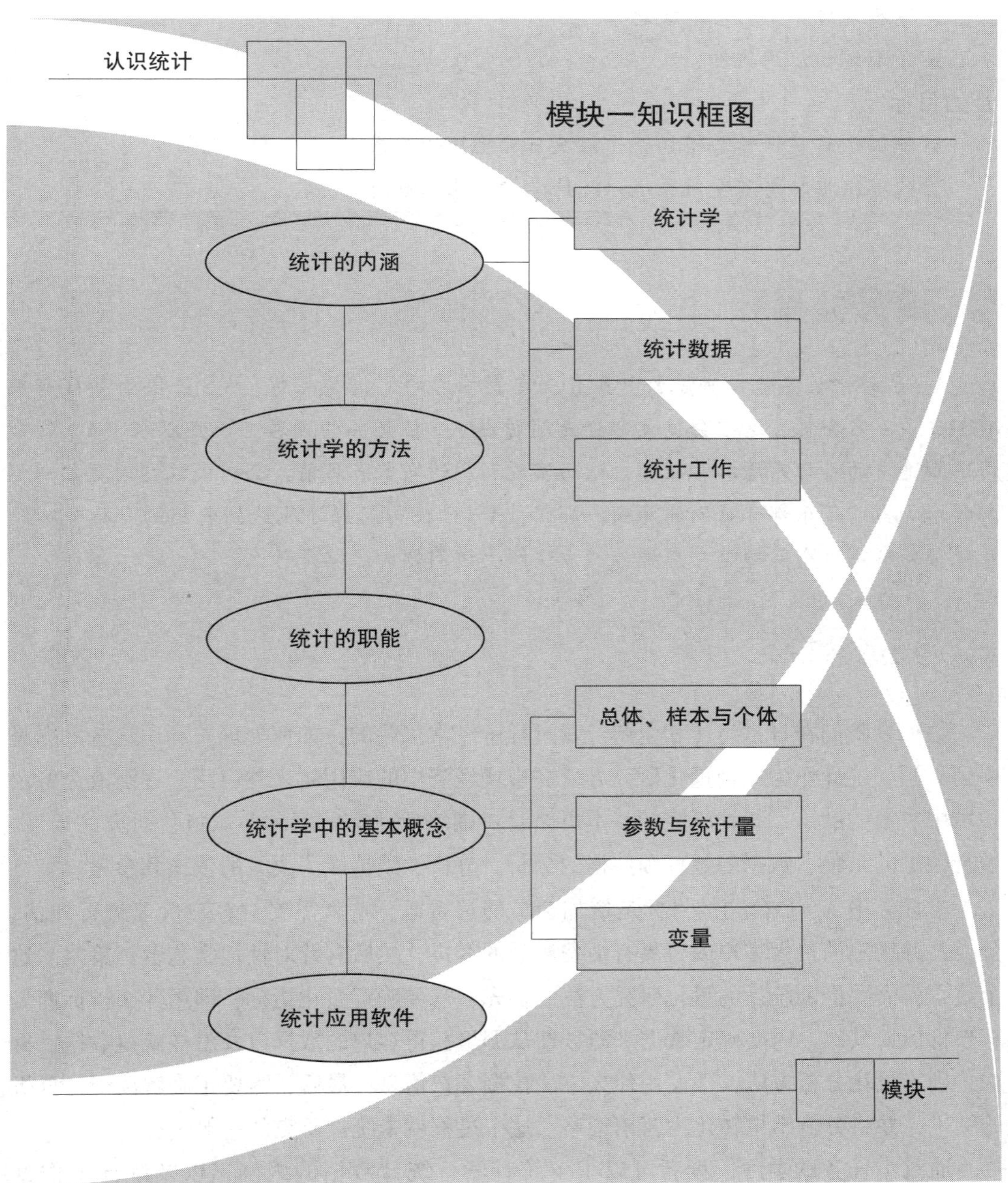

任务　认识统计

知识目标

- 了解统计的内涵
- 掌握统计的职能
- 掌握统计学中的基本概念
- 了解统计应用软件

能力目标

- 能够理解统计学与市场营销以及日常生活的关系
- 能够根据特定研究对象运用统计学中的基本概念

任务引入

A·C牌化妆品是在消费者中具有一定影响力的化妆品品牌，A·C俱乐部目前拥有100多万名会员，这些会员大部分是消费过A·C产品的顾客。一直以来，A·C公司不懈追求的目标是增加营业额，从而实现利润的增长。目前，公司关注的问题之一是怎样增加当前俱乐部会员的消费额。那么，A·C公司怎样才能达到营销的目标呢？统计能帮助解决这个问题吗？用统计的方法解决该问题的思路是什么？

任务分析

数据是我们在日常生活和生产经营过程中经常接触的，如何处理并利用这些数据是一门科学。统计作为一种量化研究方法在市场经济中的应用越来越广泛，逐渐成为各个领域中决策的助手。统计研究的基本思路是：围绕所研究的问题，从量化研究的角度，进行数据的采集、数据的处理和数据的分析，分析的结论成为决策的依据和参考。

本任务中A·C公司的目标是增加会员的消费额，这就需要对客户价值进行评估、分类，并锁定消费大客户或者具有消费潜质的客户，然后有针对性地实施营销策略。这个过程就需要借助统计的量化研究方法。首先，需要确定量化指标，即用什么指标衡量客户价值；其次，需要确定数据来源，即从哪里获得客户的数据以及怎样获得数据；再次，确定量化分析方法，即使用什么方法挖掘客户信息；最后，需要正确解读统计分析的结果，并将分析结果转化为营销策略。这个过程就是统计研究的一般过程。

通过本任务的学习，读者可以了解统计学、统计数据的内涵，以及统计工作过程、统计应用领域和统计应用软件等内容，这些内容的学习将帮助大家对统计产生初步的认识。

相关知识

一、统计的内涵

“统计”一词有三种含义：统计学、统计资料和统计工作。统计学是一系列统计方法的理论阐述；统计资料是统计工作各阶段的成果，也可称为统计数据；统计工作是统计的具体实践活动。

1. 统计学

统计学是关于收集、整理、分析统计数据的科学，是一门方法论性质的科学，其目的是探索数据的内在特征和内在规律性，以达到对客观事物的科学认识。

统计学的这一定义包含了三个要点：

第一，统计学是研究数据的科学，离开了数据，统计学也就失去了它存在的意义，因此有人称统计学是“数据的科学”。

第二，统计学是方法论科学，是研究数据的工具，因此它适用于所有存在数据的学科领域。

第三，统计研究的不是抽象的数据，而是有载体的统计数据，因此，利用统计方法得到的任何数据特征和数据规律性都是与某一研究对象紧密相连的。

在一定的研究目的下，统计通过对个体数据的收集和整理以及对总体数据的分析，获得研究对象整体的特征和变化规律，因此可以说，统计学是利用统计技术帮助人们透过表象去认识本质的科学。

英文“Statistics”一词包含了两层含义，一是作为一门学科的统计学，二是统计数据或统计资料。这说明了统计学与统计数据之间密不可分的关系。

2. 统计资料

统计资料也称为统计数据，是对现象进行计量和分析的结果，是研究对象的特征表现。对个体而言，其特征既可以用数字表示，也可以用文字表示；对总体而言，其特征都是用数字表示的。

（1）统计数据的构成要素

一个完整的统计数据应有三个最基本的构成要素：数据名称、数值和数据计量单位，如图 1—1—1 所示。但在具体表述一个统计数据时，很多情况下只有这三个要素是不够的，还应包含对数据的时间和空间的规定，以及数据其他方面的内涵规定。

图 1—1—1　统计数据三要素

例如，统计数据“2017 年春节期间，全国共接待游客 3.44 亿人次”，既要有数据名称“游客”、数值“3.44”、数据计量单位“亿人次”，还要有时间范围“2017 年春节期间”和空间范围“全国”，少了任何一个要素，数据表达的意义都不完整。

（2）统计数据的分类

对统计数据可以从以下三个角度进行分类，如图 1—1—2 所示。

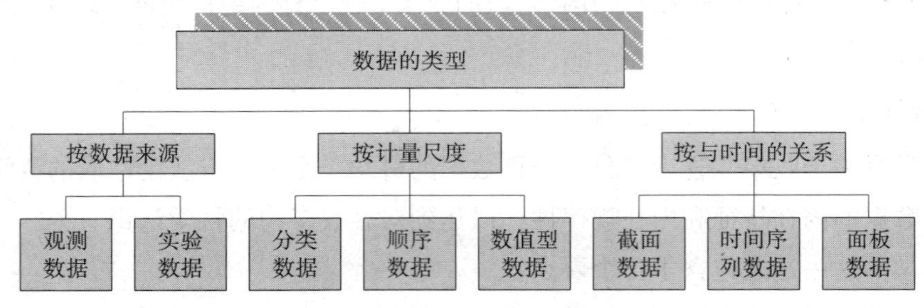

图 1—1—2　统计数据的分类

1）按数据来源不同，可将统计数据分为观测数据和实验数据。

观测数据是通过直接调查或观察收集到的数据。社会经济领域的统计数据基本上都是观测数据。

实验数据是通过对实验对象、实验环境以及实验过程的有效控制而获得的统计数据，这些数据用于考察两个变量之间的因果关系。

2）按计量尺度不同，可以将数据分为分类数据、顺序数据和数值型数据。

分类数据是用文字来表述的，表明事物的不同属性或类别。在统计处理时，用数字代码来表示分类数据的各个类别。例如，用“1”代表“男性”，用“2”代表“女性”，这里的“1”和“2”只表达了性别分属于两个类别一层含义。再如，不同的行业、不同的所有制类型、不同的职业等都属于分类数据。

顺序数据也是用文字来表述的，既表明事物的不同属性，又表明事物的顺序关系。在统计处理时，同样可以用数字代码来表示。例如，用“1”“2”“3”“4”“5”分别代表考试成绩的“不及格”“及格”“中”“良”“优”，这里的 1、2、3、4、5 不仅表明成绩分属于不同的等级，而且表明成绩的高低顺序。再如，不同的教育程度、不同等级的产品等都属于顺序数据。

数值型数据是使用自然或度量衡单位对事物进行计量的结果，用数字来表现现象的数量特征。一个公司的职工人数、产值、销售收入、市场占有率等指标都是用具体的数字来表示的。数值型数据不仅能表明数量上的不同和大小顺序，还能在数据之间进行数量运算。对数值型数据进行分析，可以使用大量的统计分析方法。统计所处理的大都是数值型数据。

分类数据和顺序数据也统称为品质数据或定性数据，数值型数据也称为数量数据或定量数据。

3）按与时间的关系不同，可将统计数据分为截面数据、时间序列数据和面板数据。

截面数据是指某一总体中不同个体单位在相同或近似相同时间上的数据表现。

时间序列数据是指将不同时间上某一指标值列出所形成的按时间顺序排列的数据序列。

面板数据是指总体中不同个体单位在不同时间上的数据表现，即时间序列数据与截面数据的结合。

3. 统计工作

一般把统计工作概括地分为四个阶段，首先是进行统计设计，接下来按设计的要求进行数据收集、数据整理和数据分析，如图 1—1—3 所示。

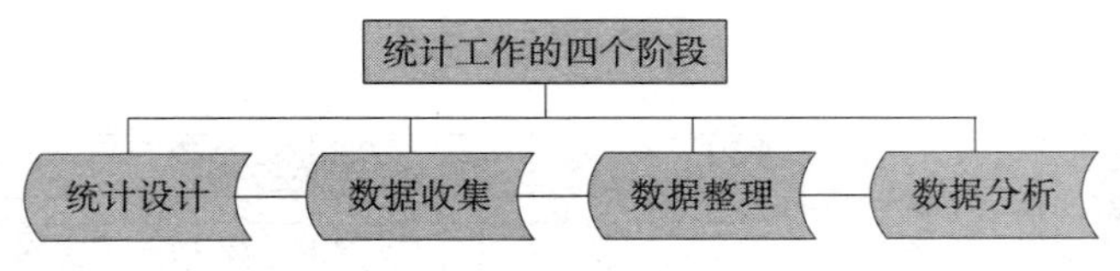

图 1—1—3　统计工作的四个阶段

统计设计是根据统计研究的目的和研究对象的特点，对统计工作各方面和各环节所作的通盘考虑。其中统计指标和统计指标体系的设计是统计设计的首要问题和关键问题。

数据收集是根据统计设计的要求，收集总体中全部或部分单位的个体资料。数据收集应遵循大量观察法的原则，尽可能多地收集样本数据，以降低统计观察的误差。

数据整理是数据收集和数据分析的中间环节。收集到的个体数据是零散的、不系统的，通过数据整理可以对收集到的数据进行分组归类，并用合适的统计表或统计图展示数据的特征。而在数据整理前，通常需要对原始数据进行审核和处理，比如，对某些数据进行折算，补齐空缺的数据，纠正错误数据等，以减少数据的计量单位、缺失值等因素对分析结果的影响。

数据分析是通过相应的统计方法研究数据的规律性和数据之间的关系。对数据进行分析，首先，应树立“用数据说话”的基本理念，从数据中得出结论，从数据中找出规律，而不是用数据去支持人们希望得到的某种结果。因为真正的统计分析事先是没有结论的，结论只能从数据分析中得到；其次，统计分析不是统计人员的专利，只要是利用统计方法对数据（包括生产数据、销售数据、财务数据等）进行分析就是统计分析；最后，正确选择分析方法很重要，对于相同的数据，使用不同的方法会得出不同的结论，因此，在选择统计分析方法时应考虑统计方法的适用条件。

二、统计学的方法

统计学从 17 世纪产生发展到今天，其应用领域不断扩展，统计方法日趋丰富。传统统计学以描述统计为主，主要包括数据的收集、整理、图表显示和数据的综合测度等内容，描述统计是统计学的基础和统计工作的起步。现代统计学产生于 20 世纪初，其方法包括抽样理论、参数估计、假设检验、方差分析、统计决策理论、非参数统计、现代时间序列分析、多变量分析等，以推断统计为主，推断统计是现代统计学的核心和统计研究的关键环节。现代统计学体现了对数学方法的广泛吸收和应用，现代统计方法的应用也提高了数据分析的效率和数据挖掘的深度。

本教材按照统计工作的不同阶段分别介绍了数据收集、数据整理和数据分析方法。不同的方法分别适用于不同的研究目的和不同类型的数据。如图 1—1—4 所示是实际工作中最常用的统计方法，也是本教材将要介绍的方法。

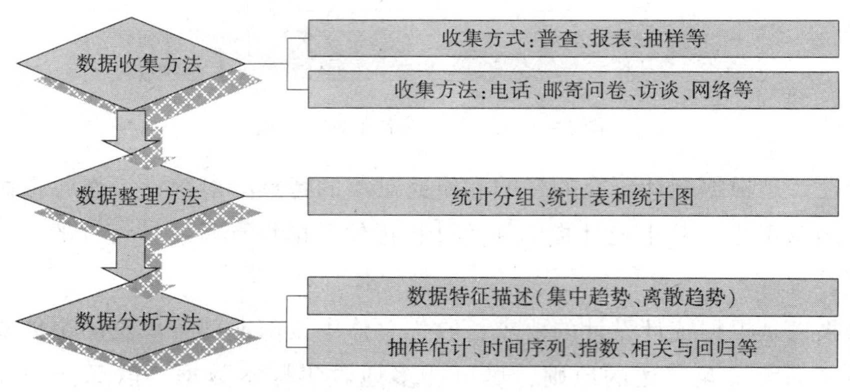

图 1—1—4　统计研究方法

任何统计方法的有效性都取决于研究对象是否满足方法的适用条件或基本假设，误用统计学方法可能会导致描述上的偏离或者推论的错误，而这个错误又可能导致决策的失误。因此，作为统计方法的使用者应正确使用统计方法，避免误用。

三、统计的职能

统计的职能可以概括为信息、咨询和监督。信息职能是统计的基本职能，是指采集、处理、传递、存储和提供以数量描述为基本特征的社会经济信息。咨询职能是指利用已经掌握的丰富的统计信息资料，运用科学的统计分析方法和先进的技术手段，开展综合分析和专题分析，为科学决策和科学管理提供可选择的咨询建议和决策方案。监督职能是指运用调查和分析的结果，对研究对象的运行状况进行定量检查、监督和预警，以确保研究对象的健康发展。

目前，统计方法已应用到几乎所有的研究领域，大量自然现象、社会经济现象的观察都离不开统计工具的使用。有些学科广泛地应用统计方法并拥有各自的统计术语，如生物统计、医学统计、卫生统计、商务统计、经济统计、人口统计、心理统计、教育统计、社会统计、文献统计、体育统计等。如图 1—1—5 所示是一部分应用统计的领域。

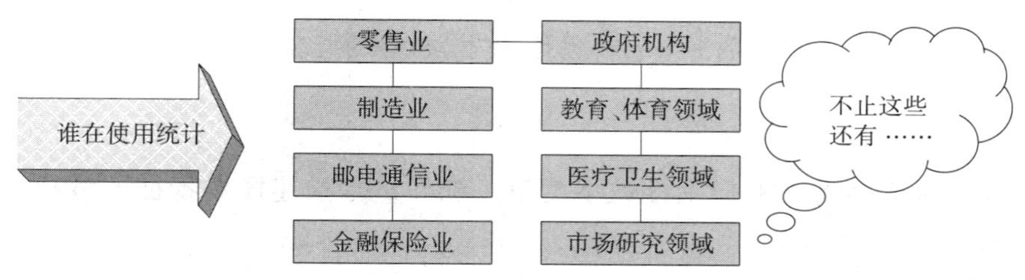

图 1—1—5　统计的应用领域

统计在工商业领域扮演着一个重要的角色。一个工商管理人员会经常面临大量企业经营管理方面的数据，而这些数据只有被分析、提炼后才能成为管理人员进行管理和决策的依据。在遇到一个商业问题时，借助于统计工具解决问题的思维过程如图 1—1—6 所示。

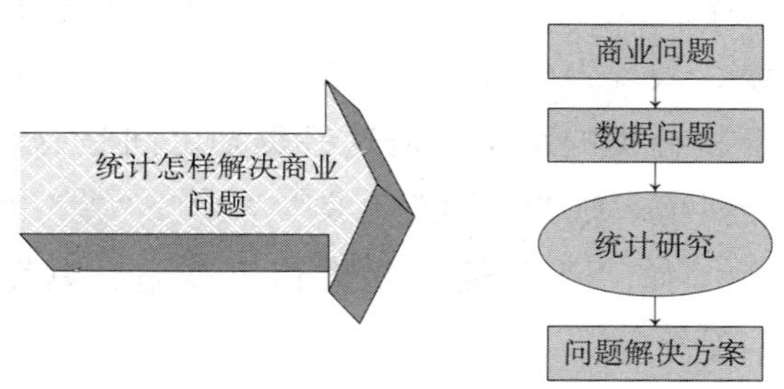

图 1—1—6　应用统计的思维过程

需要说明的是，统计从量化角度去解决商业问题，并不排斥定性分析，只有将统计运算结果与行业背景和具体的商业问题相结合，才能得出正确的结论。

四、统计学中的基本概念

1. 总体、样本与个体

总体是客观存在的、性质相同的大量个体组成的整体，是由统计研究目的决定的统计研究对象的全体。个体是组成总体的个别单位。

样本是从总体中抽取出来的一部分个体组成的整体。抽样的目的是用样本数据推断总体数据特征。例如，研究某产品用户的满意度，可从该产品的用户中随机抽取5%的用户构成样本。总体、样本与个体的关系如图1—1—7所示。

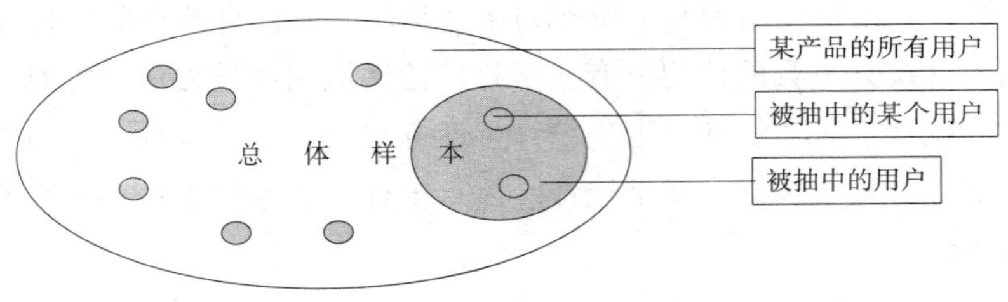

图1—1—7　总体、样本与个体的关系

2. 参数与统计量

参数是描述总体特征的概括性数字度量。统计量是描述样本特征的概括性数字度量，用于估计总体参数。

无论是总体参数还是样本统计量，体现的都是对个体数据的综合，结果都用数字表示。习惯上，也将总体的综合数量特征称作统计指标。

3. 变量

变量是描述个体特征的概念，变量的具体取值称为变量值。

变量按其表现形式不同分为品质变量和数值型变量。品质变量是用文字表示的，包括分类变量和顺序变量。分类变量是对事物分类的结果，数据表现为类别，如“行业”是分类变量，表现为“IT业”“物流业”“旅游业”等不同类别的行业。顺序变量也是对事物分类的结果，但这些类别之间是有顺序的，如“服务等级”是顺序变量，其变量值表现为“优”“良”“中”“差”四个顺序等级。数值型变量是用数字表示的，如“营业额”是数值型变量，其变量值为“20万元”“30万元”“40万元”等。

数值型变量根据其变量值取值不同，分为离散型变量和连续型变量。离散型变量一般用来反映以自然整数计量的数量表现，变量值之间以整数位断开。例如，企业从业人数1 000人，在999和1 000两个整数之间没有小数值；连续型变量的取值是连续不断的，可以是一个区间内的任何值，如销售收入20万元是一个整数，但在顺序的两个“万元”之间可以有小数值，表示比万元更小的计量单位上的取值。

五、统计应用软件

统计中的众多公式、符号及数字令很多人望而生畏，尤其是运算较为复杂、数据量较大的时候，通过手工进行计算难以实现。幸运的是，统计可以借助于计算机技术来改变这一难点。目前，可以用于统计数据处理和分析的软件很多，除 Excel 外，专业的统计软件还有 SPSS、SAS、Minitab、Eviews 等，由于本教材不涉及很复杂的统计分析，因此选择具有较高普及率的 Excel 软件作为统计入门学习和掌握常用数据处理方法的工具。

Excel 具有强大的表格格式化功能、计算和函数功能、图表制作功能等，可以用来制作电子表格、图形，完成许多复杂的数据运算，进行数据的分析和预测，具有功能强大和使用方便等特点，广泛应用于会计、财务、金融、营销、贸易、统计、行政等领域，是比较适合非统计专业的经济管理人员使用的统计应用软件。

本教材中有关运算的任务实施均借助于 Excel 来完成。

任务实施

一、完成任务的思路

该任务的最终目标是增加现有俱乐部成员的销售额，思路是利用统计方法收集、整理和分析数据，从而找出最有价值的会员。

二、实施办法

1. 采集现有俱乐部成员的信息

信息主要来自公司内部，会员的入会申请表提供了姓名、地址、联系方式以及人口统计学（如性别、年龄、受教育程度、职业、家庭收入等）、心理统计学（如购物方式、付费方式、媒体偏好等）等方面的背景资料，公司还记录了每一位会员购物的日期、购买产品的种类、价格等信息。其中，判断客户价值最重要的变量是购买金额。

2. 资料整理

第一，汇总每一位会员的购买金额；第二，按购买金额排序；第三，按购买金额对所有会员进行分组。

3. 数据分析

分析各组会员的群体特征（如购买金额占公司总销售额的比重、平均购买金额等），在组与组之间找出差别，并结合其他变量（如家庭收入、年龄等）综合分析，找出最有价值的会员。

4. 制定营销策略

对不同的顾客群采用差异化的营销手段，如公司可以向那些只是偶尔购买产品的会员提供优惠，目的是鼓励他们增加购买本公司产品的频率；对价值比较大的会员提供更优质的服务，如加大优惠力度、举行俱乐部活动等，以最小的促销成本获得更大的销售额回报。

思考与练习

一、选择题

1. 利用统计方法认识研究对象的统计活动有（　　）。

A. 咨询数据　B. 收集数据　C. 分析数据　D. 整理数据

2. 属于某一有序类别的非数字型数据是（　　）。

A. 支付方式（现金、支票、刷卡）　B. 购物金额

C. 公司规模（大、中、小）　D. 年龄

3. 一个统计数据的构成要素有（　　）。

A. 名称　B. 数值　C. 时间范围　D. 计量单位

4. 在不同时间上收集到的数据是（　　）。

A. 观测数据　B. 实验数据　C. 截面数据　D. 时间序列数据

5. 描述总体的特征值称为（　　）。

A. 统计量　B. 变量　C. 参数　D. 变量值

6. 下列属于离散变量的是（　　）。

A. 某公司职工总人数　B. 城乡居民储蓄存款余额

C. 职工的月收入　D. 全国城镇居民家庭总户数

二、思考题

1. 什么是统计学？举出几个统计应用的例子。

2. 统计数据可分为哪几种类型？举例说明各类型数据的特点。

三、综合应用题

1. 判断下列数据属于分类数据、顺序数据还是数值型数据：品牌、职业、产品的满意度（满意、较满意、一般、不太满意、不满意）、考试成绩、市场占有率、流动资金占用额、学历、购物方式、月收入。

2. 某市的城市抽样调查队随机抽取了 1 000 户居民作为固定样本记录其每月的消费支出情况，连续记录了 12 个月，城市抽样调查队对这 1 000 户居民 12 个月的每月消费总额及消费构成进行了汇总和分析，以此估计该市居民的消费支出情况。

（1）指出该调查的总体、样本、个体以及参数、统计量、变量。

（2）每月支出额是分类变量、顺序变量还是数值型变量？

（3）每月食品支出是离散变量还是连续变量？

（4）某月这 1 000 户居民的支出额和 12 个月各月 1 000 户居民的平均支出额分别是

时间序列数据还是截面数据？

（5）上述数据是观测数据还是实验数据？

3. 某校组织了一次学生消费水平的调查。该校共有在校生 5 000 人，随机调查了 800 人。

（1）指出该项调查的总体、总体单位、样本、样本单位、变量（数值型变量、品质变量）、统计量。

（2）使用该项调查中的资料，举例说明离散变量和连续变量。

模块二　数据收集

数据收集
模块二知识框图
二手数据的收集
二手数据及其来源
二手数据的评估
原始数据的收集
统计调查方案
原始数据收集方式
原始数据收集方法
模块二

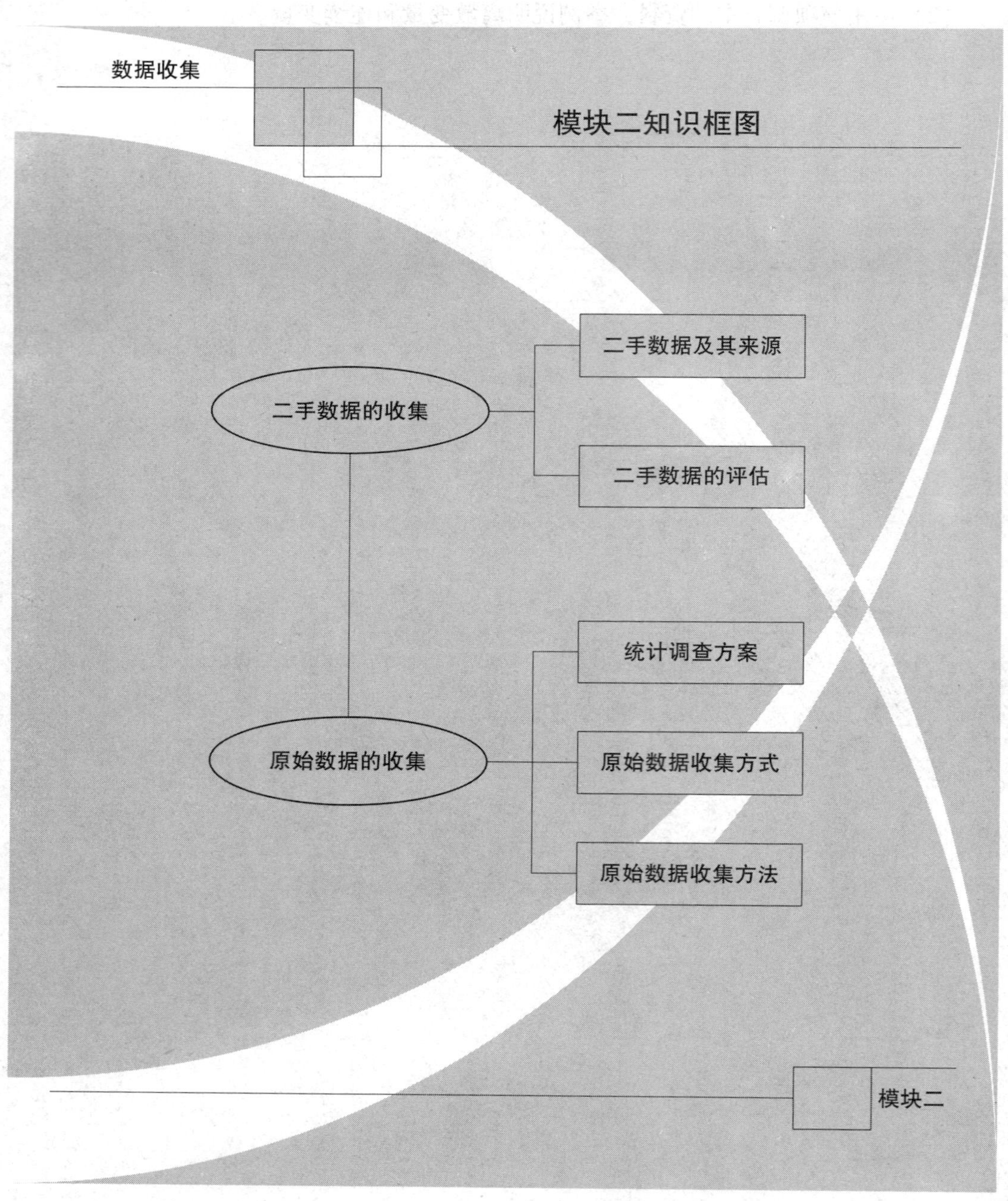

任务1　二手数据的收集

知识目标

- 了解二手数据的概念及其来源
- 掌握二手数据的评估

能力目标

- 能够正确理解二手数据的作用
- 能够使用正确的途径和方法获取二手数据

任务引入

公司副总裁兼新产品部经理比尔希望通过公司建立的比较完善的内部信息管理系统，采用调用内部数据的方法来了解公司新推出产品的销售情况。那么，比尔调用的公司内部数据属于原始数据还是二手数据？比尔应如何利用公司内部数据满足其需要？

任务分析

数据收集是统计工作的开始，数据的质量直接影响着整个统计工作的质量。数据从来源上大体分为原始数据和二手数据两类。通过互联网等现代传媒技术，人们可以快捷地获取相关的二手数据，这些二手数据往往可以满足调查者的某种需要。即使不能满足调查者的全部需要，二手数据的收集也是一切调研的起始阶段，它能够为调查者提供所研究问题的背景材料和相关资料，帮助调查者了解问题的基本情况并明确下一步的研究思路。因此，有关二手数据的收集安排在本模块中作为第一个任务介绍，通过本任务，能够了解什么是二手数据，二手数据有哪些来源，二手数据有什么特点以及如何正确利用二手数据等问题。

相关知识

一、二手数据

从数据使用者的角度看，数据有两个来源：直接来源和间接来源，这两个来源对应的分别是原始数据和二手数据。

二手数据也称为二手资料或次级资料。二手数据是指现已存在的、由数据使用者之外的第三者编纂的、存在于相关机构的数据资料。

二手数据在市场调查中扮演着重要的角色，与原始数据的收集有着相辅相成的关系。原始数据是调查者为解决特定问题而收集的第一手数据，包括直接的访问数据、观察数据和实验数据。二手数据是以前调查、现已存在的数据。二手数据可以使调查者在研究初期，以较短的时间和较低的成本获得必要的信息，但如果需要的数据查询不到，或数据的时效性、广泛性、相关性等方面不能满足调查者的特殊要求，则需要进行原始数据的收集。

二手数据可以帮助人们解决以下问题：明确研究的问题，更好地定义问题，寻找处理问题的途径，构造适当的设计方案，检验某些假设，更深刻地解释原始数据等。

二手数据的获取具有快速、便捷和成本低等特点，如果调查者能善于获取和利用二手数据，将节约大量的调查时间和调查经费。

二、二手数据的来源

二手数据的来源很广泛，从一个企业来看，既包括内部数据，又包括外部数据，如图 2—1—1 所示。

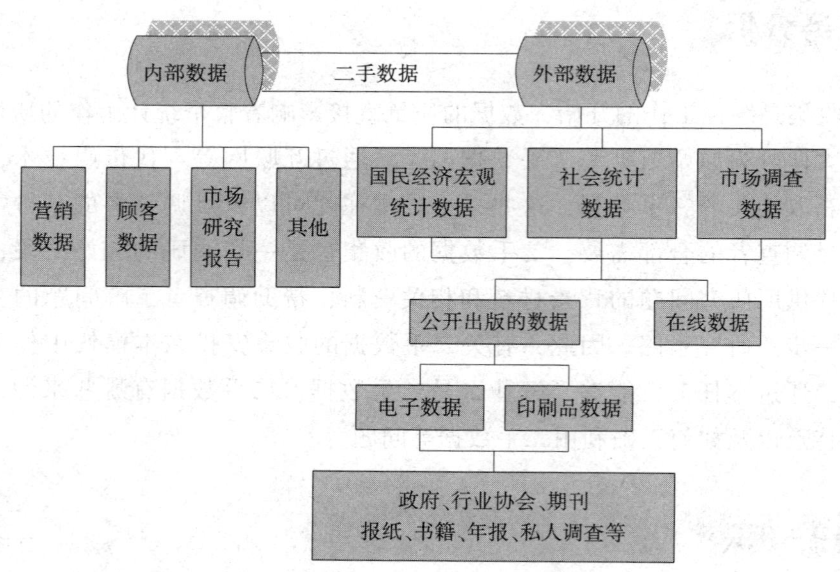

图 2—1—1　二手数据的来源

1. 内部数据

在市场调查中，调查研究的重点是市场资料，企业内部的二手数据虽然不能完全适用于所研究的问题，但若能将企业内部的二手数据加以系统化地分类、整理以及进一步地深入分析，将有助于市场研究的进行。

企业内部常见的二手数据是营销数据、顾客数据以及相关的市场研究报告。营销数据包括不同产品、年度、客户、营业场所的销售量（额），以及产品普及率、市场占有率、购买频率、广告促销数据等。顾客数据可分为特定对象数据和不特定对象数据两类。特定对象数据是指现有客户档案数据，由于是既有数据，在探索新产品动向时，可由现有客户延伸至新客户；不特定对象数据是指非现有客户，即待开发的客户数据。

很多重视数据管理的企业，拥有丰富的内部数据库，内部数据库成为数据营销的工具。有些企业内部数据库规模庞大，如福特汽车公司的数据库有 5 000 万个客户信息，卡夫通用食品公司有 3 000 万个客户信息。

随着大数据时代的到来，企业越来越重视内部的数据化建设。企业基于以人为中心或是以产品为中心收集的数据量越来越大，对于经营过程中的数据，即使当前没什么用也要采集和保存下来，以备需要时使用。例如，餐厅对客人来就餐时产生的所有信息进行记录，例如客人人数、客人性别和年龄、是否有老人或小孩、选择本餐厅的原因、菜品喜好、点菜时长、用餐时长、对菜品的满意度等。这些记录将成为数据挖掘的基础，长此以往，企业所积累的数据将十分庞大。

2. 外部数据

外部数据是指不存在于公司内部，而是存在于其他机构，如政府机构、市场研究机构等第三者所发布或研究出版的数据资料。常见的二手数据可以分为国民经济宏观统计数据、社会统计数据和市场调查数据三部分。

国民经济宏观统计数据，如国内生产总值、经济增长率、利率、汇率、失业率等指标，这些数据有助于调查者对总体经济发展趋势的判断和预测分析。

社会统计数据，如家庭、人口（人口数量、人口结构）、社保数据等。不同的人口结构将对产品的市场结构产生影响。

市场调查数据主要是指市场需求量方面的统计数据。

需要指出的是，互联网的迅速发展为二手数据的收集提供了极大的方便，互联网逐渐变成一种有力的调研工具，正在替代出版印刷材料作为二手资料的主要来源。

三、二手数据的评估

对二手数据的使用者来说，二手数据既有显著的优点，又有明显的局限性，如图 2—1—2、图 2—1—3 所示。

使用二手数据应考察其是否能与当前研究的问题相吻合，很多时候二手资料在内容的相关性、数据的准确性和时效性方面会存在一些问题。因此，在使用二手数据前应对二手数据进行评估，主要从以下几个方面进行（见图 2—1—4）。

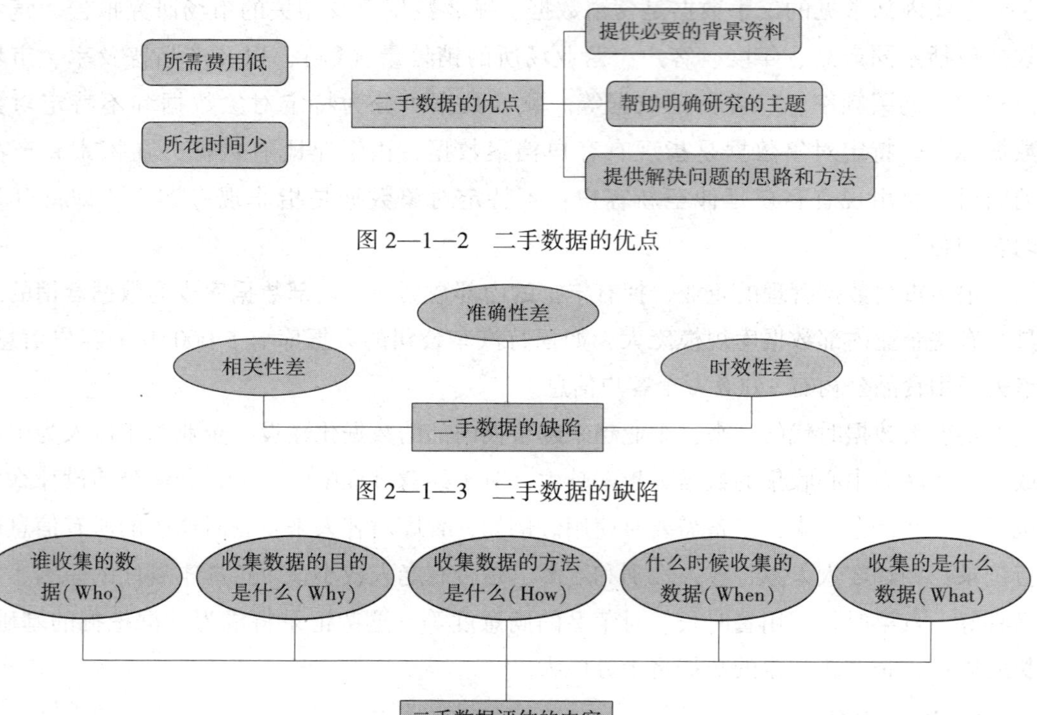

图 2—1—2　二手数据的优点

图 2—1—3　二手数据的缺陷

图 2—1—4　对二手数据的评估

1. 谁收集的数据（Who）：同一数据会有多个来源，政府部门和比较专业的市场调查公司收集并公布的数据更可靠。

2. 收集数据的目的是什么（Why）：了解收集数据的动机有助于判断数据的质量。

3. 收集数据的方法是什么（How）：不同的收集方法使得数据的误差不同。

4. 什么时候收集的数据（When）：过时的调查数据，或者在当前研究所不关心的时间调查的数据可参考性差。

5. 收集的是什么数据（What）：带有倾向性的数据、样本量很小的数据、相互矛盾的数据等，在使用时都应加以注意。

任务实施

一、数据来源

比尔调用的公司内部数据属于二手资料。

二、数据利用过程

比尔比较了上一季度的实际月销售额与预测数，发现新产品的实际销售额明显低于预测数，产生了预测是否过于乐观的疑问。他又比较了其他产品的实际销售额与其预测数，发现预测是很准确的。他猜想新产品之所以出现实际销售额低于预测数的现象，是由于销售部没有得到足够的指导，或者没有很好地利用指导。于是，他逐一检查每个产品产生实际销售的指导比例。结果显示，只有5%的新产品指导最终带来了订单，而公司在这方面的平均比例是12%。综合分析后，他推断是销售人员对新产品没有给予足够的支持而造成现在的结果。信息系统还可以提供更多支持这一推断的证据，但比尔已经获得了他需要的足够信息，于是他根据自己的判断和经验开始采取行动，决定和公司销售经理谈一谈。

思考与练习

一、选择题

1. 属于二手数据的是（　　）。

A. 公司内部数据库　　B. 行业资讯

C. 网上获得的调查报告　　D. 公司营销部门的实验数据

2. 二手数据的特点是（　　）。

A. 采集数据的成本低　　B. 数据收集比较容易

C. 数据相关性较差　　D. 不一定适合自己的研究需要

二、思考题

1. 什么是二手数据？从哪里可以获得二手数据？

2. 如何评估二手数据？

三、综合应用题

某咨询公司在为一个企业进行长期战略策划时，需要做一份潜在客户的地区性简介，公司希望找到各地区包括企业地址、产品名录、主要领导姓名、员工数量、销售情况等资料在内的企业介绍，那么，该咨询公司如何获得上述资料呢？

实训

确定感兴趣的主题，通过网络收集相关信息；同学之间交流，讨论哪些网站可以提供你所关心的信息；对收集到的二手数据进行评估。

任务 2　原始数据的收集

知识目标

- 了解统计调查方案
- 掌握原始数据收集方式
- 掌握原始数据收集方法

能力目标

- 能够根据特定的研究任务，选择合适的调查方式和方法设计调查方案

任务引入

某市想了解市民对本市治安环境的态度，并希望在 10 天之内得到调查结果，请设计合适的统计调查方案去收集市民对治安环境态度的第一手数据。

任务分析

从本质上来讲，一切统计数据都来源于原始数据。相对于二手数据，对原始数据的收集需要耗费较多的人力、物力、财力和时间。为了获取高质量的原始数据，需要对调查活动进行周密的设计，选择合适的调查方法，并对数据收集过程进行严格的控制。本任务的主要目的是引导大家学习原始数据的收集方法。

相关知识

一、统计调查方案

统计调查方案从广义上讲包括从确定统计调查目的到形成统计调查报告的一个完整过程的设计，如图 2—2—1 所示；从狭义上讲只是统计调查阶段的指导性文件，如图 2—2—2 所示，具体参见文后的“链接 1：消费者行为调查计划”。

狭义上的统计调查方案应包括以下内容：

1. 明确调查目的

调查目的是调查者通过调查需要弄清楚和解决的问题。调查目的是由统计研究的任

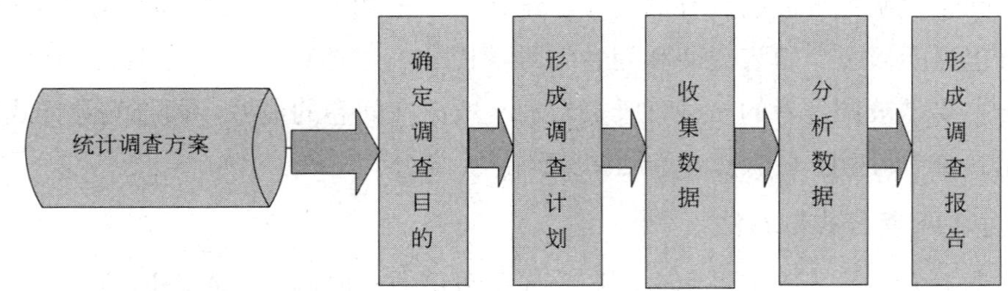

图 2—2—1　广义的统计调查方案

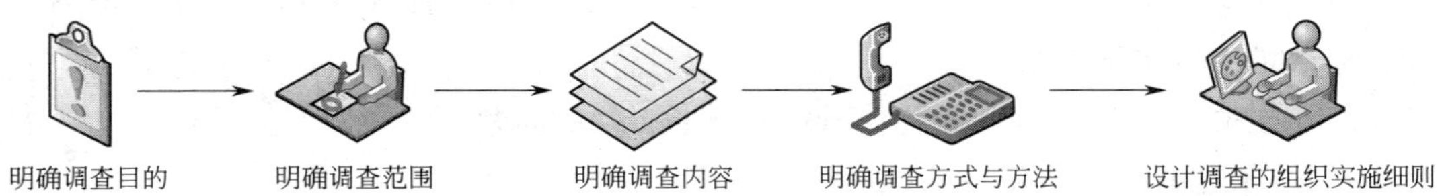

图 2—2—2　狭义的统计调查方案

务所决定的，解决的是“为什么调查（Why）”的问题。只有明确了调查目的，才能确定调查谁、调查什么、怎么调查等问题，因此，调查目的应规定得具体而明确。

2. 明确调查范围

调查范围包括调查对象范围、调查地区范围和调查时间范围等，解决的是“调查谁（Who）”“到哪儿调查（Where）”以及“什么时候调查（When）”等问题。

调查对象是指根据调查目的确定的由所有调查单位构成的总体，调查单位是调查对象中的每一个单位，是调查内容的载体。

调查地区是指调查活动所覆盖的地理范围。

调查时间包括调查数据所属的时间和调查的工作期限。调查数据所属的时间有时期和时点两种，时期数据是指数据所涵盖的一个时间段，时点数据是指统计该数据时的时间点；调查的工作期限是指调查工作从开始到结束所持续的时间。

3. 明确调查内容

调查内容就是对所要调查单位进行调查的事项，解决的是向调查单位“调查什么（What）”的问题。

在大多数的统计调查中，一般采用表格的形式来记录调查内容。使用统计表调查便于调查资料的登记和汇总整理。常用的调查表有单一表和一览表两种形式，在一张表中只记录一个调查单位数据的表格称为单一表，在一张表中同时记录多个调查单位数据的表格称为一览表。

在市场调查过程中，经常将调查内容设计成问卷的形式。问卷在市场调查中扮演着十分重要的工具角色。问卷是调查者根据调查的目的和要求所设计的由一系列问题、备选答案和问卷说明等组成的调查形式。在结构上一般由开头、主体和背景三部分组成。开头部分包括问候语、填表说明和问卷编号等内容，主体部分是一系列的问题及答案；背景部分主要是被调查者的一些背景资料，一般放在问卷的最后。调查问卷样式参见文后的“链接 2：购物中心消费者意见调查问卷（部分）”。

4. 明确调查方式与方法

明确调查方式就是决定采用全面调查还是采用非全面调查。在市场调查中，通常采用非全面调查，其中，抽样调查是普遍采用的一种市场调查方式。

明确调查方法就是决定与被调查单位沟通的形式，常用的调查方法有面访、电话调查、邮寄问卷调查等形式。

调查方式与方法解决的是“怎样调查（How）”的问题。

5. 设计调查的组织实施细则

除上述问题外，还要考虑调查实施中的一些具体细节问题，如调查进度管理、经费来源与预算、调查人员的组织和培训、宣传等。

二、原始数据收集方式

原始数据是指对调查单位直接调查或观察所获得的第一手数据。

收集原始数据的方式可以归为两类，一是对调查总体实施全面的调查，常用的调查形式是普查和统计报表；二是对调查总体中的一部分个体实施调查，常用的调查形式是抽样调查、重点调查和典型调查。在政府统计方面，《统计法》规定：“收集、整理统计资料，应当以周期性普查为基础，以经常性抽样调查为主体，综合运用全面调查、重点调查等方法，并充分利用行政记录等资料。”

1. 普查

普查是为了某一特定目的而专门组织的一次性全面调查。对于不需要经常调查但又需要掌握其全面情况的现象可采用普查的形式。普查一般是对某一现象总体在一定时点上的状态所作的调查。世界各国对重大国情国力的调查，通常都采用普查的方式。

普查在我国统计调查体系中处于基础地位，我国也正式确立了周期性普查制度。2003 年 8 月，经国家统计局、国家发展和改革委员会、财政部共同研究，并报请国务院批准，对国家普查项目和周期安排进行了调整。调整后的普查项目包括人口普查、农业普查和经济普查三项。人口普查以自然人为对象，主要普查全国人口和住房以及与之相关的重要事项，每 10 年进行一次，在尾数逢 0 的年份实施。农业普查以从事第一产业活动的单位和农户为对象，主要普查农、林、牧、渔业的发展变化情况，农业普查每 10 年进行一次，在尾数逢 6 的年份实施。经济普查以企业事业组织、机关团体和个体工商户为对象，主要普查第二、第三产业的发展变化情况，该项普查于 2004 年在全国首次进行，以后每10年进行两次，分别在尾数逢3、8的年份实施。

普查数据具有全面、准确、规范化程度高的优点，但所耗费的人力、物力、财力很大，所需时间较长。

2. 统计报表

统计报表是我国政府统计部门收集资料的组织形式，它是按照国家统一规定的表格形式、统一的指标项目、统一的报送时间，自上而下布置、自下而上填报统计资料的一种调查形式，具有统一性、全面性、周期性和可靠性等特点。

我国的统计报表体系由国家统计报表、业务部门统计报表和地方统计报表组成。统计报表按报送时间分为月度、季度的定期统计报表和年度统计报表。国家统计报表制度有周期性普查制度、经常性调查制度和非经常性调查制度。周期性普查制度是就我国社会经济发展的状况，由国务院组织，每隔一段时间进行一次普查的统计调查制度。经常性调查制度是由国家统计局制定，或由国家统计局与国务院其他部门共同制定，进行年度和定期（半年、季度、月度等）经常性统计的统计调查制度。非经常性调查制度是由国家统计局制定，或由国家统计局与国务院其他部门共同制定，在一定时期内持续实施或一次性实施的专项调查、试点调查等临时性统计调查制度。例如，现行的一套报表统计调查制度，其统计范围是规模以上工业（年主营业务收入2 000万元及以上）、有资质的建筑业、限额以上批发和零售业（批发业年主营业务收入2 000万元及以上、零售业年主营业务收入500万元及以上）、限额以上住宿和餐饮业（年主营业务收入200万元及以上）及全部房地产开发经营业等国民经济行业法人单位及所属的产业活动单位，规模以上服务业法人单位，其他有5 000万元以上在建项目的法人单位，以及工业生产者价格统计调查样本法人单位。调查项目包括调查单位基本情况、从业人员及工资总额、财务状况、生产经营情况、能源和水消费、固定资产投资、研发活动、信息化和电子商务交易情况等，资料采取联网直报方式，严格按照分行业报表规定的调查内容和上报时间，独立自行报送数据。

3. 抽样调查

抽样调查是抽取调查对象中一部分单位构成样本，对样本实施调查以获取总体特征的一种非全面调查方式。抽样调查相对于全面调查，具有节省人力、物力和财力，调查误差小，操作灵活和取得资料较快等优点，是统计调查中的常用方法。

目前，我国政府统计部门的人口变动情况调查、城乡住户调查、农产量调查、物价调查以及农村劳动力结构、固定资产结构等调查均采用了抽样调查的方法。同时，我国也确立了抽样调查在统计调查体系中的主体地位。在商业性的市场调查活动中，对调查对象实施全面调查往往是不可能或者是没有必要的，抽样调查便成为市场调查活动中运用最为广泛的一种调查方式。

样本的抽取有概率抽样和非概率抽样两种方式。

（1）概率抽样

概率抽样是按随机原则从总体中抽取样本。随机原则是指在抽取样本时不受主观意识的影响，通过随机化程序抽取调查单位，使每个单位都有被抽中的机会，或者说每个单位都有被抽中的概率，只是被抽中的概率大小不同。实践中，概率抽样又可以根据实际情况采用简单随机抽样、等距离抽样、分层抽样、整群抽样和多阶段抽样等不同的具体操作方式，如图 2—2—3 所示。详细解释见模块五。

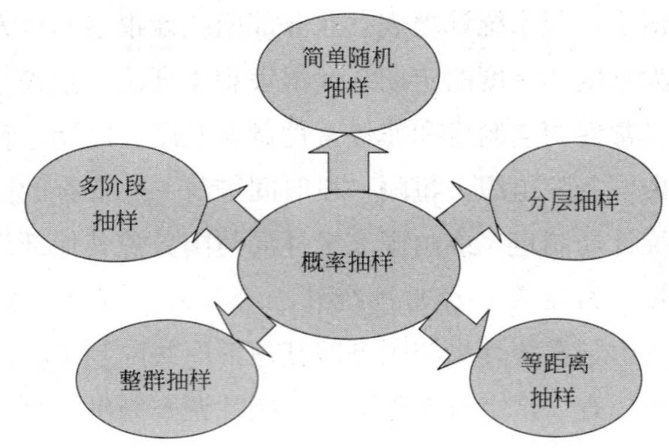

图 2—2—3 概率抽样方法

（2）非概率抽样

非概率抽样是指在抽取样本时，不是按照随机原则，而是根据研究目的及对数据的要求，采用某种方式从总体中抽取部分单位进行调查，总体中的一部分单位因各种原因不会被抽到，或者说一部分单位被抽中的概率为零。实践中，常用的非概率抽样方法主要有便利抽样、判断抽样、滚雪球抽样、配额抽样等，如图 2—2—4 所示。

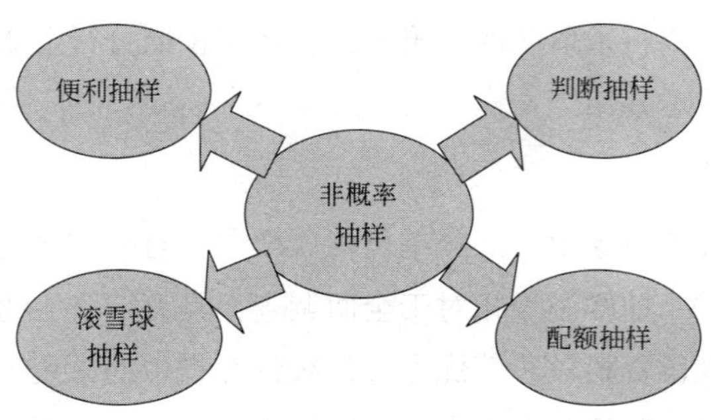

图 2—2—4 非概率抽样方法

便利抽样以便利性为原则，不考虑抽样误差的大小。便利抽样不适合于正式抽样，也不可以用于对总体参数的估计，常用于正式抽样前的试测抽样，如调查员在街头、商店、公园等公共场所进行的拦截式调查。

判断抽样是调查人员在抽样之前先进行主观判断，判断基本单位符合研究目的的程度，符合者选入样本中，不符合者舍去。虽然总体中的单位不具有相同的中选概率，但有时也会产生有效的抽样结果。例如，要了解不同年龄消费者对某种食品的评价，可根据主观判断在购买该种食品的人群中分老、中、青、小四类人各选中 10 位，进行询问调查。

滚雪球抽样在抽样过程中完全不考虑抽样的概率问题，首先选中一组调查单位对其实施调查，并根据该组调查单位提供的线索进行此后的调查，如滚雪球般，样本越滚越大。例如，欲对保姆进行调查，首先调查 A 保姆，再由 A 保姆介绍另外 10 名保姆，这 10 名保姆再每人分别提供 10 名保姆名单，如此，调查的保姆人数由 1 人增加到 11 人（1+10），再增加到 111 人（1+10+100），如此滚雪球般获得足够量的有效样本。

配额抽样类似于概率抽样中的分层抽样，是非随机抽样方法中应用最广的一种抽样方法。配额是按照某变量，如性别、年龄等在总体中的实际分布比例来分配样本数量。配额抽样的最大优点是经济和便利，但配额抽样只管样本分配额度的完成，难以顾及额度分配中样本抽选的随机性原则，所以不太适合正式抽样。

抽样方法的选择，需要综合考虑研究的目的、研究所具备的条件和研究对象的特点等因素。

4. 重点调查和典型调查

重点调查是从调查对象中选择一部分重点单位进行调查的一种非全面调查方式。重点单位是指在调查单位数量上只占全部调查单位总量的较小比重，而在调查的变量值上却占总体较大比重的单位。对这部分重点单位进行调查所获得的统计数据能够反映某一现象发展变化的基本趋势。例如，要了解全国钢铁产量的增长情况，只要对全国为数不多的大型钢铁企业的产量进行调查，就可以掌握我国钢铁产量的基本情况了。和抽样调查不同的是，重点调查取得的数据只能反映总体的基本发展趋势，不能用以推断总体，因而只是一种补充性的调查方法。这种方法的优点是，所投入的人力、物力、财力较少，调查所需时间较短。一般来说，在调查任务只要求掌握总体在某一方面的基本情况，而部分单位又能比较集中地反映总体在这一方面的情况时，就可以采用重点调查方式。

典型调查是在对所研究对象进行全面分析的基础上，选择少数有代表性的单位进行深入调查的一种非全面调查方式。典型调查也被称为“解剖麻雀”的方法。典型调查的目的是通过对典型单位的深入研究来描述或揭示事物的本质和规律，因此所选择的典型单位应具有代表性。例如，要研究工业企业的经济效益问题，可以在同行业中选择一个或几个经济效益好、代表性强的单位作为典型单位，进行深度剖析，从中找出经济效益好的原因和经验。典型调查的特点是调查单位少，便于进行深入、具体、周密的调查。典型调查和全面调查结合，既可以掌握全面情况，又可以掌握丰富生动的典型材料。

三、原始数据收集方法

在确定了调查单位后，需要确定收集调查单位数据的具体方法。收集原始数据的方法有很多，常用方法如图 2—2—5 所示。

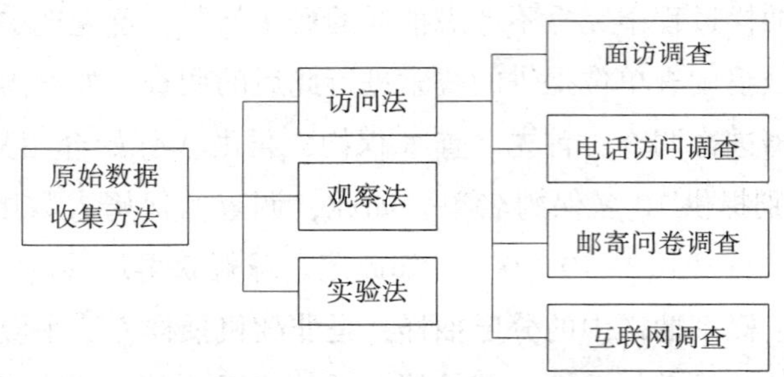

图 2—2—5　原始数据收集方法

1. 访问法

（1）面访调查

面访调查是指由调查者当面向被调查者提出问题，调查者当场回答的一种调查方法。面访调查根据一次访问的人数多少可分为个人访问和小组访问两种。个人访问又有入户访问和街头、商城拦截式访问等形式；小组访问采用小型座谈会的形式，因此也称为小组座谈法。

面访调查是目前市场研究中使用最为广泛的一种调查方法，几乎涉及市场调查的各个领域，同时也是访问成本最高的一种方法。面访调查涉及的研究领域在消费者研究方面有消费者的消费行为、消费者的生活形态、消费者满意度研究等；在媒介研究方面有媒介接触行为、广告效果研究等；在产品研究方面有产品的使用情况、新产品的开发、产品的追踪研究等；在市场研究方面有市场容量、市场潜量、市场占有率研究等。

优点：可获得有代表性的样本，访问具有弹性，回答率高，可获得较多内容、较深程度和较高质量的数据。

缺点：成本较高，时间较长，易受调查者的影响而导致被调查者回答有偏差，对调查者的管理监督困难。

（2）电话访问调查

电话访问调查是通过电话向被调查者询问有关调查内容的一种调查方法。最适用于题目少且内容较为简单的快速调查。如某些特定问题的消费者调查、新产品的购买意向调查、产品服务跟踪调查、广告到达率调查等。

优点：调查时间短，费用低，问卷回收快，样本广泛，受调查者影响小。

缺点：调查内容难以深入；由于存在空号、错号、拒访、不方便接听等原因，访问成功率较低。

目前，电话访问调查正在向计算机辅助电话调查（CATI）方向发展。CATI 系统把计算机与电话访问连接起来，调查的问卷输入计算机，调查者在计算机屏幕前操作，随机样本的抽选由计算机来完成，并由计算机进行自动拨号，调查者将调查结果输入计算机，设计的程序可以对录入的结果进行逻辑审核。在发达国家，使用 CATI 系统已经成为数据收集的最主要方式，随着我国计算机技术的发展，计算机辅助电话调查方式逐渐受到青睐。

（3）邮寄问卷调查

邮寄问卷调查是将问卷邮寄给被调查者，在没有调查者协助的情况下，由被调查者自己填写问卷完成调查，并将问卷寄回的一种调查方法。

优点：调查区域广泛，调查费用低，可以避免调查者的主观偏差。

缺点：回收率低，调查时间长，填答的问卷质量难以控制。

在我国市场调查中极少采用邮寄问卷调查的方法，在欧洲，邮寄问卷调查所占的比例也远远低于电话访问调查和面访调查，只有当调查时效性要求不高、调查经费比较紧张、调查内容又较多时，采用邮寄问卷调查才比较合适，如对日常消费、日常购物习惯、日常接触媒介习惯等方面的调查。

（4）互联网调查

互联网调查是指利用互联网进行信息收集的方法，又称为网上调查。网上调查是随着信息化、网络化的发展而发展起来的，问卷的制作、发放及数据的回收均可直接在网络上完成。网上调查能以较低的费用、较短的时间和在较广的范围内取得所需的资料，随着网上固定样本的出现，调查者还可以进行长期跟踪调查。随着互联网的普及，互联网调查的使用率呈现增长趋势。

优点：速度快，费用低，样本量大，网络问卷具有良好的视觉效果。

缺点：网络上的样本可能不能很好地代表调查总体；网络存在安全性问题；网络存在无限制样本问题，问卷可能被重复填答。

2. 观察法

观察法是调查者在调查现场对被调查者进行观察并记录的一种调查方法。由调查者或仪器设备进行观察，记录下被调查者的活动和现场事实，调查时被调查者通常不被告知其正在被观察。

观察法适合于任何可观察的现象。例如，在消费者需求调查中，对消费者购物时对商品品种、规格、品牌、花色、包装、价格等要求进行观察；在商场经营环境调查中，对商品陈列、橱窗布置、所临街道的车流、客流量情况等进行观察；为获得竞争对手的价格资料而进行的货架商品标价调查等。

优点：因为是直接记录调查的事实和被调查者的现场行为，因此获得的数据客观、准确；实施简便、易行，灵活性强。

缺点：只能反映客观事实的发生过程，不能说明发生的原因和动机；有些调查所需时间较长、调查费用较高。

3. 实验法

实验法是从影响调查问题的许多可变因素中选出某个因素，将其置于相同或相近条件下进行小规模的实验，然后对实验结果进行分析的一种统计调查方法。

实验法主要用于考察变量之间的因果关系，研究自变量对因变量的影响或效应。例如，测试各种广告的效果，研究商品价格、包装、陈列位置等因素对销售量的影响，研究品牌对消费者选择商品的影响，研究商品颜色、名称对消费者味觉的影响，测试各种促销方法的效果等。

优点：可以探索不明确的因果关系；收集的资料经过实际验证，具有较强的说服力。

缺点：若实验结果受到其他无关变量的影响，就难以判断变量之间的因果关系；实验时间长、费用高；在市场环境中实验，存在管理和控制上的困难。

任务实施

本任务规定的调查时间短，调查对象广泛，根据该特点做如下调查方案设计。

1. 调查对象：确定为年满20岁以上的成年人。

2. 调查时间：选择某周的周一至周五每晚六点至十点统一时段实施调查。

3. 抽样：以本市住宅电话簿上的电话用户为总体，采用系统抽样方法随机抽取受访户，并且在受访户中根据性别和年龄进行户中抽样。规定当天无法访问到的样本，必须于第二天继续追踪。

4. 调查方法：以电话访问形式进行，甄选具有多次电话访问经验的大学生，经训练后，于规定时段统一进行访问，同时为了有效控制调查者及样本的有效性，配督导员负责督导，确保调查有效度和可靠度达到最高。

5. 数据处理与分析方法：访问完毕，经调查者检核问卷、编号、纠错后，利用SPSS软件作必要的分析与检验。

链接1：消费者行为调查计划

消费者行为调查计划

本调查的目的在于了解购物中心基地周围30千米内的消费者行为，以作为购物中心未来开发商品定位的有效参考。因此本调查采用中央地点集中测试法进行调查，调查地点选定调查所涵盖的主要城镇中的主要商业活动标的建筑物附近，抽样调查平日或假日及各时段的消费者。

一、调查地区

以××范围一、二、三商圈所涵盖的城镇市区为调查地区。

二、调查对象

调查地区内 15 岁及以上、69 岁及以下的一般消费者。

三、调查方式

以中央地点集中测试法进行人员实地调查。遴选曾经参与实地访问调查的优秀访问员，经过调查学习及严格的访问训练，测试合格后录用。调查过程中，以访问员手册、访问员日报表、问卷完成统计表、问卷调查记录表，辅以问卷审核、复查（复查率 30%）等过程，控制访问员实地调查的进度和质量。作业过程中，督导员也将主动协助访问员解决在访问过程中所有可能遇到的困难，以便计划顺利完成。

四、抽样设计

1. 抽样总体

本调查以××地区内 15~69 岁人口总数为总体，以性别、年龄及区域类别三个变量进行分层比例抽样，分配各组样本数。

2. 抽样方法

以性别、年龄及时段类别分配应抽样本配额，在各商圈中确定位置，在往来的人群中每隔五组人抽选一个样本单位（一个人），访问中选样本时以性别及年龄配额进行抽访。

3. 有效样本数及抽样误差

在 95%的置信度下，抽样误差率为±4.00%，需完成有效样本数 600 份。

五、数据处理与分析方法

调查完毕后，经过调查者审核问卷、编号、纠错后，利用统计软件（Excel、SPSS、SAS 等）作必要的分析与检验。主要的分析方法是单变量分析和双变量分析，以及交叉分析的显著性检验。

六、调查内容

1. 受访者的基本情况分析：包括性别、年龄、教育程度、职业、每月可支配收入、居住地区等。

2. 受访者消费时可接受的车程分析。

3. 受访者的消费时段分析。

4. 受访者到达商圈所用的交通工具分析。

5. 受访者逛街目的分析。

6. 受访者到达商圈消费的商店及场所分析：包括百货公司、电影院、娱乐场所、超市、大型专卖店、快餐店、书店等。

7. 受访者消费情况分析：包括消费类别、消费时长、消费频率、消费金额等。

8. 商场特性对受访者消费的影响分析。

9. 受访者的休闲活动类型与休闲时间分析。

10. 购物距离对受访者消费影响度分析。

11. 受访者希望商场增加的业种分析。

七、调查结果

略。

链接2：购物中心消费者意见调查问卷（部分）

购物中心消费者意见调查问卷（部分）

先生（小姐）：您好！

我是××市场研究部的访问员，目前我们正在进行一项有关消费者的意见调查，耽误您几分钟时间接受我们的访问，谢谢您！

访问员编号：__________ 督导员姓名：__________

访问日期：__________ 复查日期：__________

访问时间：__________ 访问地点：__________

访问员姓名：__________

1. 请问您逛街购物或从事消费性娱乐（如看电影、去KTV唱歌等）时可接受的最长时间是多久？

□1小时 □1~2小时 □2~3小时

□3~4小时 □4小时以上

2. 请问您逛街购物或从事消费性娱乐的交通工具通常是什么？

□家用车 □公交车 □出租车

□自行车 □徒步 □其他（请说明）

3. 请问您逛街的目的通常是什么？（可多选）

□购物消费 □增广见闻 □打发时间 □看人来人往

□获悉流行商品信息 □其他（请说明）__________

4. 请问您较经常从事哪些休闲活动？（可多选）

□看电视 □看电影 □逛书店 □观看文艺展览或文艺演出

□就餐 □钓鱼 □去酒吧 □阅读书报杂志

□参加俱乐部 □去KTV唱歌 □听音乐 □玩游戏、上网

□逛街购物 □球类运动 □旅行 □爬山、郊游

□参加社团活动 □其他（请说明）____________

5. 您在逛街购物时，选择购物地点时考虑的因素有哪些？（请按重要程度填写到题前的横线上，最重要填1，其次填2，依次类推）

____商圈形象 ____卖场气氛 ____交通便利性

____停车方便性 ____商品种类 ____流行商品种类

____折扣促销活动 ____其他（请说明）

6. 若在××市××路兴建一座休闲购物中心，请问您会不会有兴趣到那里消费购物？

□非常可能（原因：____________）

□可能（原因：____________）

□不可能（原因：____________）

□非常不可能（原因：____________）

□不知道/无意见（原因：____________）

7. 以下环境除购物因素外，哪些主题活动比较能够吸引您前往消费？

□展览活动（如珠宝展、影展、旅游展等）

□表演活动（如文艺团体表演、服装秀等）

□亲子活动 □节庆活动 □各国商品周/美食节

□民俗技艺活动（如捏陶等） □影视歌星演唱会/签名会

□其他（请说明）____________

8. 如果您需要花费20分钟车程（第一商圈）到达这个休闲中心，最有可能吸引您前往的设施、服务或活动是____________；如果您需要花费40分钟车程（第二商圈）到达这个休闲中心，最有可能吸引您前往的设施、服务或活动是____________；如果您需要花费60分钟车程（第三商圈）到达这个休闲中心，最有可能吸引您前往的设施、服务或活动是____________。

9. 您希望这个购物中心增加哪些类型的商店或场所？（可多选）

□一、百货公司

□二、电影院

三、娱乐场所

□1. KTV

□2. 电动游戏场

□3. 保龄球馆

□4. 其他（请说明）

四、餐饮快餐类

□1. 中式餐厅

□2. 西式餐厅

□3. 快餐店

□4. 其他（请说明）

五、其他餐饮食品类

□1. 饭店

□2. 南北小吃

□3. 西点、面包店

□4. 水果店

□5. 咖啡、茶、饮料专卖店

□6. 休闲食品专卖店
□7. 其他（请说明）
六、衣饰类
□1. 服装店
□2. 杂货店
□3. 化妆品专卖店
□4. 饰品、珠宝店
□5. 鞋店
□6. 皮具店
□7. 其他（请说明）
七、百货类
□1. 便利商店
□2. 超级市场
□3. 百货专卖店
□4. 钟表眼镜店
□5. 礼品专卖店
□6. 家居饰品店
□7. 其他（请说明）
八、文教类
□1. 体育用品专卖店
□2. 书店、文具、玩具专卖点
□3. 文化艺术展览厅、专卖店
□4. 补习班
□5. 集邮、古玩店
□6. 其他（请说明）
九、其他休闲娱乐类
□1. 漫画小说出租店
□2. 录像带出租店
□3. 其他（请说明）
十、电子电器用品类
□1. 视听产品、唱片行
□2. 摄影器材专卖店
□3. 信息产品专卖店
□4. 家用电器专卖店
□5. 通信器材专卖店
□6. 其他（请说明）
十一、卫生医疗类
□1. 药店、医疗器械专卖店
□2. 医院、诊所、宠物医院
□3. 美容店、美发店、美容用品店
□4. 瘦身中心
□5. 洗衣店
□6. 按摩店
□7. 桑拿房
□8. 其他（请说明）
十二、家具装潢类
□1. 家具店
□2. 寝饰店
□3. 灯饰店
□4. 建材店
□5. 厨具店
□6. 装潢设计店
□7. 水电行
□8. 其他（请说明）
十三、服务类
□1. 旅游咨询处
□2. 照片冲印店
□3. 专业服务店（如律师事务所、会计师事务所）
□4. 个人服务店（如修鞋店、刻印店）
□5. 花店
□6. 家庭服务中心（如家政公司）
□7. 快递公司
□8. 银行、邮局
□9. 证券公司
□10. 投资顾问公司
□11. 汽车销售、保险公司
□12. 房屋中介公司
□13. 其他（请说明）

受访者基本资料

1. 性别

□男　　□女

2. 年龄

□14 岁及以下　□15～19 岁　□20～29 岁　□30～39 岁

□40～49 岁　□50～59 岁　□60 岁及以上

3. 教育程度

□小学及以下　□初中　□高中　□专科或本科　□研究生及以上

4. 职业

□军公教从业人员　□商业从业人员　□工业从业人员　□自由职业者

□自营业者　□学生　□家庭管理　□其他（请说明）

5. 家庭平均月收入

□5 000 元以下　□5 000～10 000 元　□10 000～15 000 元

□15 000～20 000 元　□20 000～25 000 元　□25 000 元以上

6. 受访者姓名：____________　电话：____________

* * *　问卷到此结束，非常感谢您的热心协助　* * *

思考与练习

一、选择题

1. 下列调查方式中不是按随机原则抽取样本的是（　　）。

A. 分层抽样　B. 系统抽样　C. 整群抽样　D. 判断抽样

2. 下列调查方式中其结果可以用于对总体参数进行估计的是（　　）。

A. 判断抽样　B. 分层抽样　C. 便利抽样　D. 系统抽样

3. 与概率抽样相比，非概率抽样的特点是（　　）。

A. 调查成本比较高　B. 存在抽样误差

C. 不适合探索性研究　D. 不能用样本对总体参数进行推断

4. 物业管理人员在居民小区随机抽取了 60 名用户调查其对小区物业服务的看法，采用入户填写问卷的方法，这种数据收集方法称为（　　）。

A. 座谈会法　B. 访问调查法　C. 邮寄调查法　D. 观察法

5. 对某省饮食业从业人员的健康状况进行调查，调查单位是（　　）。

A. 该省饮食业的全部网点　B. 该省饮食业的每个网点

C. 该省饮食业所有从业人员数　D. 该省饮食业每个从业人员

6. 对一批食品进行质量检验，最适宜采用的调查方式是（　　）。

A. 全面调查　　B. 抽样调查　　C. 街头访问　　D. 问卷调查

二、思考题

1. 收集原始数据的方式有哪些？其特点是什么？

2. 概率抽样和非概率抽样的方法有哪些？

3. 收集原始数据的方法有哪些？对比它们的优点和缺点。

三、综合应用题

某汽车修理厂为了解消费者对其服务工作的态度，对消费者进行了连续的调查。具体办法是：把修理好的车交给消费者后的两天内，打电话给消费者进行随访，每天大约要打 12 个电话。这种调查可以得到消费者对整个工作程序的评级。当评分低于平均水平时，访问者应当询问消费者评分低的原因，并将评分按周、月、年进行汇总，总结改进工作的建议。

要求：请指出该调查中采用的调查方法。你是否有更好的调查方法？

实训

实训目标：调查本校学生的消费水平、消费结构。

实训要求：1. 分组设计调查方案，并在组与组之间进行交流，讨论在方案设计中应考虑的因素。

2. 设计调查问卷，在组与组之间进行交流、修改，最后形成一份较完善的问卷。

3. 实施调查，获取调查数据。

模块三　数据整理与图表显示

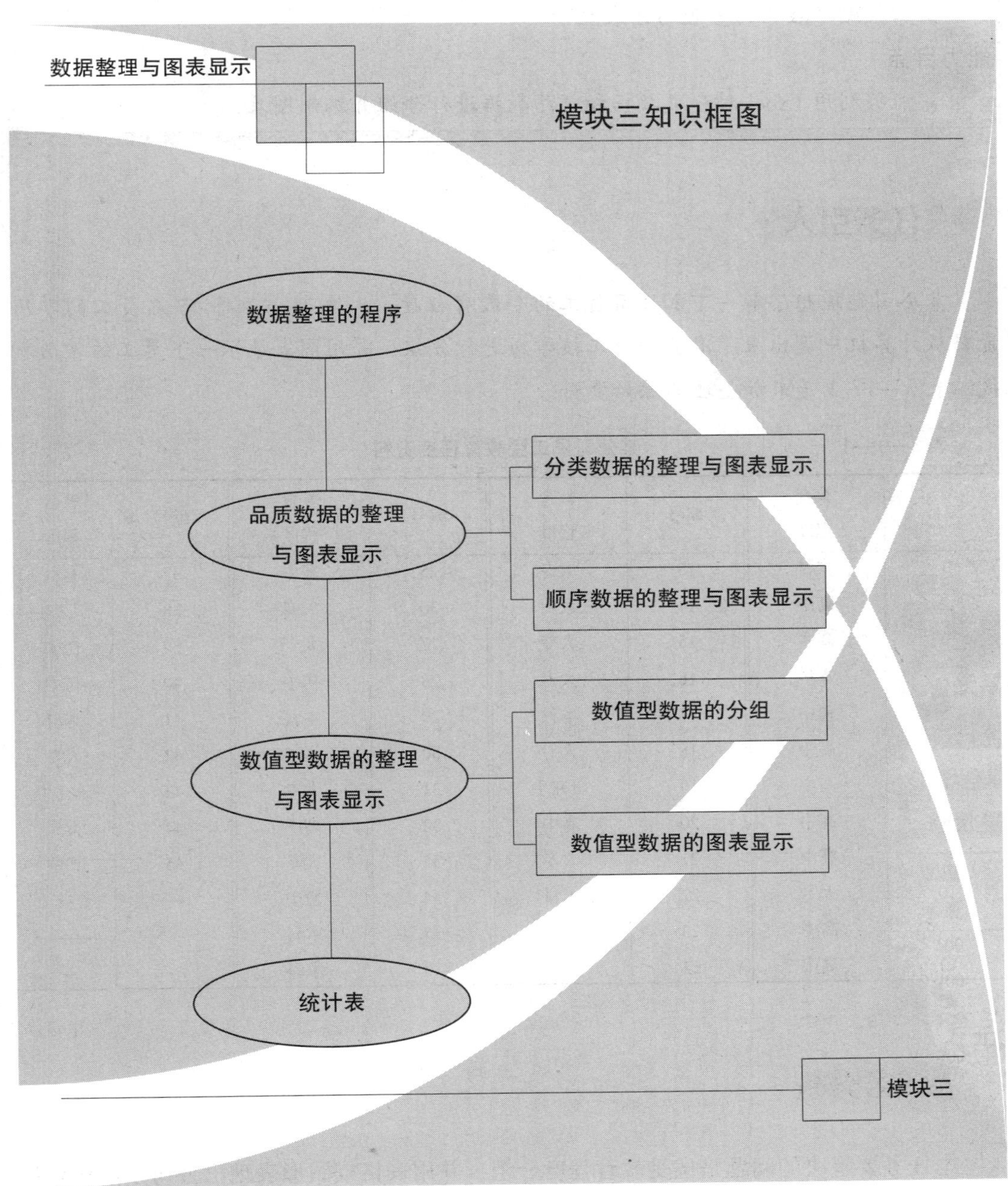

任务 1　品质数据的整理与图表显示

知识目标

- 了解数据整理的程序
- 掌握分类数据的整理与图表显示
- 掌握顺序数据的整理与图表显示

能力目标

- 能够利用 Excel 对分类数据和顺序数据进行分组并编制图表

任务引入

某公司经理想了解一下本公司员工的受教育程度。人事部小李将 45 名员工的学历资料从计算机中调出来，准备将员工按学历进行分组，并用图表展示一下员工的学历构成。表 3—1—1 是未加整理的原始资料。

表 3—1—1　　某公司员工受教育程度资料

编号	教育程度	编号	教育程度	编号	教育程度	编号	教育程度
1	本科	13	大专	25	高中	37	本科
2	高中	14	大专	26	大专	38	研究生
3	高中	15	大专	27	大专	39	初中
4	本科	16	大专	28	初中	40	初中
5	初中	17	本科	29	本科	41	本科
6	高中	18	大专	30	高中	42	大专
7	高中	19	研究生	31	大专	43	研究生
8	高中	20	高中	32	高中	44	大专
9	高中	21	大专	33	大专	45	高中
10	大专	22	本科	34	初中	—	—
11	高中	23	高中	35	本科	—	—
12	高中	24	高中	36	本科	—	—

任务分析

本任务要解决的问题是按受教育程度分组，并用表格或图形表现出公司不同教育程度员工的构成，涉及的统计方法属于数据整理的方法。在数据整理过程中，品质数据（包括分类数据和顺序数据）和数值型数据在数据的归类或分组以及图表显示上有所不同，所以分别讲解。这里的教育程度属于品质数据，本任务以此为例，引导大家学习品质数据的分类方法和图表显示方法。

相关知识

一、数据整理的程序

对原始数据的整理是数据分析之前必须经过的一个步骤。调查所获得的个体资料是零散的和不系统的，整理可以使资料系统化、条理化，过渡到反映总体特征的资料。数据整理一般包括数据的预处理、数据分类或分组及数据的图表显示等内容，如图 3—1—1 所示。

图 3—1—1 数据整理的程序

数据预处理包括对个体资料的编码、审核、排序、筛选等内容。编码就是给变量值以数字代码，便于计算机识别。对原始数据的审核主要是审核其完整性和准确性，完整性审核是指检查调查单位是否遗漏，调查项目填写是否齐全；准确性审核是检查填写的数据是否有错误。对二手数据除了审核其完整性和准确性之外，还要审核其适用性和时效性，确保二手数据的口径与分析的问题一致。数据排序就是按一定顺序排列数据，排序有助于数据的检查和纠错，也能为分类或分组提供依据。数据筛选是将符合某种特定条件的数据筛选出来，通过筛选还可以剔除有明显错误的数据。

数据整理的核心是数据的分类或分组，在后面的内容中将分别介绍分类数据、顺序数据及数值型数据的分类或分组方法。

数据的图表显示就是用可视化的图表展示数据整理的结果，在后面的内容中将分别介绍适用于分类数据、顺序数据及数值型数据的图表类型。

二、分类数据的整理与图表显示

分类数据本身就是对事物的一种分类，其整理的步骤比较简单，如图 3—1—2 所示。

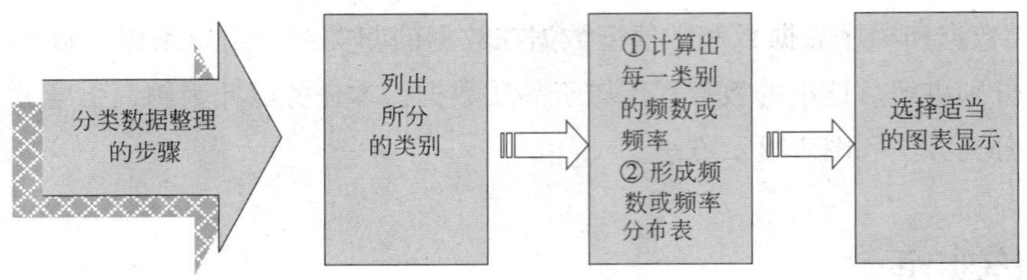

图 3—1—2　分类数据整理的步骤

1. 频数或频率分布

频数是分类（或分组）后各类别（或组）数据出现的次数，频率是某一类别（或组）的总体单位数占总体单位总数的比重，通常用百分数表示。

频数（或频率）分布反映的是数据在各类别（或组）中的分配情况，频数（或频率）分布也称为次数分布或次数分布数列。频数（或频率）分布由两部分组成，一是对总体的分类（或分组），二是各类（或组）的频数（或频率）。

【例 3—1—1】 表 3—1—2 所示是一张分类数据的频数分布表，“获取新闻的方式”是分类数据，“人数”是频数，“比重”是频率。

表 3—1—2　　对某市居民获取新闻方式的调查

获取新闻的方式	人数（人）	比重（%）
报纸	790	22.70
杂志	280	8.05
电视	1 080	31.03
收音机	520	14.94
网络	810	23.28
合计	3 480	100.00

2. 分类数据的图表显示

统计表是表现统计资料的常用工具，而一张精心设计的统计图更能有效地表达数据所传递的信息。计算机的普及以及制图软件的使用，可以帮助人们轻松地制作出花样繁多且质量上乘的统计图形。但统计图形应避免过多的修饰，尽量简洁，以能够清晰地显示数据、合理地表达现象特征为目标。

在选择图形时应考虑数据的类型。可供分类数据选择的图形比较少，较常使用的有饼图（或称圆形图）和条形图，在对比两个或多个总体的内部组成时可使用环形图。分类数据和顺序数据的适用图形如图 3—1—3 所示。

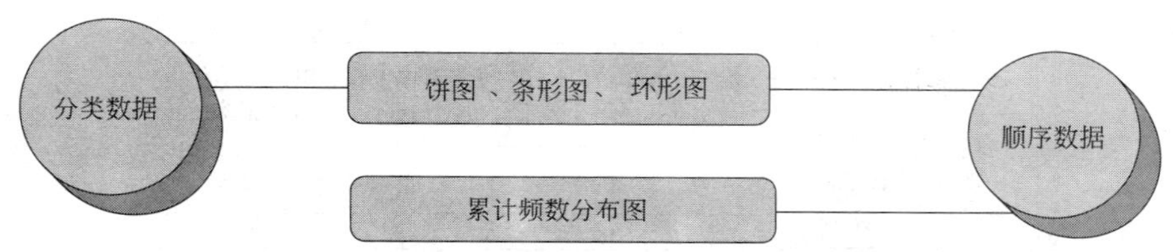

图 3—1—3 分类数据和顺序数据的适用图形

（1）饼图

饼图是用圆形及圆内扇形的角度来表示数据大小的一种图形，也称为圆形图，非常适合显示研究对象的内部结构。

【例 3—1—2】 如图 3—1—4 所示为用饼图反映的 2016 年上半年我国手机市场的上市机型中，内存容量为 2 GB 及以下、3 GB、4 GB 及 4 GB 以上机型的市场占比（%）情况。

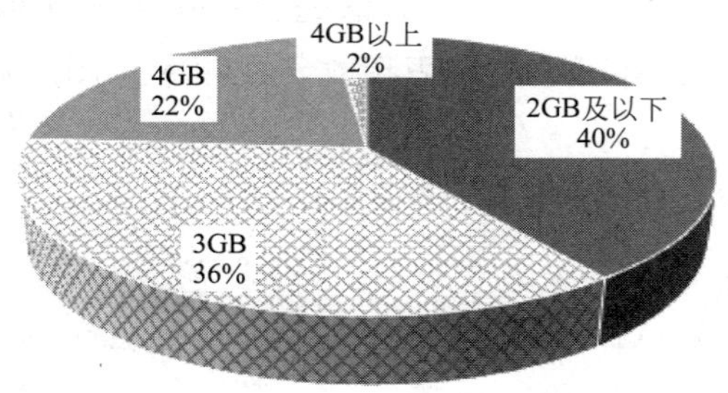

图 3—1—4 2016 年上半年我国不同内存手机市场占比

（2）条形图

条形图是通过条的高低和长短来表示各组频数多少的图形。在 Excel 中，条被横置时称为条形图，条被竖置时称为柱形图。条形图有简单条形图和复式条形图等形式。

【例 3—1—3】 如图 3—1—5 所示是截至 2016 年 12 月份，我国三大运营商拥有的用户总数，是简单条形图；如图 3—1—6 所示是截至 2016 年 12 月份，我国三大运营商拥有的用户总数及 4G 用户总数，是复式条形图。

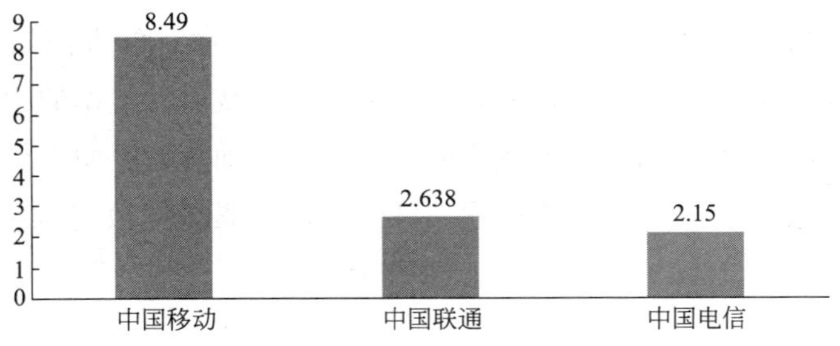

图 3—1—5 截至 2016 年 12 月我国三大运营商拥有的用户总数（亿户）

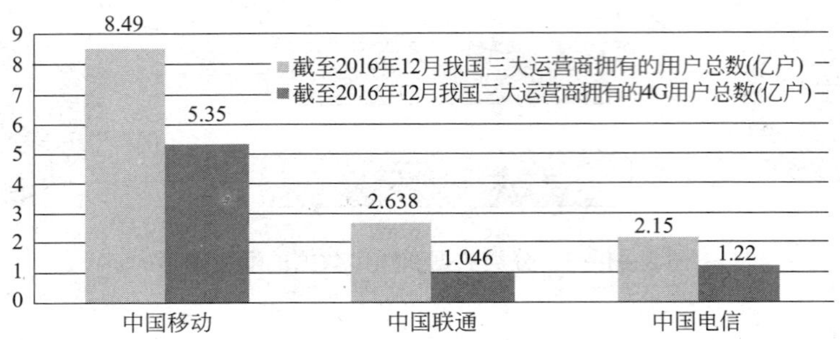

图 3—1—6　截至 2016 年 12 月我国三大运营商拥有的用户总数及 4G 用户总数（亿户）

三、顺序数据的整理与图表显示

顺序数据不仅能反映变量的类别，还能反映变量之间的顺序，是比分类数据更高级的数据。分类数据的整理方法与图示方法完全适用于顺序数据，顺序数据还可以计算累积频数（或频率），并可绘制累积频数（或频率）图。顺序数据的整理步骤如图 3—1—7 所示。

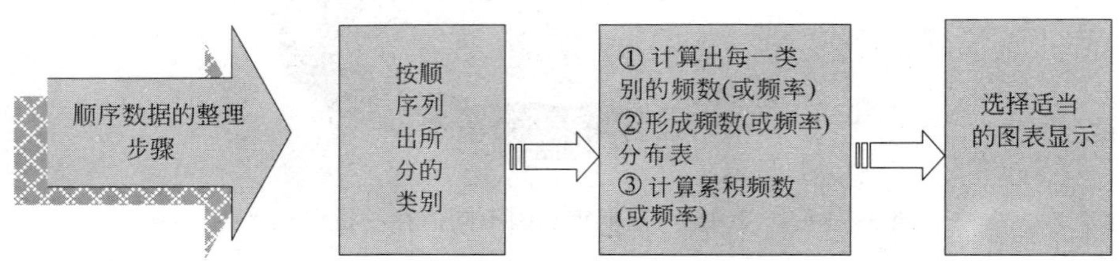

图 3—1—7　顺序数据的整理步骤

1. 累积频数（或频率）分布表

累积频数（或频率）是将各类别或各组的频数（或频率）逐级累加起来，表示累积到某组的频数（或频率）之和，有向上累积和向下累积两种方法。向上累积是从第一组向最后一组的方向累加频数，如在表 3—1—3 和表 3—1—4 中，从“很不满意”向“满意”的方向累积；向下累积是从最后一组向第一组的方向累加频数，如在表 3—1—3 和表 3—1—4 中，从“满意”向“很不满意”的方向累积。对于分类数据的频数分布，累积频数是没有任何实际意义的。对于数值型数据的频数分布，向上累积是从变量值最小的一组开始向变量值大的组的方向累加频数；向下累积，是从变量值最大的一组开始向变量值小的组的方向累加频数。通过累积频数（或频率），可以看到某一组以上或以下的频数（或频率）之和是多少。

【例 3—1—4】　表 3—1—3 和表 3—1—4 列出的是甲、乙两地对某通信公司服务满意度的累积频数和累积频率。

表 3—1—3　　甲地对某通信公司服务的满意度

	人数（人）	比重（%）	向上累积		向下累积	
			人数（人）	比重（%）	人数（人）	比重（%）
很不满意	14	7	14	7	200	100
不满意	62	31	76	38	186	93
一般	56	28	132	66	124	62
较满意	44	22	176	88	68	34
满意	24	12	200	100	24	12
合计	200	100	—	—	—	—

表 3—1—4　　乙地对某通信公司服务的满意度

	人数（人）	比重（%）	向上累积		向下累积	
			人数（人）	比重（%）	人数（人）	比重（%）
很不满意	20	10	20	10	200	100
不满意	66	33	86	43	180	90
一般	64	32	150	75	114	57
较满意	30	15	180	90	50	25
满意	20	10	200	100	20	10
合计	200	100	—	—	—	—

从表 3—1—3 和表 3—1—4 中可以看到，对某通信公司服务的满意度调查，从向上累积来看，很不满意和不满意的累积比例，甲地区（38%）低于乙地区（43%）；从向下累积来看，满意和较满意的累积比例，甲地区（34%）高于乙地区（25%）。由此可以判断，甲地区对该通信公司服务的满意度高于乙地区。

2. 顺序数据的图表显示

分类数据适用的条形图、圆形图、环形图都适用于顺序数据，顺序数据还可以绘制累积频数（或频率）图。

（1）环形图

对比两个或多个研究对象的内部结构，可使用两个或多个圆套嵌的环形图。根据表 3—1—3 和表 3—1—4 中的比重数据可绘制环形图，对比甲、乙两地对某通信公司服务的满意程度，如图 3—1—8 所示。

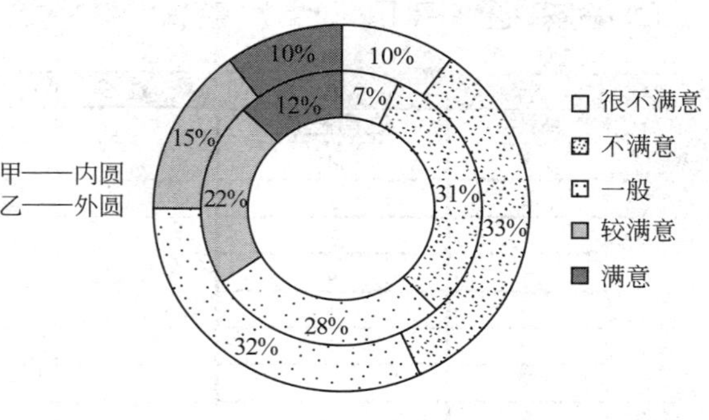

图 3—1—8　甲、乙两地对某通信公司服务的满意程度

（2）累计频数（或频率）图

根据表 3—1—3 中的数据绘制甲地区满意度的累积频数（频率）图，如图 3—1—9 所示。

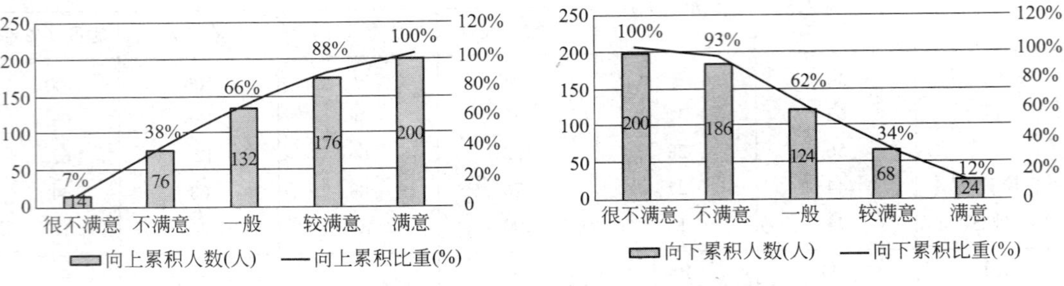

图 3—1—9　甲地区对某通信公司服务满意度累积分布图

任务实施

一、对员工按教育程度进行分组并编制频数分布表

先将 45 名职工的编号和受教育程度的代码输入新建的 Excel 表格，各占一列。员工受教育程度是有顺序的分类变量，给受教育程度数字代码，5 代表研究生，4 代表本科，3 代表大专，2 代表高中，1 代表初中。

下面分别利用“数据透视表”和“数据分析”工具分组并编制频数分布表。

1. 利用“数据透视表”编制频数分布

利用“数据透视表”编制受教育程度（顺序数据）频数分布表的步骤如下。

进入向导：单击“数据”菜单，选择“数据透视表和图表报告”，如图 3—1—10 所示。

文件(F)　编辑(E)　视图(V)　插入(I)　格式(O)　工具(T)　数据(D)　窗口(W)　帮助(H)

C10　=

排序(S)...
筛选(F)
分类汇总(B)...
有效性(L)...
分列(E)...
数据透视表和图表报告(P)...
获取外部数据(D)
更新数据(R)

	A	B	C	D
1	编号	教育程度		
2	1	4		
3	2	2		
4	3	2		
5	4	4		
6	5	1		
7	6	2		
8	7	2		
9	8	2		

图 3—1—10　进入数据透视表向导

步骤1：在“请指定待分析数据的数据源类型”中选择“Microsoft Excel 数据清单或数据库”，在“所需创建的报表类型”中选择“数据透视表”，如图3—1—11所示，单击“下一步”按钮。

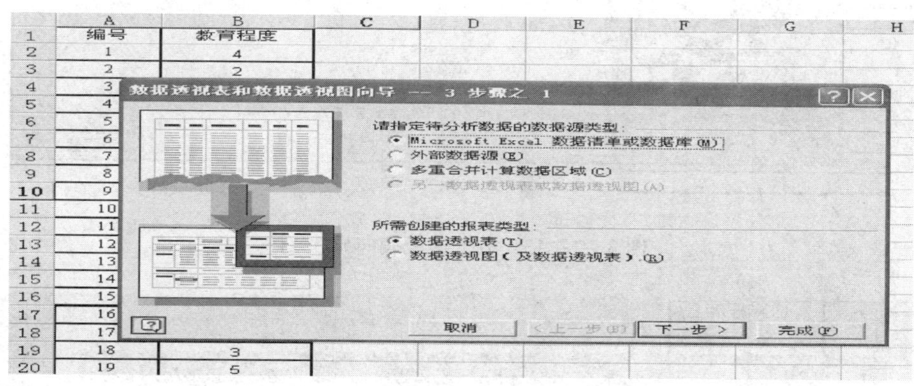

图3—1—11　数据透视表向导1

步骤2：在“选定区域”中填入“Sheetl！$A$1：$B$46”（或用鼠标选中单元格A1：B46），如图3—1—12所示，单击“下一步”按钮。

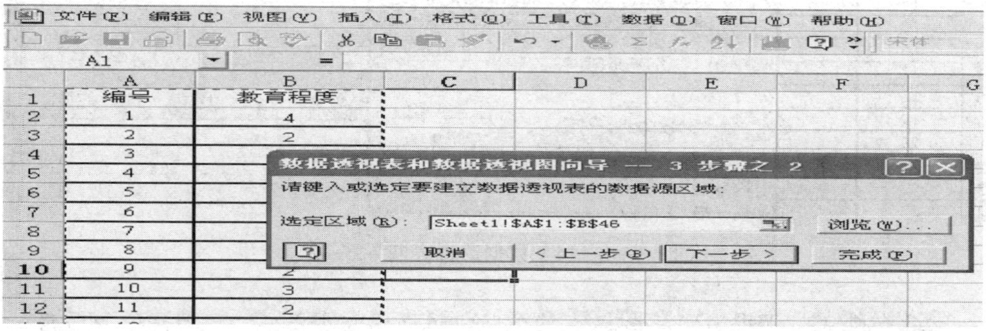

图3—1—12　数据透视表向导2

步骤3：在“数据透视表”中选择“现有工作表”，并输入单元格位置“Sheet1！$C$2”（或鼠标选中单元格C2），如图3—1—13所示。

单击“版式”按钮，在“版式”对话框中，将右侧的“教育程度”拖至“行”的位置，将“编号”拖至“数据”区域，双击“求和项：编号”按钮，出现“数据透视表字段”对话框，在“汇总方式”中，将“求和”改为“计数”，如图3—1—14所示。单击“确定”按钮，再单击“确定”“完成”按钮，出现如图3—1—15所示的频数分布结果。

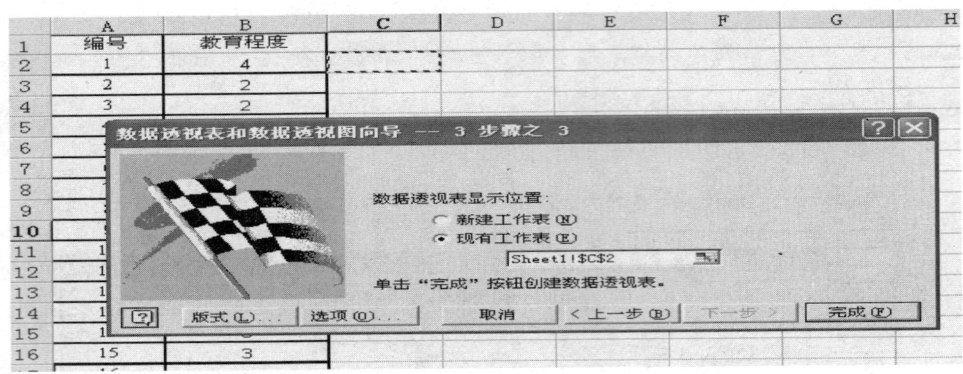

图 3—1—13　数据透视表向导 3—1

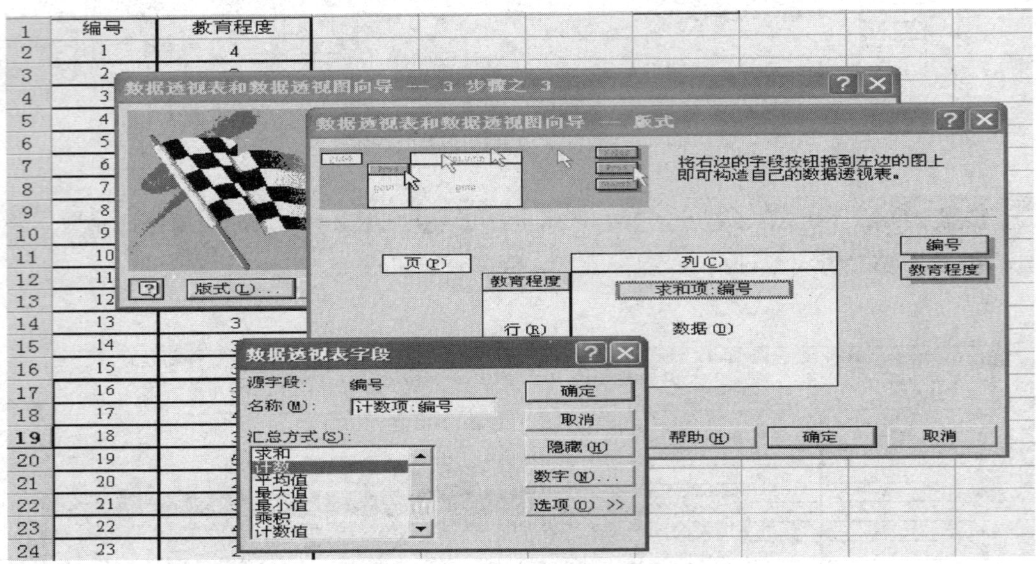

图 3—1—14　数据透视表向导 3—2

文件(F)　编辑(E)　视图(V)　插入(I)　格式(O)　工具(T)　数据(D)　窗口

C2　=

	A	B	C	D	E
1	编号	教育程度			
2	1	4	计数项:编号		
3	2	2	教育程度	汇总	
4	3	2	1	5	
5	4	4	2	15	
6	5	1	3	13	
7	6	2	4	9	
8	7	2	5	3	
9	8	2	总计	45	
10	9	2			

图 3—1—15　分组后的频数分布

添加频率：单击 G4 单元格，输入“=D4/ $D$9”，单击“确定”按钮，向下填充至 G9，如图 3—1—16 所示，将 G 列设置为百分比格式，如图 3—1—17 所示。

C	D	E	F	G	H
计数项:编号					
教育程度	汇总		汇总		
1	5		5	0.111111	
2	15		15	0.333333	
3	13		13	0.288889	
4	9		9	0.2	
5	3		3	0.066667	
总计	45		45	1	

图 3—1—16　频率计算表

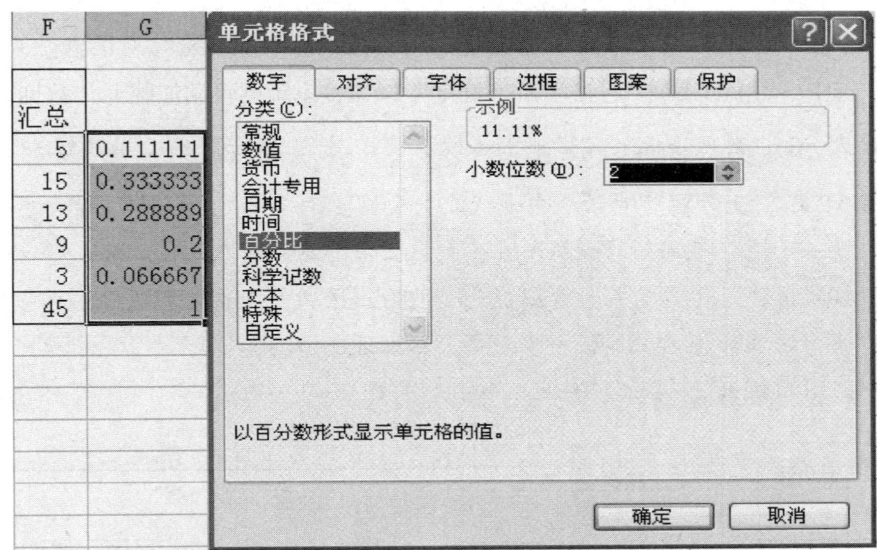

图 3—1—17　设置百分比

输出频数分布表：将频数分布表复制、粘贴到新工作表中，在“选择性粘贴”中选择“数值”选项。在频数分布表中填入相应的文字，得表 3—1—5。

表 3—1—5　　按教育程度分组的频数分布

E	F	G
按教育程度分组	人数（人）	各组人数占总人数的比重（%）
初中	5	11.11

续表

E	F	G
按教育程度分组	人数（人）	各组人数占总人数的比重（%）
高中	15	33.33
大专	13	28.89
本科	9	20.00
研究生	3	6.67
合计	45	100.00

2. 利用“数据分析”工具编制频数分布表

利用“数据分析”工具编制教育程度的频数分布表可分为三步。

Excel 的操作路径：“工具”→“数据分析”→“直方图”。

步骤 1：在“工具”菜单中选择“数据分析”选项。

如果“工具”菜单中没有“数据分析”选项，需要使用“加载宏”加载。步骤是：

（1）单击“工具”菜单中的“加载宏”选项，弹出“加载宏”对话框。

（2）选中“分析工具库”，再单击“确定”按钮，系统则自动加载上“数据分析”。

步骤 2：在“数据分析”对话框中选择“直方图”，单击“确定”按钮。

步骤 3：在“直方图”对话框中进行以下设置：

在“输入区域”框内输入数据所在单元格区域，这里输入“B2:B46”；

在“接收区域”框内输入教育程度代码的输出区域，这里选定“C2:C6”；

在“输出区域”框内输入任一单元格，这里选定 D1；

选中“图表输出”，单击“确定”按钮，得图 3—1—18。

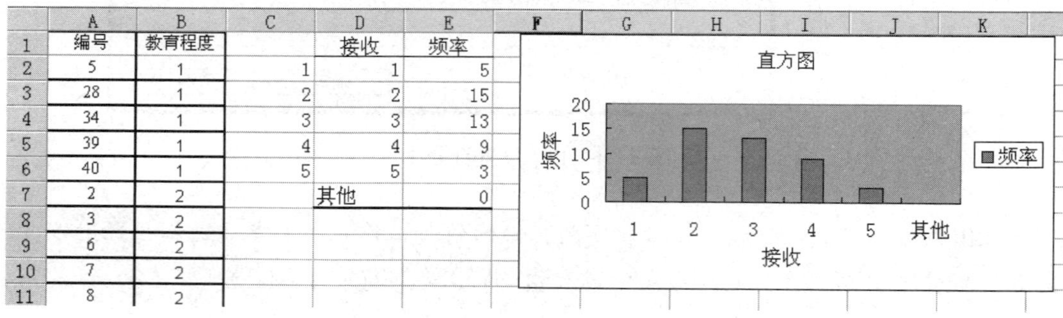

图 3—1—18　利用“数据分析”对教育程度分组

将标题“接收”改为“按教育程度分组”，将代表教育程度的“1、2、3、4、5”改为“初中、高中、大专、本科、研究生”，将“频率”改为“人数（人）”，将“其他”改为“合计”，结果见表 3—1—5。

二、用图表显示员工的教育构成

打开表 3—1—5 所示的 Excel 文件，使用“图表向导”工具可绘制员工学历背景的条形图、累计频数图和饼图，步骤如图 3—1—19 所示。

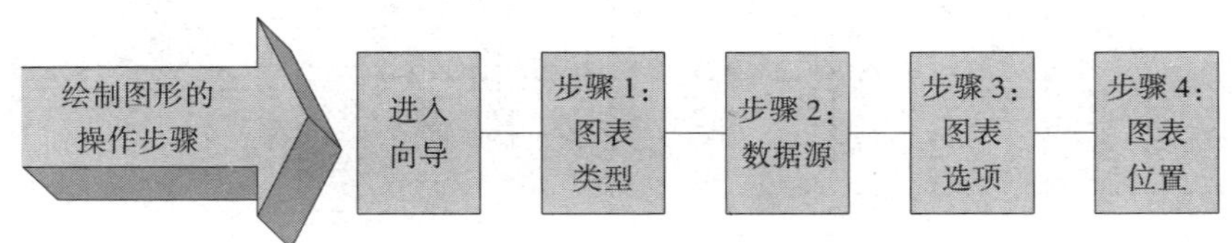

图 3—1—19　利用“图表向导”绘制图形的步骤

1. 条形图

进入图表向导：在“插入”菜单中选择“图表”选项。

步骤 1：在“图表类型”中选择“柱形图”；

在“子图表类型”中选择“三维簇状柱形图”，如图 3—1—20 所示，单击“下一步”按钮。

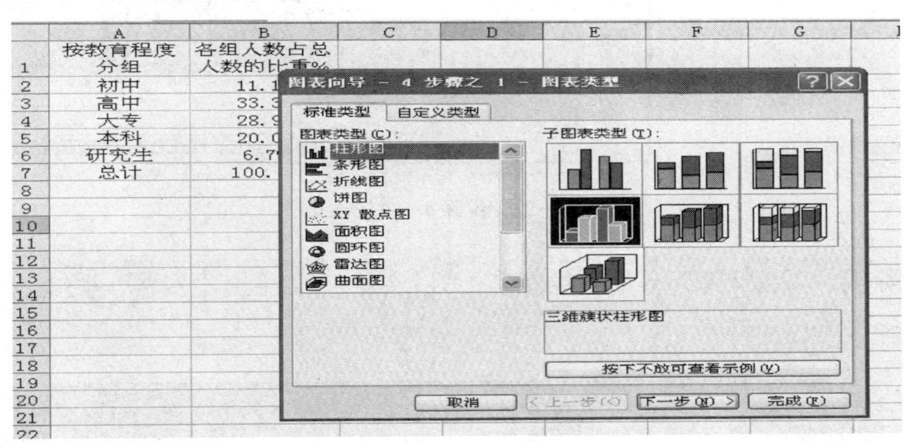

图 3—1—20　步骤 1——图表类型

步骤 2：在“数据区域”填入“=Sheet3！$A $1：$B $6”（或鼠标选中单元格区域“A1:B6”）；

在“系列产生在”中选择默认的“列”，如图 3—1—21 所示，单击“下一步”按钮。

步骤 3：“图表标题”可填可不填，这里不要标题；

“图例”中“显示图例”前不打钩（不显示图例）；

“数据标志”中“值”前打钩（显示每一条的比重），如图 3—1—22 所示，单击“下一步”按钮。

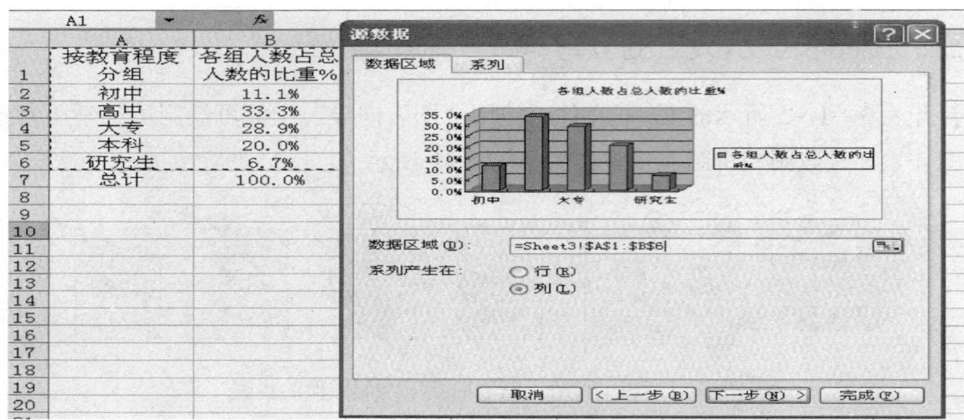

图 3—1—21　步骤 2——图表源数据

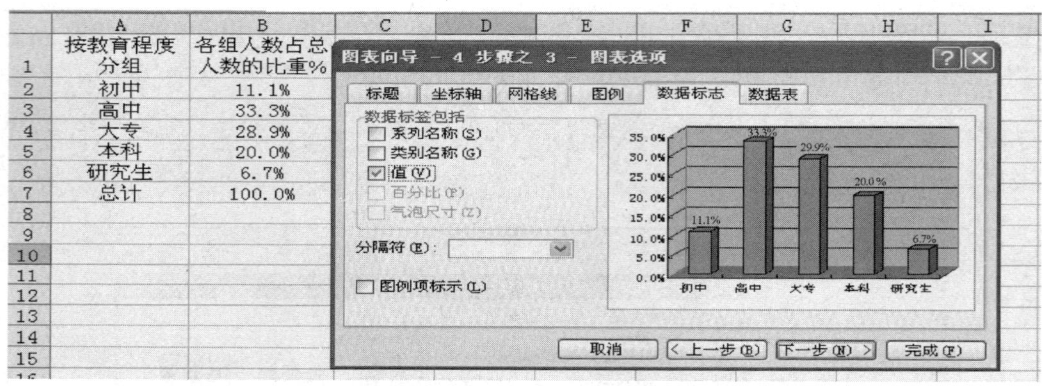

图 3—1—22　步骤 3——图表选项

步骤 4："图表位置"选择"作为其中的对象插入"，单击"完成"按钮，得到条形图，如图 3—1—23 所示。

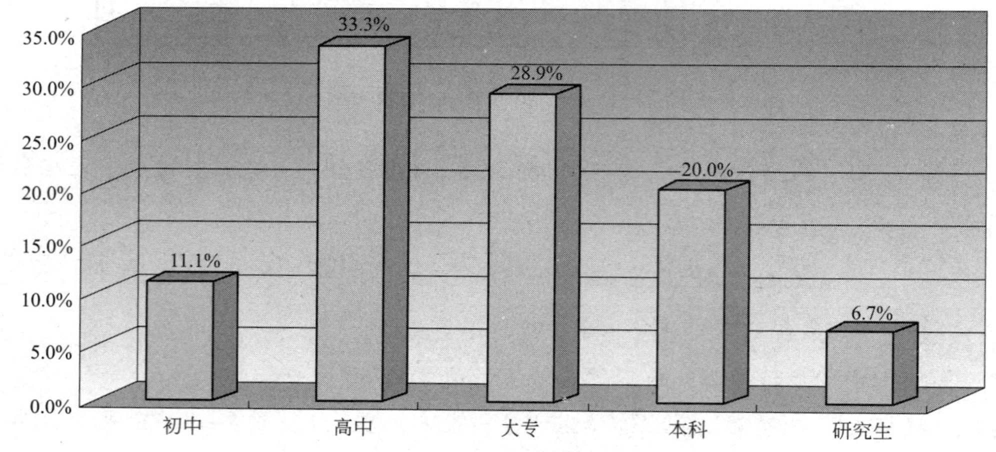

图 3—1—23　按受教育程度分组的条形图

2. 累积频率图

绘制累积频率图：根据累积频率资料（见表3—1—6）可绘制累积频率图。步骤与绘制条形图一致，在“图表类型”中选择“折线图”，结果如图3—1—24和图3—1—25所示。

表3—1—6 按教育程度分组的累积频率

A	B	C	D
按教育程度分组	各组人数占总人数的比重（%）	向上累积（%）	向下累积（%）
初中	11.1	11.1	100
高中	33.3	44.4	88.9
大专	28.9	73.3	55.6
本科	20	93.3	26.7
研究生	6.7	100	6.7
合计	100	—	—

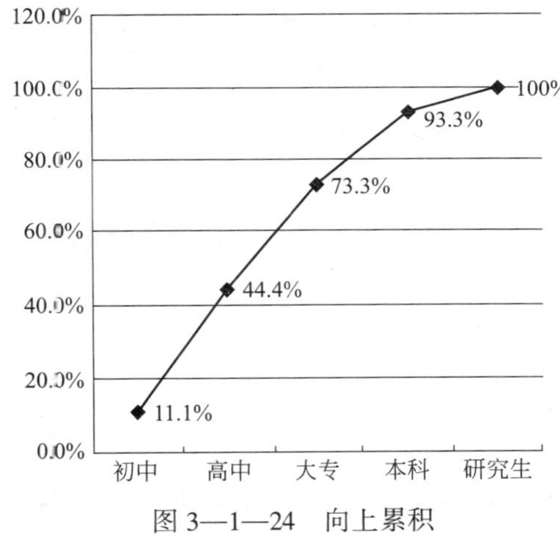

图3—1—24 向上累积

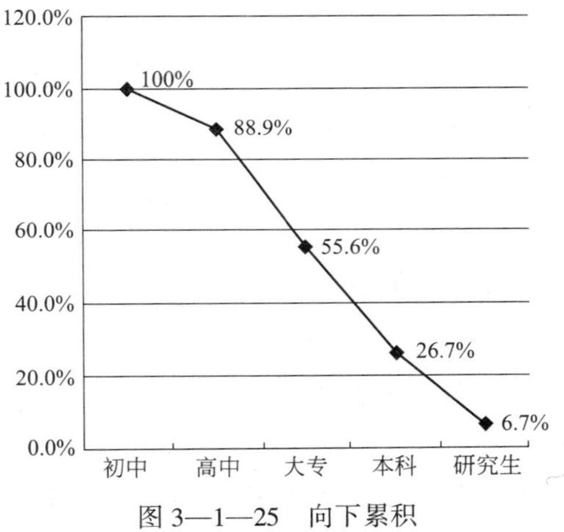

图3—1—25 向下累积

3. 饼图

绘制饼图：根据频率分布可绘制教育程度构成的饼图。步骤与绘制条形图一致，在“图表类型”中选择“饼图”，结果如图3—1—26所示。

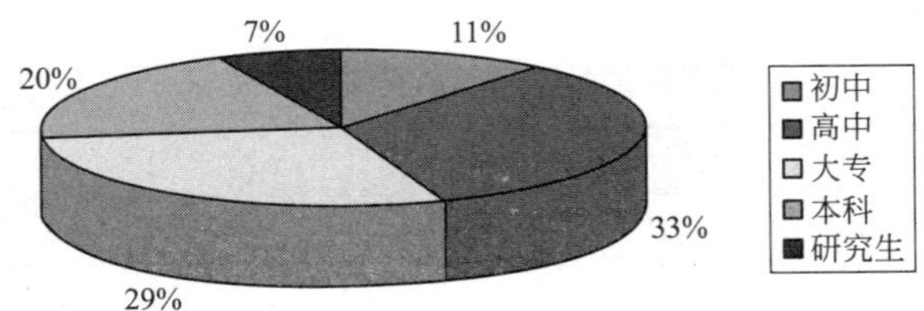

图3—1—26 员工受教育程度构成饼图

结论：第一，与员工受教育程度构成的频数分布表对比，上述图形提供的信息更加简明；第二，对于受教育程度这类需要反映其内部构成的变量，用饼图比用条形图效果更好。

思考与练习

一、选择题

1. 数据整理后落在某一特定类别或组中的数据个数称为（　　）。

A. 频率　　B. 频数　　C. 频数分布表　　D. 累积频数

2. 总体中各类别或组的数据个数与全部数据个数之比称为（　　）。

A. 频率　　B. 频数　　C. 累积频率　　D. 累积频数

3. 以竖条的高低代表各类别数据出现频数多少的图形称为（　　）。

A. 条形图　　B. 饼图　　C. 对比条形图　　D. 柱形图

4. 将各有序类别或组的频数逐级累加起来称为（　　）。

A. 频数　　B. 频率　　C. 累积频率　　D. 累积频数

5. 适合于观察总体结构性问题的图形是（　　）。

A. 饼图　　B. 条形图　　C. 累积频率图　　D. 累积频数图

6. 顺序数据适合绘制的图形有（　　）。

A. 饼图　　B. 条形图　　C. 环形图　　D. 累积频数图

二、思考题

1. 数据整理的内容包括哪几方面？

2. 分类数据和顺序数据的图表显示方法有何不同？

三、综合应用题

1. 据调查，某地消费者主要使用的银行机构集中在五家，依次是中国工商银行（38.9%）、中国建设银行（19.4%）、中国农业银行（13.3%）、招商银行（10.8%）、中国银行（8.2%），其余的只占 9.4%。请指出上述数据的类型，并绘制饼图显示该数据。

2. 30 位用户在被问到对某品牌手机质量的态度时，回答有很好（5）、较好（4）、一般（3）、较差（2）、很差（1）五种态度，资料见表 3—1—7。

表 3—1—7　　用户对某品牌手机质量满意度资料

态度	5	1	3	4	5	2	3	4	1	2	1	5	2	4	4
人数	1	4	3	2	3	2	4	3	4	3	2	3	4	2	4

要求：（1）指出数据的类型。

（2）对 30 位用户态度的资料进行分组，形成频数分布表并计算累积频数。

（3）绘制条形图、饼图和累积频数图，反映评价等级的分布。

实训

从模块二实训项目收集到的学生数据中找出分类数据和顺序数据，利用 Excel 进行整理，编制频数分布表并选择合适的图形展示整理的结果。

任务 2　数值型数据的整理与图表显示

知识目标

- 了解数值型数据的分组
- 掌握数值型数据的图表显示
- 掌握统计表的构成及种类

能力目标

- 能够利用 Excel 对数值型数据进行分组
- 能够利用 Excel 为数值型数据绘制合适的图形

任务引入

某公司经理想了解本公司员工的工资收入情况。人事部小李将公司员工的月工资收入资料从计算机中调出来，准备整理一下交给经理。表 3—2—1 是 45 名员工未加整理的月工资收入资料。小李准备按工资分组，并选择合适的图形来展示员工工资水平的分布情况。

表 3—2—1　　某公司员工月工资收入资料　　单位：元

编号	工资水平	编号	工资水平	编号	工资水平	编号	工资水平
1	7 900	8	2 800	15	3 400	22	5 500
2	3 700	9	3 500	16	3 000	23	9 400
3	3 000	10	4 400	17	6 500	24	3 500
4	3 800	11	2 500	18	6 000	25	4 700
5	5 000	12	4 600	19	8 900	26	8 200
6	4 100	13	2 400	20	4 900	27	2 300
7	5 200	14	5 700	21	4 500	28	3 400

续表

编号	工资水平	编号	工资水平	编号	工资水平	编号	工资水平
29	3 300	34	4 900	39	5 800	44	2 600
30	2 500	35	4 900	40	4 600	45	3 600
31	2 700	36	6 300	41	3 100	—	—
32	2 700	37	5 400	42	11 700	—	—
33	6 400	38	7 500	43	12 999	—	—

任务分析

数值型数据的分组相对于分类数据和顺序数据来说较为复杂，适用于数值型数据的图形也更多。月工资收入属于数值型数据，本任务以此为例，引导大家学习数值型数据的分组方法和图表显示方法。

相关知识

一、数值型数据的分组

数值型数据整理的步骤是先对数据进行分组，再计算出每一组的频数或频率，形成频数或频率分布表，最后选择适当的图形显示分组的结果。

统计分组是根据研究的目的，按照一定的分组标志将原始数据分成不同组别的一种统计方法。通过分组，一方面将总体分为性质相异的不同组别，另一方面又将性质相同的个体单位归到某一组中。统计分组的一般原则是：第一，各组的划分应能体现出总体内部各组成部分之间的性质差别。第二，要坚持互斥和穷尽的原则，“互斥”是指一个个体只能归属于某一组，而不能同时归属于几个组；“穷尽”是指总体中的每一个个体都必须有组可归。第三，应能准确地反映出总体的分布特征。数值型数据分组的关键在于正确选择分组标志和划分各组界限。

对总体分组是数值型数据整理的关键，数值型数据的分组要比分类数据和顺序数据复杂，分组时既要考虑研究对象的特点还要考虑变量的特点。具体分组形式有单项式分组和组距式分组两种，如图 3—2—1 所示。

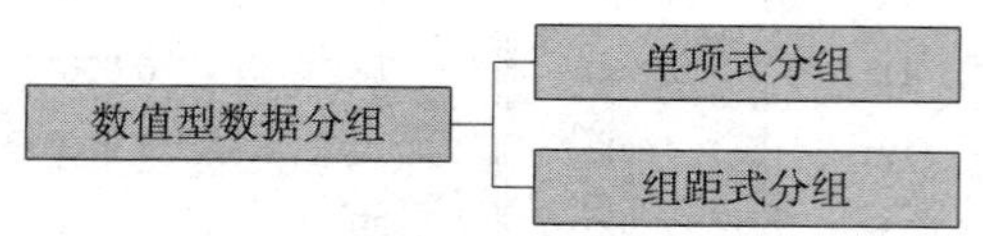

图 3—2—1　数值型数据分组的形式

1. 单项式分组

单项式分组的特点是分组后每个组只用一个变量值来表示。

【例 3—2—1】 表 3—2—2 是一个单项式分组频数分布表。这是一个在啤酒柜台前拦截调查的结果，共随机调查了 20 个人，按每人每天喝啤酒的瓶数分组。

表 3—2—2　　单项式分组频数分布表

每天喝啤酒的瓶数（瓶）	人数（人）
1	5
2	9
3	4
4 及 4 以上	2
合计	20

一般来说，当变量属于离散型变量且变量个数不多时宜采用单项式分组方法。例如，按家庭人口数对住户进行分组，家庭人口数是一个离散变量，且现在小家庭居多，家庭成员数量不多，就可以采用单项式分组的形式。

2. 组距式分组

组距式分组的特点是每个组的变量值用变量值的变动区间来表示。对于连续型变量或者是变量值变化范围较大的离散型变量，不适合采用单项式分组，只能采用组距式分组的形式。

组距式分组需要依次确定组数、组距、组限、组中值等问题。

（1）组数与组距

一组原始数据应分多少组，组距多少合适，需要根据数据的特点来决定。组数增多，组距必然变小，组数减少，组距则变大。具体确定组数时可以根据经验，也可参照美国学者斯特奇斯（H. A. Sturges）的经验公式计算：$K=1+\frac{\lg n}{\lg 2}$，式中，K 为组数，n 为数据个数。

组距是每一组最大值和最小值之差。各组组距如果相等，称为等距分组，如果不相等，称为不等距分组，一般情况下采用等距分组。如果先确定了组数，组距可以用数据的极差除以组数获得。实际中获得一个满意的组数和组距往往要经过反复的尝试。

（2）组限

组限是每一组的最大值和最小值。组限的确定以保证变量值“不重不漏”为原则，即同一个变量值既不能被重复统计也不能被遗漏。组限的形式有重叠组限和不重叠组限两种。重叠组限是将同一个变量值分别作为顺序两组的上限和下限，如表 3—2—4 采用了重叠组限的形式，20 既作为“15～20”组的上限，又作为“20～25”组的下限。在重叠组限中，为了解决“不重”的问题，通常规定“上限不在内”，如表 3—2—4 所示，“20”应归到“20~25”这一组。不重叠组限是用顺序两个变量值作为相邻两组的上、下限，如表 3—2—5 所示采用的是不重叠组限形式，各组变量值不重叠。

采用何种组限形式主要考虑变量的类型，即是离散型变量还是连续型变量。离散型变量，两个整数变量值之间没有小数，既可以采用重叠组限形式也可以采用不重叠组限形式。连续型变量在两个整数之间有小数，所以为避免遗漏通常采用不重叠组限的形式。

【例 3—2—2】 根据表 3—2—3 数据说明组距式分组的过程和频数分布表的编制。

表 3—2—3　某公司 110 名员工某月完成的加工品数量　单位：件

A	B	C	D	E	F	G	H	I	J
11	19	21	27	25	29	26	32	32	37
12	23	22	27	26	28	30	34	34	37
12	23	22	28	26	27	32	33	38	42
13	24	23	28	25	25	34	34	39	41
15	20	23	28	27	27	33	32	37	41
15	20	24	28	28	28	34	33	36	43
16	20	24	28	27	27	32	34	38	42
17	21	22	25	27	28	33	31	37	44
18	21	24	28	26	29	34	31	35	49
18	21	22	29	28	28	31	32	36	46
12	17	23	28	34	37	42	48	26	33

组数：$K=1+\frac{\lg n}{\lg 2}=1+\frac{\lg 110}{\lg 2}=7.78\approx 8$(组)

组距：组距=(最大值-最小值)÷组数=(49-11)÷8=4.75≈5

组限：本例中，加工品数量是一个离散变量，可以采用如表 3—2—4 所示重叠组限的形式，按“上限不在内”原则就不会产生一个变量值被重复计数的问题。也可以采用表如 3—2—5 所示不重叠组限的形式，以顺序的两个自然数作为相邻两组的上下限，既清楚地表达了两组的界限，又不会产生遗漏。

表 3—2—4　重叠分组的频数分布

按加工量分组（件）	频数（人）	频率（%）
15 以下	5	4.55
15~20	8	7.27
20~25	20	18.18
25~30	33	30.00

续表

按加工量分组（件）	频数（人）	频率（%）
30~35	23	20.91
35~40	11	10.00
40~45	7	6.36
45 以上	3	2.73
合计	110	100.00

表 3—2—5　　不重叠分组的频数分布

按加工量分组（件）	频数（人）	频率（%）
14 以下	5	4.55
15~19	8	7.27
20~24	20	18.18
25~29	33	30.00
30~34	23	20.91
35~39	11	10.00
40~44	7	6.36
45 以上	3	2.73
合计	110	100.00

（3）组中值

在进行数据分析时，组距数列中每个组需要找一个代表值，这个代表值一般取每一组中点位置的值，具体计算是：

$$组中值=\frac{上限+下限}{2}$$

$$缺下限组的组中值=上限-\frac{邻组组距}{2}$$

$$缺上限组的组中值=下限+\frac{邻组组距}{2}$$

【例 3—2—3】 计算表 3—2—4 的分组数据组中值。

“15 以下”组的组中值 $=15-\frac{20-15}{2}=12.5$

中间组以“20~25”组为例，组中值 $=\frac{20+25}{2}=22.5$

“45 以上”组的组中值 $=45+\frac{45-40}{2}=47.5$

二、数值型数据的图表显示

显示数值型数据的图形很多。适用于分类数据和顺序数据的图形也适用于数值型数据，同时，数值型数据还可以绘制出更多样的图形。因此，数值型数据除了可以绘制条形图、饼图、环形图外，还可以选择如图3—2—2所示的相应图形和更多其他图形。

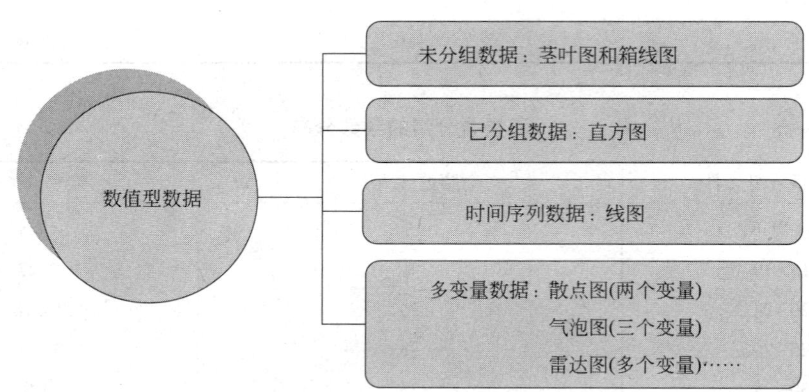

图3—2—2 数值型数据的图形种类

1. 茎叶图

茎叶图是由“茎”和“叶”两部分组成的显示数据分布状况的一种图形。通过茎叶图可以观察数据的分布状况，如数据分布是否对称、是否有极端值存在等。

【例3—2—4】 如图3—2—3所示是根据表3—2—3的原始数据绘制的茎叶图。

树茎	树叶	频数
1	1 2 2 2 3	5
1	5 5 6	3
1	7 7 8 8 9	5
2	0 0 0 1 1 1 1 2 2 2 2 3 3 3 3 3	16
2	4 4 4 4 5 5 5 5 6 6 6 6 6	13
2	7 7 7 7 7 7 7 7 8 8 8 8 8 8 8 8 8 8 8 8 8 9 9 9	24
3	0 1 1 1 2 2 2 2 2 2 3 3 3 3 3	15
3	4 4 4 4 4 4 4 4 5 6 6	11
3	7 7 7 7 7 8 8 9	8
4	1 1 2 2 2 3	6
4	4 6	2
4	8 9	2

图3—2—3 某公司员工月加工量茎叶图

从图3—2—3中可以看出，茎叶图由三列构成，“频数”列表示所在行的数据个数；“树茎”列，表示“十位数”上的数据，本例中的十位数有“1、2、3、4”四个数；“树叶”列，表示“个位数”上的数据，即0~9。

制作茎叶图时，应首先把一个数字分成两部分，通常以该数据的高位数值作为

"树茎"，"树叶"只保留该数值的最后一位数字。实际应用中，茎叶图行数的确定需要根据数据的分散状况及数据的分布特征来决定，以充分显示出数据的分布特征，如本例中，一个茎分为三行，相应的个位数则按大小顺序分别在三行中列出。

茎叶图与直方图的形状与功能非常相似，茎叶图实际上可以近似的被看成是直方图横向放置的结果。二者的主要差异是，茎叶图既反映出了数据的分布状况，又保留了原始数据的信息，而直方图虽然能很好地显示数据的分布，但不能保留原始数据。直方图一般适用于数据量较大的情况，茎叶图在数据量较小时优势非常明显。

2. 直方图

直方图是用来显示分组后的数值型数据频数分布的图形。横轴表示数据分组，纵轴表示频数或频率，各矩形（直条）的面积表示各组的频数（或频率），各矩形的面积之和为总频数（或频率之和）。若是不等距分组，矩形的宽度是该组的组距，矩形的高度等于该组频数除以该组组距；若是等距分组，可以用各组矩形的高度直接表示该组频数的分布。

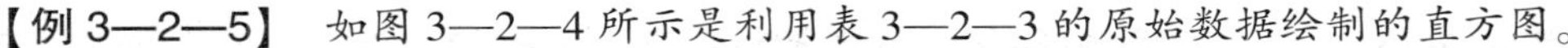
【例 3—2—5】 如图 3—2—4 所示是利用表 3—2—3 的原始数据绘制的直方图。

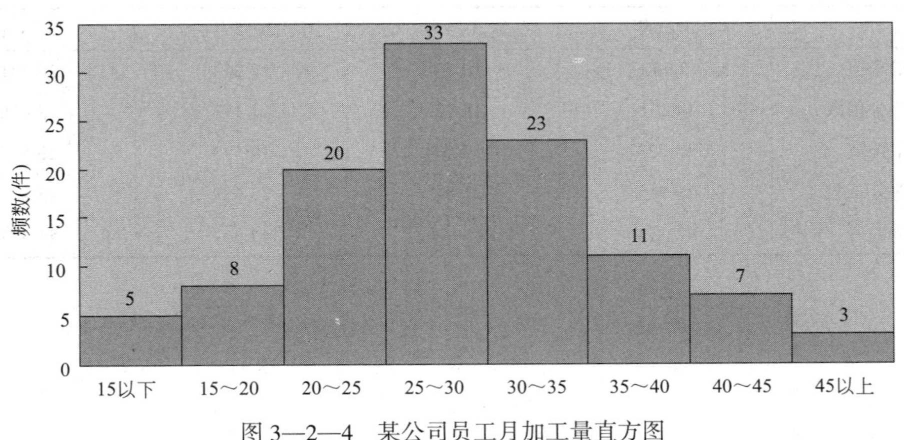

图 3—2—4　某公司员工月加工量直方图

可以看出，某公司员工每人加工品的数量服从正态分布，多数人加工的数量在 20~35 件之间。

直方图与条形图很相似，二者的主要区别是：首先，条形图主要用于显示分类数据，直方图主要用于显示数值型数据；其次，条形图各条是分开排列的，直方图各矩形通常是连续排列的；最后，条形图是用条形的长度表示各类别（或组）的频数，直方图是用矩形的面积表示各类别（或组）的频数。

3. 箱线图

箱线图由一个箱子、箱子中间的竖线、外延出来的两条线及最外端可能有的表示异常值的点组成。箱子的中间点表示该组数据的中位数，箱子两个端点分别代表了上四分位数（即75%的百分位数）和下四分位数（即25%的百分位数），外延线两个端点是最大值和最小值。箱子中间包含了总体50%的数据。上四分位数和下四分位数之间的距离称为四分位差，如果一个数据离箱子两端的距离超过四分位差的1.5倍以上，通常被认为是异常值或极端值。

箱线图与直方图一样也是用来考察数值型数据的分布，所不同的是，直方图侧重于考察一个对象的数据分布情况，而箱线图则可以同时对多个对象的数据分布进行考察。

【例3—2—6】 如图3—2—5所示是单个箱线图，是根据表3—2—3的原始数据绘制的。从中可以看出，数据总体上是正态分布，没有异常值存在。如图3—2—6所示是根据表3—2—6我国2013—2016年各地居民人均可支配收入数据绘制的多个箱线图。

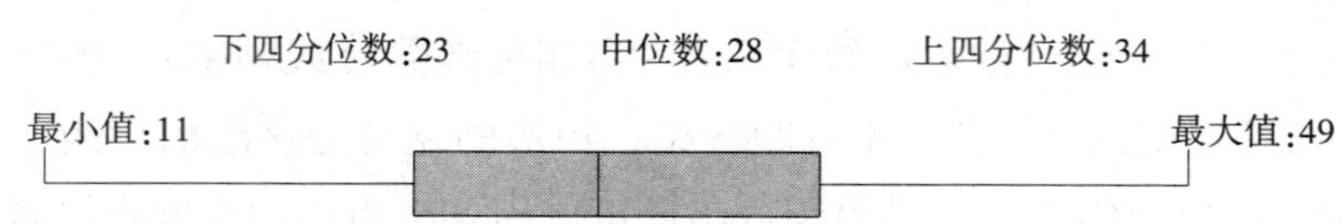

图3—2—5 某公司员工月加工品数量的箱线图

表3—2—6 **我国2013—2016年各地居民人均可支配收入数据** 单位：元

	2013年	2014年	2015年	2016年
最小值	9 740	10 730	12 254	14 141
下四分位数	14 218	15 722	17 173	18 626
中位数	15 733	17 404	18 593	20 525
上四分位数	19 913	21 842	23 639	25 479
最大值	42 174	45 966	49 867	54 305

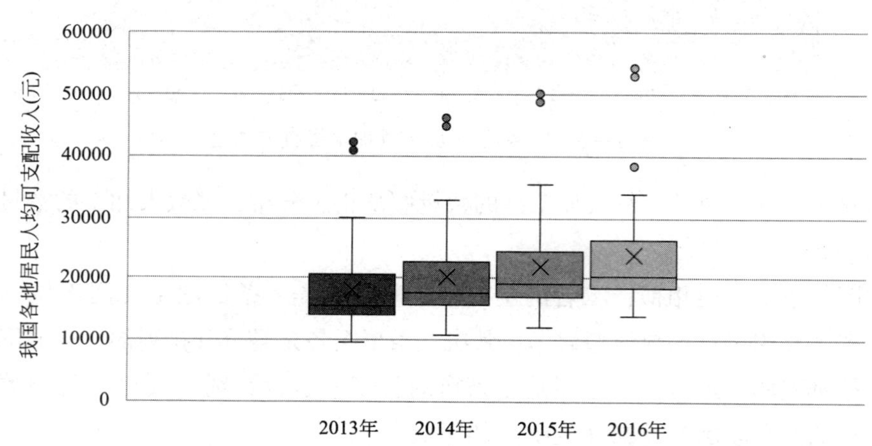

图3—2—6 我国2013—2016年各地居民人均可支配收入箱线图组

从图3—2—6所示的箱线图组可以看出，从2013年到2016年，我国各地居民人均可支配收入的分布都存在一定程度的偏态，中位数偏低，一少部分地区的水平偏高，大部分地区的水平偏低，每年都会出现两个极大值，且 2016 年又增加了一个极大值。

4. 折线图

折线图一般用来显示时间序列数据，直观地表明现象随时间的变化而发展变化的规律和趋势。横轴一般代表时间，纵轴表示数值的大小。

【例 3—2—7】 如图 3—2—7 所示是根据表 3—2—7 我国 2005—2016 年人均粮食产量资料绘制的折线图。

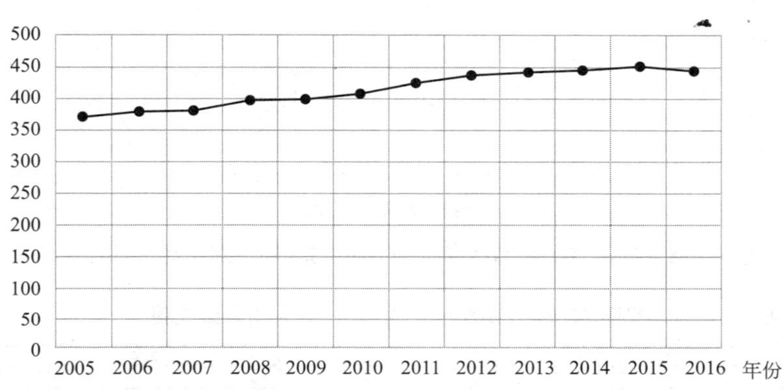

图 3—2—7　我国 2005—2016 年人均粮食产量（千克）

表 3—2—7　　我国 2005—2016 年人均粮食产量

年份	我国人均粮食产量（千克）	年份	我国人均粮食产量（千克）
2005	371	2011	425
2006	380	2012	437
2007	381	2013	443
2008	399	2014	445
2009	399	2015	453
2010	409	2016	445

5. 散点图

上述图形主要用于反映一个变量的分布状况（如条形图、茎叶图、箱线图等）或一个变量的变化趋势（如折线图）。散点图常被用来表现两个变量或多个变量之间的关系，用在二维坐标或三维坐标中的散点的密集程度和形态，表示两个变量之间或多个变量之间的相关关系。在进行回归分析之前，通常要先绘制散点图以考察两个或多个变量间的相关关系及变化趋势。在这里主要介绍常用的反映两个变量之间相关关系的二维散点图（或称简单散点图）。

【例 3—2—8】 如图 3—2—8 所示是根据表 3—2—8 绘制的简单散点图。

从图中可以看出，从 2005 年到 2015 年，随着我国人均 GDP 水平的提高，我国居民每年在旅游上的花费也呈上升趋势，二者正相关关系明显。

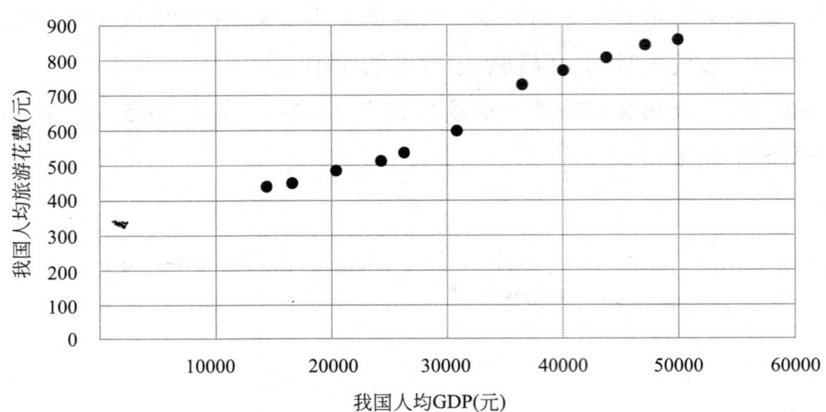

图 3—2—8　我国 2005—2015 年人均 GDP 与人均旅游花费之间的散点图

表 3—2—8　　　我国 2005—2015 年人均 GDP 与人均旅游花费

年份	我国人均 GDP（元）	我国人均旅游花费（元）	年份	我国人均 GDP（元）	我国人均旅游花费（元）
2005	14 368	436	2011	36 403	731
2006	16 738	447	2012	40 007	768
2007	20 505	483	2013	43 852	806
2008	24 121	511	2014	47 203	840
2009	26 222	535	2015	49 992	857
2010	30 876	598			

三、统计表

统计表和统计图是简明地表达统计数据的两种重要形式。

1. 统计表的构成

统计表从结构上一般由表头、行标题、列标题和数字资料四部分组成，见表 3—2—9。

表 3—2—9　　　某县 2017 年主要农业产品产量　　单位：万吨　←表头

产品名称	产　量	比上年增长（%） ←列标题
粮　　食	2 110	1.9
棉　　花	62	-2.1
肉　　类	527	0.7
水 产 品	1 976	2.6

（行标题：粮食、棉花、肉类、水产品；数字资料：表中数值）

资料来源：2017 年某县统计公报。←附加

表头，位于表的上方，包括表号、表的总标题，当表中数据的计量单位相同时，可将计量单位放在表的右上角；行标题和列标题，位于统计表的第一行和第一列，代表统计表所说明的对象以及表中数据的名称；数字资料，是由行标题和列标题交叉所决定的指标值。另外，有些统计表在表下还需列出资料来源、指标注解等，称为附加。

2. 统计表的种类

整理后的统计表可以分为简单汇总表和分组表两类。

简单汇总表，按总体单位的名称排列，或按地区和时间顺序排列，并列出相应的指标值所形成的表格，参考表 3—2—7 和表 3—2—8。根据专题列出汇总指标所形成的表格也是简单汇总表，参考表 3—2—9。

分组表的常见形式有简单分组表、复合分组表和交叉分组表。

简单分组表，即只按一个变量分组所形成的表格，参考表 3—2—2 和表 3—2—4。

复合分组表和交叉分组表，是同时按两个或两个以上的变量分组形成的表格。复合分组是在横栏或纵栏同时按两个或两个以上的变量重叠分组，如表 3—2—10 所示为复合分组表；交叉分组是同时在横栏和纵栏按不同的标志进行分组，如表 3—2—11 所示为交叉分组表。

表 3—2—10　　复合分组表

按职工收入分组（元）		人数（人）
2 500 以下	男	30
	女	36
2 500~3 500	男	42
	女	50
3 500~4 500	男	33
	女	26
4 500 以上	男	25
	女	10
合计	—	252

表 3—2—11　　交叉分组表

按职工收入分组（元）	人数（人）		
	男	女	合计
2 500 以下	30	36	66
2 500~3 500	42	50	92
3 500~4 500	33	26	59
4 500 以上	25	10	35
合计	130	122	252

3. 编制统计表应注意的问题

由于使用者的目的和数据的特点不同，统计表在结构和形式上会表现出一些差异，但在设计上的基本要求是一致的，具体来说应注意以下几点：

（1）表的整体结构应合理

从形式上，统计表的长宽比例要适当，应避免过于瘦长或过于扁宽；从内容上，对行标题、列标题和数字资料位置的安排要合理。

（2）表头的设计

表头一般包括表号和总标题。若表中全部数据的计量单位相同，也可将数据的计量单位置于表头（表的右上角）；若计量单位不同，则将各计量单位放在相应变量的后面，或将所有计量单位单独列出一列标明。总标题应简明扼要地概括出统计表的内容，一般应包括统计数据的时间、地点和数据类型。

（3）表格线的使用

统计表一般设计为三线表，三线表通常只有 3 条线，即顶线、底线和栏目线（见表 3—2—9），其中顶线和底线为粗线，栏目线为细线；列标题之间可用竖线分开；表的左右两端不用竖线封口，采用“开口式”。当然，三线表并不一定只有 3 条线，必要时可加辅助线，但无论加多少条辅助线，仍称为三线表。

（4）数据的填写

表中数据一般是右对齐，有小数点的数据应统一小数点位数，并以小数点对齐；不应有数据的表格单元用“—”表示；缺少数据的表格单元用“…”表示。一张填好的统计表不应有空白单元格。

（5）表的注释

必要时应在表下方注明数据来源，这样既能方便读者查阅，也体现了对他人劳动成果的尊重。如果需要对表中指标进行解释的话，也可将其置于表的下方。

任务实施

一、对员工按工资水平分组

1. 数据准备

（1）将 45 名员工的编号和工资水平输入新建的 Excel 表格，各占一列。

（2）对工资进行排序。

（3）确定分组的组数和组距：

极差=最大值-最小值=12 999-2 300=10 699（元）

参照美国学者斯特奇斯（H. A. Sturges）的经验公式计算组数：

$$K=1+\frac{\lg n}{\lg 2}=1+\frac{\lg 45}{\lg 2}=6.5\approx 7(\text{组})$$

组距＝极差÷组数＝10 699÷7≈1 500（元）

各组组限确定为：2 500 元以下、2 500～4 000 元、4 000～5 500 元、5 500～7 000 元、7 000～8 500 元、8 500～10 000 元、10 000 元以上。

2. 数据分组操作

工资水平是数值型变量，利用 Excel 的 FREQUENCY 函数对其进行分组整理，操作步骤如图 3—2—9 所示。

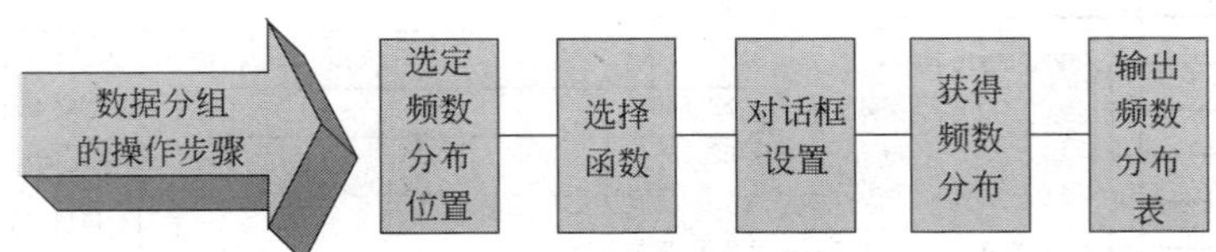

图 3—2—9　利用“FREQUENCY”函数对工资进行分组的步骤

选定频数分布位置： 在“C2：C8”单元格（可任意选定 7 个组别所在位置）内输入各组上限：2 499、3 999、5 499、6 999、8 499、9 999、12 999（Excel 中默认上限值不在本组内，所以这里输入的不是各组上限值）；选中“D2：D8”单元格（存放各组频数）。

选择函数： 单击“函数”按钮，“函数分类”选择“统计”，“函数名”选择“FREQUENCY”，单击“确定”按钮，如图 3—2—10 所示。

	A	B	C	D	E	F	G	H	I
1	编号	工资水平							
2	27	2300	2499	=					
3	13	2400	3999						
4	11	2500	5499						
5	30	2500	6999						
6	44	2600	8499						
7	31	2700	9999						
8	32	2700	12999						
9	8	2800							
10	26	8200							
11	3	3000							
12	16	3000							
13	41	3100							
14	29	3300							
15	15	3400							
16	28	3400							
17	9	3500							

粘贴函数

函数分类(C)：常用函数、全部、财务、日期与时间、数学与三角函数、统计、查找与引用、数据库、文本、逻辑、信息

函数名(N)：DEVSQ、EXPONDIST、FDIST、FINV、FISHER、FISHERINV、FORECAST、FREQUENCY、FTEST、GAMMADIST、GAMMAINV

FREQUENCY(data_array, bins_array)

以一列垂直数組返回一組數据的頻率分布。

确定　取消

图 3—2—10　选择“FREQUENCY”函数

对话框设置：在“FREQUENCY”对话框，“Data_array”框中输入“B2：B46”（原始工资所在单元格），“Bins_array”框中输入“C2：C8”（分组工资所在单元格），如图 3—2—11 所示。

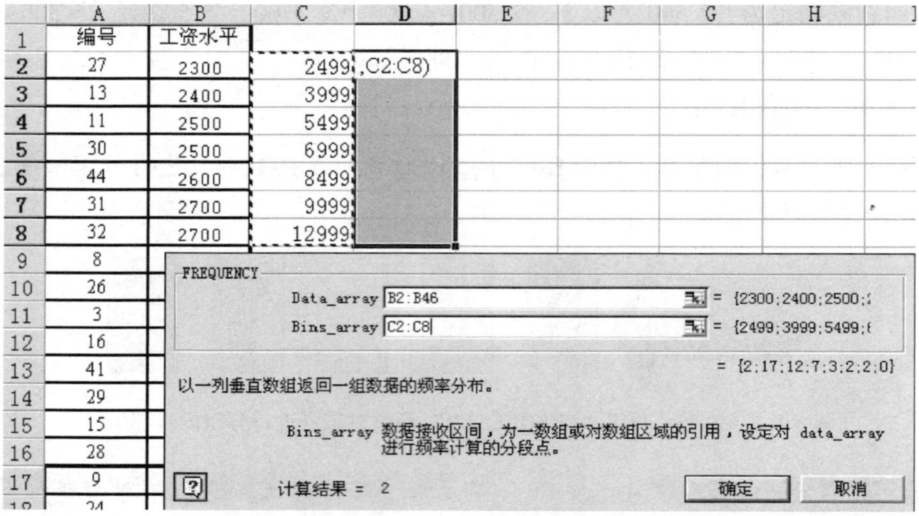

	A	B	C	D
1	编号	工资水平		
2	27	2300	2499	,C2:C8)
3	13	2400	3999	
4	11	2500	5499	
5	30	2500	6999	
6	44	2600	8499	
7	31	2700	9999	
8	32	2700	12999	
9	8			
10	26			
11	3			
12	16			
13	41			
14	29			
15	15			
16	28			
17	9			

FREQUENCY
Data_array B2:B46 = {2300;2400;2500;
Bins_array C2:C8 = {2499;3999;5499;
= {2;17;12;7;3;2;2;0}
以一列垂直数组返回一组数据的频率分布。
Bins_array 数据接收区间，为一数组或对数组区域的引用，设定对 data_array 进行频率计算的分段点。
计算结果 = 2
确定 取消

图 3—2—11 “FREQUENCY”对话框设置

获得频数分布：使用“Ctrl+Shift+Enter”组合键，得到频数分布，如图 3—2—12 所示。

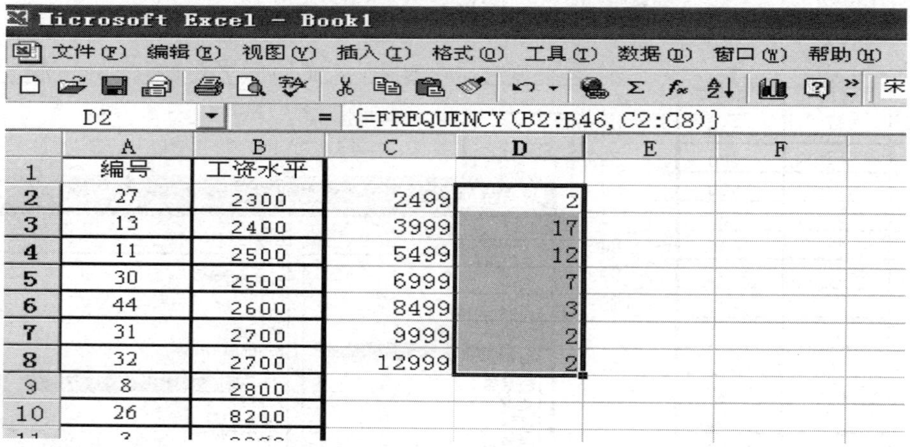

Microsoft Excel - Book1

D2 = {=FREQUENCY(B2:B46, C2:C8)}

	A	B	C	D
1	编号	工资水平		
2	27	2300	2499	2
3	13	2400	3999	17
4	11	2500	5499	12
5	30	2500	6999	7
6	44	2600	8499	3
7	31	2700	9999	2
8	32	2700	12999	2
9	8	2800		
10	26	8200		

图 3—2—12 频数分布

输出频数分布表：根据图 3—2—12 的频数分布计算各组人数占总人数的比重，即频率（图略），并输出频数分布表，见表 3—2—12。

表 3—2—12　　按工资水平分组的频数分布表

	A	B	C	D	
1	按工资水平分组（元）	人数（人）	各组人数占总人数的比重（%）		
2	2 500 以下	2	4		
3	2 500～4 000	17	38		
4	4 000～5 500	12	27		
5	5 500～7 000	7	16		
6	7 000～8 500	3	7		
7	8 500～10 000	2	4		
8	10 000 以上	2	4		
9	合计	45	100		

按工资水平分组的频数分布表使员工工资的分布状态得以清晰地显示出来，分组表从原始资料中提炼出了概括性的总体信息。

二、用图形显示员工的工资构成

1. 使用“图表向导”绘制柱形图

根据表 3—2—12 按工资水平分组的频数分布表绘制柱形图。

进入图表向导： 在“插入”菜单中选择“图表”选项。

步骤 1： 在“图表类型”中选择“柱形圆”，单击“下一步”按钮。

步骤 2： 确定图表数据源，这里选中“A2：B8”，单击“下一步”按钮，如图 3—2—13 所示。

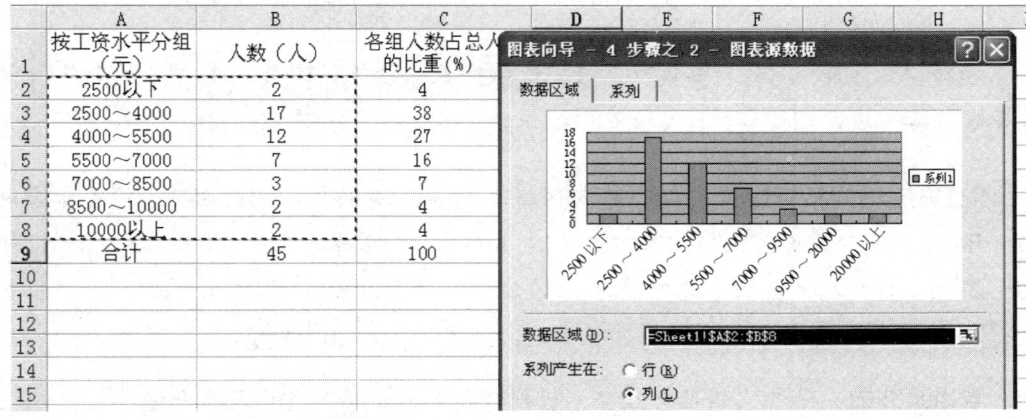

图 3—2—13　图表数据源

步骤3：设置图标选项（略）。

步骤4：确定图表位置，这里选“作为其中的对象插入”。

输出图形：单击“完成”按钮，并对图形元素进行编辑，得到如图3—2—14所示的柱形图。

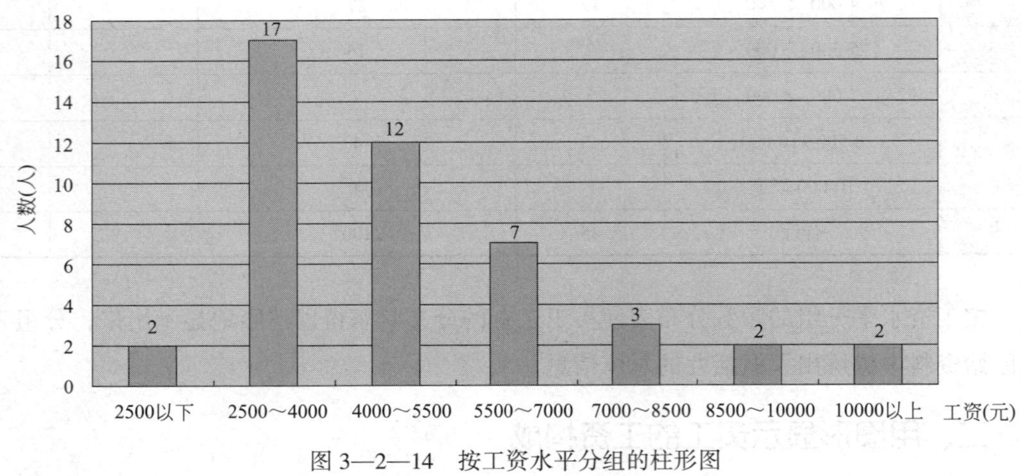

图3—2—14 按工资水平分组的柱形图

2. 使用“数据分析”工具绘制直方图

使用“数据分析”工具绘制工资分布直方图的步骤如图3—2—15所示。

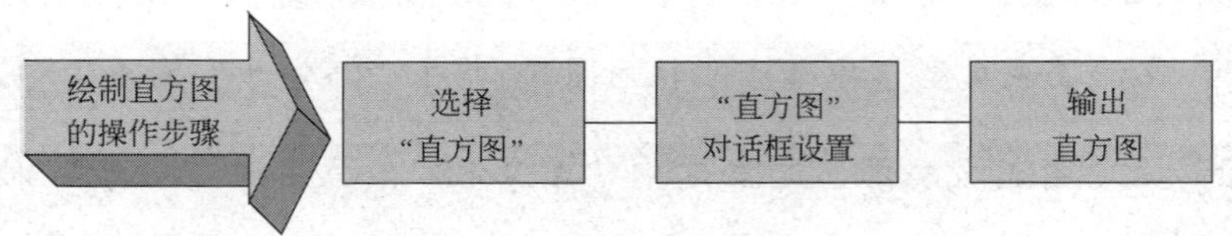

图3—2—15 使用“数据分析”工具绘制工资分布直方图的步骤

选择“直方图”：在“工具”菜单中选择“数据分析”工具，在“分析工具”列表框中选择“直方图”，单击“确定”按钮。

“直方”图对话框设置：在“输入区域”填入“$B$2：$B$46”（或鼠标选中B2：B46），在“接收区域”填入“$C$2：$C$8”（或鼠标选中“C2：C8”），“标志”不选（因为输入区域未选中标题），“输出选项”中选“累积百分比”和“图表输出”，其他选项根据需要来选，这里不选，如图3—2—16所示。

输出直方图：单击“确定”按钮，得到频数分布表、直方图及累积频率图。经过编辑的员工工资频数分布直方图如图3—2—17所示。

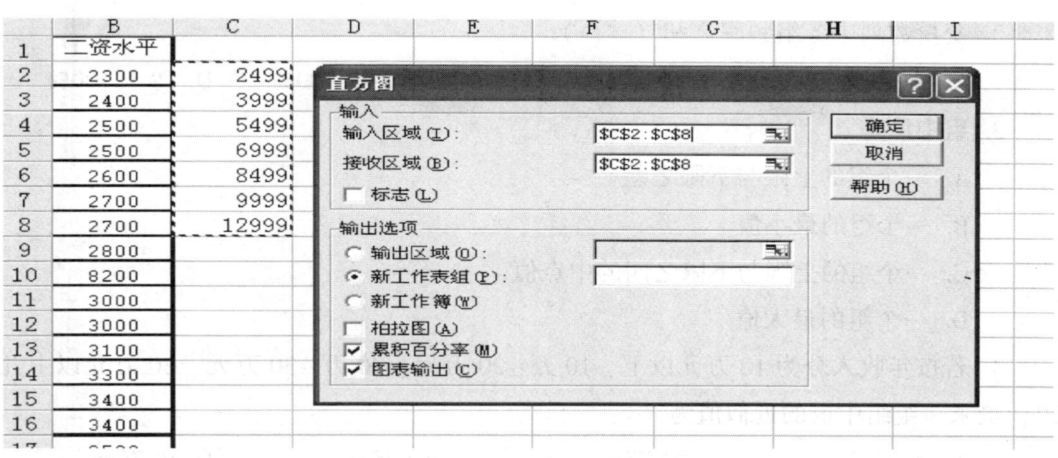

图 3—2—16　“直方图”对话框设置

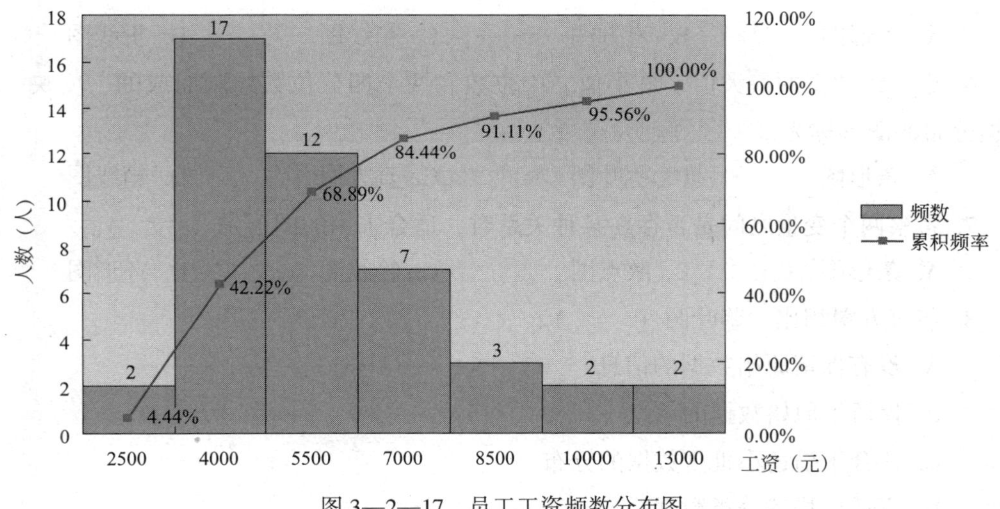

图 3—2—17　员工工资频数分布图

图中每一个条的高低分别代表了不同工资水平的员工人数，累积频率线上的每一点分别代表了工资水平不超过 2 500 元、4 000 元、5 500 元、7 000 元、8 500 元、10 000 元、13 000 元的员工人数占员工总人数的比重。

思考与练习

一、选择题

1. 按年收入分组，其分组依次为 10 万元以下、10 万～20 万元、20 万～30 万元、30 万元以上，则（　　）。

A. 10 万元应归入第一组　　B. 20 万元应归入第二组

C. 20 万元应归入第三组　　D. 30 万元应归入第三组

2. 变量数列中各组频率之和（　　）。

A. 大于 100%　　B. 小于 100%　　C. 不等于 100%　　D. 等于 100%

3. 组中值是（　　）。

A. 一个组的上限与下限之差

B. 一个组的最小值

C. 一个组的上限与下限之间的中点值

D. 一个组的最大值

4. 若按年收入分为 10 万元以下、10 万～20 万元、20 万～30 万元、30 万元以上几组，最末一组组中值的近似值为（　　）。

A. 30 万元　　B. 35 万元　　C. 40 万元　　D. 45 万元

5. 对于时间序列数据，用于描述其变化趋势的图形是（　　）。

A. 条形图　　B. 直方图　　C. 箱线图　　D. 折线图

6. 由一组数据的最大值、最小值、中位数和两个四分位数绘制而成的、反映一组数据分布的图形称为（　　）。

A. 条形图　　B. 茎叶图　　C. 直方图　　D. 箱线图

7. 考察两个变量之间是否存在某种关系时，适合采用的图形是（　　）。

A. 条形图　　B. 散点图　　C. 箱线图　　D. 环形图

8. 与直方图相比，茎叶图（　　）。

A. 没有保留原始数据的信息

B. 保留了原始数据的信息

C. 适合于描述小批量数据的分布

D. 更适合描述分类数据

9. 对已分组的数据通常使用（　　）来显示其分布。

A. 茎叶图　　B. 直方图　　C. 线图　　D. 箱线图

10. 统计表从结构上看，一般包括（　　）。

A. 总标题　　B. 横行标题　　C. 纵栏标题

D. 指标数值　　E. 调查单位

二、思考题

1. 简述数值型数据分组的步骤。

2. 数值型数据可采用的图形有哪些？

3. 统计表主要由哪几部分组成？

三、综合应用题

1. 某公司 50 名员工在公司组织的业务培训考核中的得分见表 3—2—13。

表 3—2—13　　50 名员工的考核分数　　单位：分

65	80	72	65	70	80	78	55	65	82	95	68	75	70
58	82	78	74	68	73	78	52	74	72	56	75	90	85
68	85	65	74	82	74	72	60	68	75	65	68	93	94
64	57	81	71	66	72	70	78						

要求：试对成绩进行分组整理，编制频数分布表，并绘制直方图对成绩的分布进行描述。

2. 某公司三月份 31 天的销售额资料见表 3—2—14。

表 3—2—14　　三月份 31 天的销售额　　单位：万元

41	46	35	42	25	36	28	36	29	45	46	37	47	37	34	37
38	37	30	49	34	36	37	39	30	45	44	42	38	43	26	

要求：(1) 对 31 天的销售额进行分组并编制频数分布表。

(2) 根据资料绘制茎叶图和箱线图。

3. 我国 2006—2017 年人均 GDP 和城镇化率数据见表 3—2—15。

表 3—2—15　　我国 2006—2017 年人均 GDP 和城镇化率数据

年份	人均 GDP（元）	城镇化率（%）	年份	人均 GDP（元）	城镇化率（%）
2006	16 738	44.34	2012	40 007	52.57
2007	20 505	45.89	2013	43 852	53.73
2008	24 121	46.99	2014	47 203	54.77
2009	26 222	48.34	2015	49 992	56.10
2010	30 876	49.95	2016	55 412	57.35
2011	36 403	51.27	2017	59 660	58.52

要求：根据上表资料绘制人均 GDP、城镇化率的折线图和两者关系的散点图。

实训

1. 从模块二实训项目收集到的学生数据中，找出数值型数据，利用 Excel 进行分组、编制频数分布表，使用合适的图形展示数据整理的结果。

2. 在不同的学习小组之间对整理的结果进行交流，找出表格和图形的最佳设计及不规范设计。

模块四　数据特征的描述

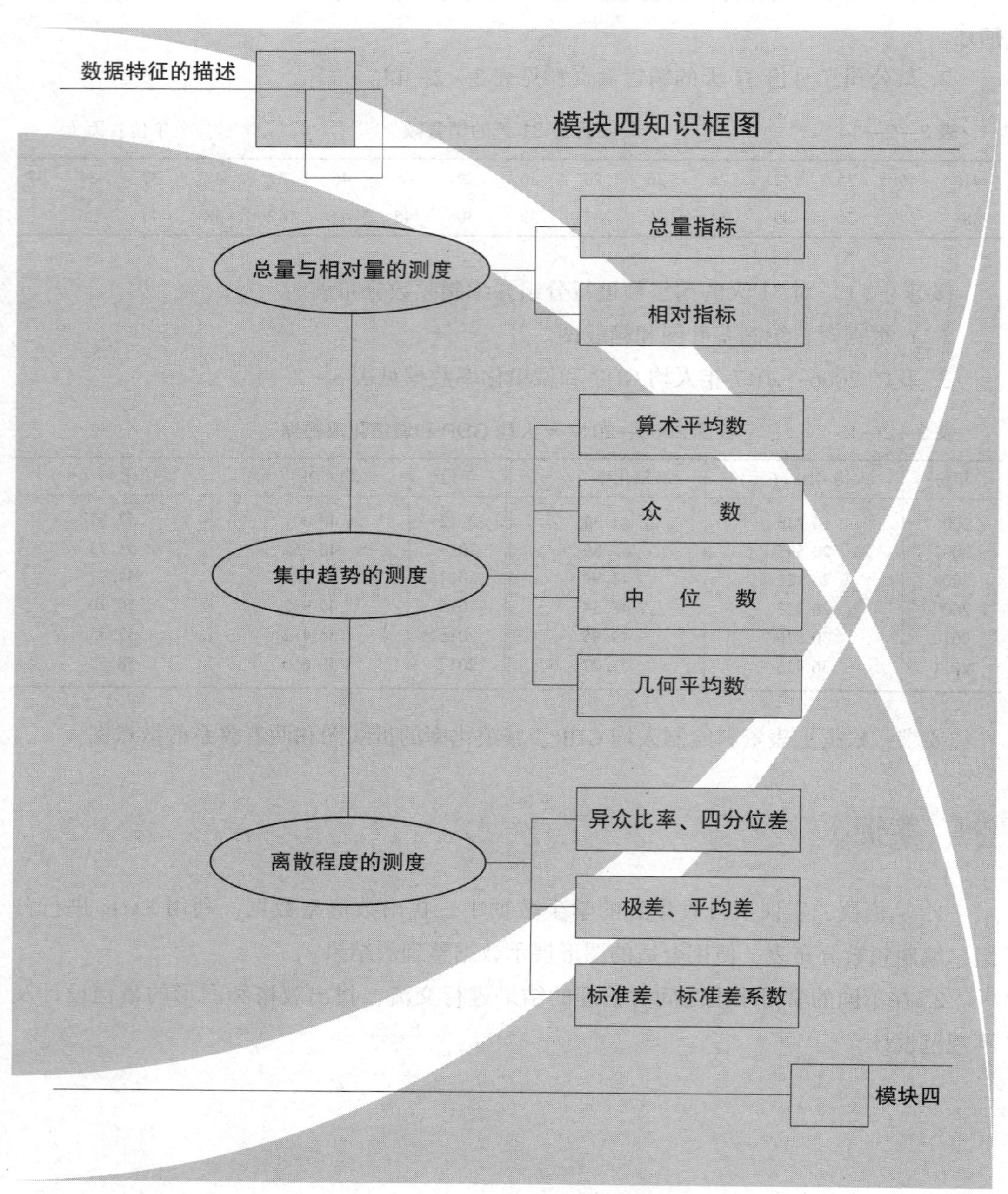

数据特征的描述
模块四知识框图
总量与相对量的测度
总量指标
相对指标
集中趋势的测度
算术平均数
众　数
中　位　数
几何平均数
离散程度的测度
异众比率、四分位差
极差、平均差
标准差、标准差系数
模块四

任务1　总量与相对量的测度

知识目标

- 掌握总量指标的含义、种类和计量方法
- 掌握相对指标的含义、种类和计量方法

能力目标

- 能够正确运用总量指标与相对指标对研究对象进行描述
- 能够对常用相对指标进行计算

任务引入

我国2016年和2017年的国内生产总值及三次产业增加值资料见表4—1—1。

表4—1—1　　我国2016年和2017年的GDP资料　　单位：万亿元

	2016年	2017年
GDP总量	74.41	82.71
其中：第一产业增加值	6.37	6.55
第二产业增加值	29.62	33.46
第三产业增加值	38.42	42.70

要求：(1) 判断表中指标类型。

(2) 计算动态相对指标，反映2016年到2017年GDP总量及三次产业增加值的变化。

(3) 分别用结构相对指标和比例相对指标反映2016年和2017年我国GDP的内部结构。

任务分析

对调查数据整理后，我们可以通过统计表或统计图对总体的数据进行展示，但统计表或统计图的展示还不够，总体数据特征的描述还需要使用相应的综合指标来完成。这些综合指标有总量指标、相对指标和平均指标三种类型。本任务的目的是引导大家认识总量指标和相对指标，并掌握这两类指标的计算方法。总量指标和相对指标在现实生活中大量存在，了解它们的含义和计算方法对我们正确使用统计指标描述客观现象将有很大的帮助。

相关知识

一、总量指标

1. 总量指标的含义

总量指标是描述社会经济现象总规模、总水平的指标，一般以绝对数的形式存在，又叫绝对数。总量指标是认识现象数量特征的起点指标，也是计算其他形式指标的基础。例如，用数据反映一个公司的概况，首先统计出来的是如资金总额、销售收入、利润、职工人数等反映总体规模、水平的总量指标，接下来通过总量指标之间的对比（即两个总量指标相除）可以得到如“资金利润率”“销售利润率”等反映数据对比关系的相对指标，以及“平均工资”等反映总体一般水平的平均指标。相对指标和平均指标是总量指标的派生指标，对现象的深入认识需要这些反映数量对比关系的指标。但两个总量指标之间绝对量对比（即两个总量指标相减）的结果仍是总量指标。

【例 4—1—1】 某公司今年实现利润 240 万元，去年实现利润 200 万元。则 240 万元、200 万元以及比去年增加的 40 万元（240-200）都是总量指标，而今年实现利润比去年增长了 20%（$\frac{240}{200}\times100\%-1$）则不再是总量指标。

2. 总量指标的计量单位

总量指标计量单位有实物单位、价值单位、劳动单位三类。

实物单位反映了事物的自然属性和特征，具体的表现形式有自然单位、度量衡单位、标准实物单位、复合单位等。自然单位是指根据事物的自然属性和特征采用的单位，如汽车以辆为单位、牲畜以头为单位、啤酒以瓶为单位和人口以人为单位等。度量衡单位是指根据统一的度量衡制度的规定来度量现象数量的单位，如人的重量以千克为单位、人的身高以厘米为单位、房屋的面积以平方米为单位等。复合单位是指以两种或两种以上单位同时度量现象的单位，如船舶以艘/吨为单位、发电机以台/千瓦为单位、汽车货运量以吨公里为单位、发电量以千瓦时为单位等。实物量指标反映了某一类事物实物量的规模。

价值单位即货币计量单位，如元、万元、亿元等，以价值单位计算的价值量指标可以反映某一类或若干类事物价值量的总规模，如 GDP 总量、商品销售额、工资总额等。价值量指标具有广泛的综合性，不同实物单位计量的实物量指标不能简单加总，但在需要对其进行汇总时，就可以采用货币单位计算并能进行简单加总。例如，不同商品的销售量因实物单位不同而不能简单加总，将不同商品的销售量换算成用货币单位表示的销售额就可以简单加总了。

劳动单位一般在生产性企业使用，是制定劳动定额或统计产出的一种计量工具，如工日、工时等。

3. 总量指标的种类

总量指标通常是简单加总的结果，求和符号为“Σ”。总量指标按内容和与时间的关系可作如下分类，如图 4—1—1 所示。

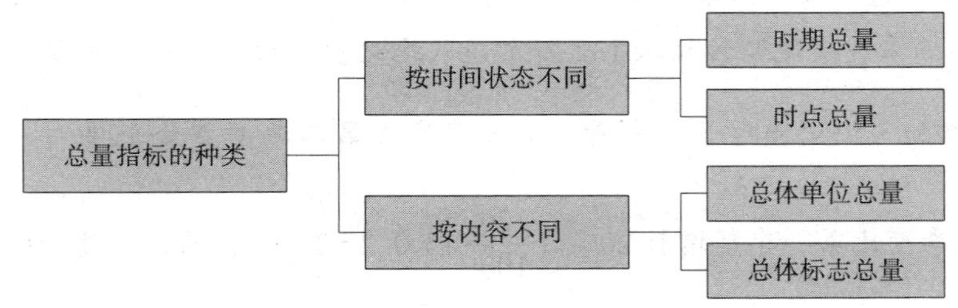

图 4—1—1　总量指标的种类

时期总量反映现象在一定时间范围内发展变化的总规模，又称流量，如某月商品销售量是该月每天商品销售量的总和。这一类指标的特点可以归纳为三点：①在一定时期内不同时间单位上的时期总量可以简单累加；②数据通过连续不断地记录取得；③累加后数据的大小与所包含时期的长短成正比关系。

时点总量反映现象在某一时点或瞬间状态上的总规模，又称存量，如某月员工人数的统计，可用月初或月末这一时点上的人数作为该月的员工总人数，而不能将该月每天的人数简单加总，多加总一次就重复计算一次。这一类指标的特点也归纳为三点：①在一定时期内不同时点上的时点总量不可以简单累加；②时点总量不必连续不断地登记，通常在一定时期（如月度、季度或年度）的期初或期末登记一次即可；③时点总量数值的大小与时期的长短无直接关系。

总体单位总量是一项调查中调查单位的总数量。

总体标志总量是总体各单位某一标志的总和。

例如，对某市工业企业进行经营状况调查，所调查的全部企业的个数就是总体单位总量。而该市所有企业的从业人员总量、所有企业实现的销售收入总额、利润总额等汇总指标就是总体标志总量。

二、相对指标

1. 相对指标的含义

绝对数表明现象所达到的规模或水平，对于现象之间的数量关系则没有明确的反映，只有把有联系的指标进行对比分析，才能对现象发展的状态做出准确的判断。对比分析通常有两种方法：一是差额比较法，即两个有联系的指标相减，用差额反映现象间绝对差异的大小；二是相对程度比较法，即两个有联系的指标相除，用相除的商反映现象之间相对差异的大小。下面介绍的主要是相对程度比较法。

相对指标是两个有相互联系的指标的对比，用以反映现象之间的对比关系，又称相对数。其计算公式为：相对指标$=\frac{比数}{基数}$。

【例 4—1—2】 某企业第一季度实现销售收入 100 万元，第二季度实现销售收入 120 万元，第三季度实现销售收入 132 万元。从绝对量上看，第一季度至第三季度的销售收入逐季增加。但从相对量上来看，第三季度比第二季度增长 10%（$\frac{132}{120}-1=0.1=10\%$），第二季度比第一季度增长 20%（$\frac{120}{100}-1=0.2=20\%$），第三季度的增长速度较第二季度减缓。

相对数的特点是把两个具体的数值抽象化，有时抽象化后的相对量更便于进行现象之间的对比。

2. 相对指标的计量

相对指标的计量形式有有名数和无名数两种。

有名数一般表现为复名数的形式，如人/平方公里、元/人、千克/人等，表现现象的强度、密度和普遍程度等。

无名数是一种抽象化的数值，如系数、倍数、成数、百分数和千分数等。系数和倍数是将对比的基数抽象为 1 计算出的相对数，如销售员甲本月实现的销售量是销售员乙的 1.5 倍；成数是将对比基数抽象为 10 计算出的相对数，如今年某地的粮食产量比去年增产两成，即增加 2/10；百分数是将对比基数抽象为 100 计算出的相对数，用符号“%”表示，如粮食产量比去年增产两成，用百分数表示就是增长 20%；千分数是将对比基数抽象为 1 000 计算出来的，用符号“‰”表示，适用于对比的分子数值比分母数值小得多的情况，如人口出生率、死亡率等。

3. 相对指标的种类及计量方法

实际工作中，经常进行以下六种形式的对比，形成六种相对指标，如图 4—1—2 所示。

（1）计划完成程度相对指标

计划完成程度相对指标是实际完成数与计划任务数之比，用来检查、监督计划完成情况的综合指标，一般用百分数表示，计算公式如下：

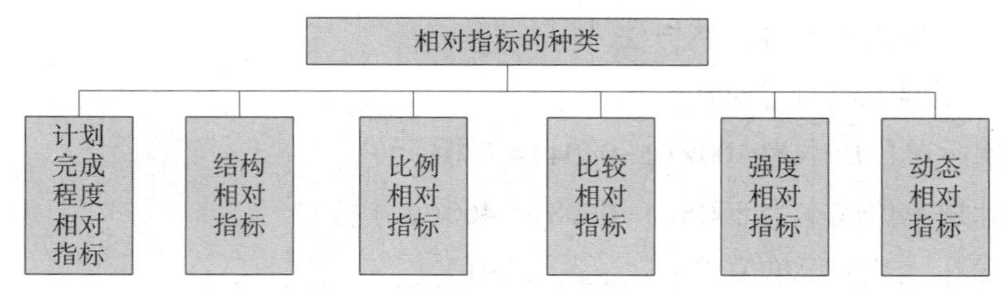

图 4—1—2　相对指标的种类

$$计划完成程度=\frac{实际完成数}{计划任务数}\times100\% \qquad (式 4—1—1)$$

检查计划的完成情况是一个经济活动单位的经常性工作，内容如图 4—1—3 所示。

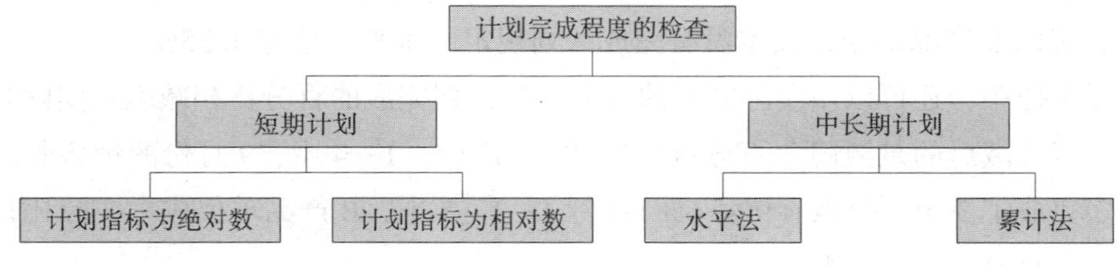

图 4—1—3　计划完成程度检查的类型

1）短期计划检查是将按月度、季度或年度统计的实际完成数与计划任务数进行对比。

计划数是绝对数时，可将实际完成数与计划任务数直接对比计算计划完成程度。

【例 4—1—3】　某企业 8 月份计划利润总额达到 270 万元，实际实现利润总额为 300 万元，求该企业 8 月份计划完成程度。

解：$计划完成程度=\frac{实际完成数}{计划任务数}\times100\%=\frac{300}{270}\times100\%=111.11\%$

则 8 月份计划完成程度为 111. 11%，超额完成计划 11. 11%。

计划数是相对数时，需要用实际完成百分比与计划完成百分比进行对比来计算计划完成程度。

【例 4—1—4】　某企业 9 月份计划销售收入比上月增长 6%，实际增长了 9%，求该企业 9 月份销售收入的计划完成程度。

解：$计划完成程度=\frac{1+实际增长率}{1+计划增长率}\times100\%=\frac{1+9\%}{1+6\%}\times100\%=102.83\%$

本例中，销售收入是正指标，对于正指标来说，计划完成程度大于 100%说明超额完成计划，小于 100%说明没有完成计划，所以 9 月份超额完成了计划，超计划完成 2. 83%。

【例 4—1—5】　某企业 B 产品去年单位成本为 500 元，今年计划比去年单位成本降低 8%，实际单位成本降低了 4%。求该企业 B 产品单位成本降低计划完成程度。

解：可以采用以下两种计算方法。

方法一：用两个绝对量对比。

B 产品实际单位成本为 500×(1-0.04)=480(元)

B 产品计划单位成本为 500×(1-0.08)=460(元)

$$计划完成程度=\frac{实际单位成本}{计划单位成本}\times100\%=\frac{480}{460}\times100\%=104.35\%$$

方法二：用两个相对量对比。

$$计划完成程度=\frac{1-单位成本实际降低率}{1-单位成本计划降低率}\times100\%=\frac{1-4\%}{1-8\%}\times100\%=104.35\%$$

本例中，单位成本是逆指标，对于逆指标来说，计划完成程度大于 100%属于未完成计划，所以 B 产品的单位成本没有完成计划规定的水平，还差 4.35%。

实际工作中，还可以用实际完成的百分比与计划完成的百分比相减表示实际与计划的对比，但相减后的差额用“百分点”表述。如例 4—1—4 中，9 月份的销售收入实际比计划多完成了 3 个百分点（9%-6%）；例 4—1—5 中，B 产品单位成本实际比计划少完成了 4 个百分点（8%-4%）。

2）中、长期计划检查是对 5 年或 5 年以上计划任务的检查。

中、长期计划的检查有水平法和累计法两种方法。

水平法适合于只规定计划期末要达到某种水平的现象。计算公式为：

$$计划完成程度=\frac{计划期末实际达到的水平}{计划期末计划达到的水平}\times100\%$$

【例 4—1—6】 某企业按五年计划的规定，最后一年的主营业务收入要达到 1 000 万元。计划执行情况见表 4—1—2。

表 4—1—2　　某企业主营业务收入五年计划执行统计表　　单位：万元

	第一年	第二年	第三年	第四年				第五年			
				第一季度	第二季度	第三季度	第四季度	第一季度	第二季度	第三季度	第四季度
主营业务收入	780	820	890	240	240	240	250	250	260	260	280

问：该企业是否完成了五年计划？是提前还是拖后完成了计划？

解：$计划完成程度=\frac{250+260+260+280}{1\ 000}\times100\%=105\%$

该企业完成了五年计划。从第四年第三季度至第五年第二季度的主营业务收入总和（即 240+250+250+260=1 000）已达到计划规定的 1 000 万元水平，所以提前两个季度（即 6 个月）完成了五年计划。

累计法适合于规定计划期全期累计应达到某个规模的现象。计算公式如下：

$$计划完成程度=\frac{计划期实际完成累计数}{同期计划任务累计数}\times 100\%$$

【例 4—1—7】 某地区 2013—2017 年基本建设投资总额计划为 260 亿元，实际完成情况见表 4—1—3。问：该地区 2013—2017 年基本建设投资计划完成情况如何？

表 4—1—3　　某地区 2013—2017 年基本建设投资统计表　　单位：亿元

	2013 年	2014 年	2015 年	2016 年	2017 年			
					第一季度	第二季度	第三季度	第四季度
基本建设投资总额	48	50	60	62	12	19	25	15

解：$计划完成程度=\frac{48+50+60+62+(12+19+25+15)}{260}\times 100=116\%$

该地区五年计划的计划完成程度为 116%，超计划完成 16%。由于到 2017 年第二季度就累计完成了 260 亿元的投资计划，所以提前 6 个月完成计划。

（2）结构相对指标

结构相对指标是总体中的一部分数值与总体全部数值对比的结果，以反映总体内部的构成情况一般用百分数表示，各部分占总体的比重之和应等于 100%。计算公式如下：

$$结构相对指标=\frac{总体某一部分数值}{总体全部数值}\times 100\% \qquad （式 4—1—2）$$

反映总体内部构成的结构相对指标在实际中应用较为广泛，如以三次产业占 GDP 的比重反映 GDP 的三次产业构成；以城市、农村人口占总人口的比重反映城乡人口构成等。

【例 4—1—8】 对表 4—1—4 中企业某产品的总成本计算结构相对指标反映其构成。

表 4—1—4　　企业某产品的总成本构成

	金额（元）	比重（%）
产品总成本	2 000	100
其中：直接材料费	1 500	75
直接人工费	400	20
制造费用	100	5

解：本例中的结构相对指标就是各项费用占产品总成本的比重，即直接材料费在总成本中所占比重为 75%，直接人工费在总成本中所占比重为 20%，制造费用在总成本中所占比重为 5%，三种费用占总成本比重之和为 100%。

（3）比例相对指标

比例相对指标是总体中某一部分数值与另一部分数值对比的结果，反映总体中各部分数值之间的对比关系。计算公式如下：

$$比例相对指标=\frac{总体中某一部分数值}{总体中另一部分数值} \qquad （式 4—1—3）$$

比例相对指标既可以用百分数表示，也可以用小数、倍数等形式表示。

【例 4—1—9】 某省 2017 年货物贸易进出口总值为 2.43 万亿元，其中，出口为 1.38 万亿元，进口为 1.05 万亿元。试对进出口比例进行分析。

解：该省 2017 年货物贸易出口大于进口，贸易顺差为 0.33 万亿元。出口总值除以进口总值得到的进出口比例为 1.314 3，即出口是进口的 1.314 3 倍；也可表示为百分数形式，即出口是进口的 131.43%；或者用对比的形式表示，即进口与出口之比为 1∶1.314 3（或 100∶131.43）。

比例相对指标与结构相对指标的计算都是在总体分组的基础上进行，但对比方法不同，反映的经济内容也不同。结构相对指标是总体部分数据与总体全部数据之比，反映的是部分与总体的关系；比例相对指标是总体某一部分数据与另一部分数据之比，反映的是总体中部分与部分之间的关系。在实际工作中，两种相对指标经常结合使用。

【例 4—1—10】 2017 年某省地区生产总值为 67 008 亿元，其中，第一产业增加值为 4 929 亿元，第二产业增加值为 30 410 亿元，第三产业增加值为 31 669 亿元。试计算该省 2016 年的 GDP 构成及三次产业比例。

解：反映 GDP 内部构成可计算结构相对指标，即第一产业占比为 7.3%，第二产业占比为 45.4%，第三产业占比为 47.3%；反映 GDP 内部关系可计算比例相对指标，以第一产业为基数，分别用第二产业和第三产业增加值除以第一产业增加值，得到第一产业、第二产业、第三产业增加值之比为 1∶6.17∶6.43，即第二产业增加值是第一产业的 6.17 倍，第三产业增加值是第一产业的 6.43 倍。

（4）比较相对指标

比较相对指标是在同一时间不同空间条件下同类指标数值对比的结果，这里的不同空间，可以是不同国家、不同地区、不同企业或不同部门。计算公式如下：

$$比较相对指标=\frac{某一空间条件下某种指标数值}{另一空间条件下的同类指标数值} \qquad （式 4—1—4）$$

比较相对指标一般用百分数或小数、倍数表示。

【例 4—1—11】 2017 年某省人均地区生产总值最高的是甲市，人均 115 617 元，最低的是乙市，人均 27 513 元，则甲市的人均地区生产总值是乙市的 4.2 倍，该指标是比较相对指标。

计算比较相对指标的分子、分母两个指标，在指标含义、指标口径、计算方法、计量单位等方面必须一致，以保证可比性。

（5）强度相对指标

强度相对指标是两个性质不同但又有密切联系的两个总量指标对比的结果，强度相对指标反映现象的强度、密度和普遍程度。计算公式如下：

$$强度相对指标=\frac{某一总量指标}{另一性质不同又有密切联系的总量指标数值} \quad （式4—1—5）$$

强度相对指标一般使用复名数，如人口密度“人/平方公里”、商业网点密度“人/个”、人均国民生产总值“元/人”等。

【例4—1—12】 某地区2017年末人口数为100万人，该地区2017年末拥有1 200个商业网点，则每万人拥有的商业网点数为12个/万人（$\frac{1\ 200个}{100万人}=12个/万人$），或者每个商业网点服务的人口数为833人（$\frac{1\ 000\ 000人}{1\ 200个}=833人/个$），这两个指标是用复名数表示的强度相对指标。

计算强度相对指标的分子和分母位置可以互换，这样分别得到强度相对指标的正指标和逆指标，正指标是指强度相对指标数值的大小与现象发展的强度、密度和普遍程度呈正向发展，如每万人拥有的商业网点数是正指标，该指标数值越大，经济实力越强；反之为逆指标，如每个商业网点服务的人口数，该指标数值越小，经济实力越强。

（6）动态相对指标

动态相对指标是某一指标在不同时间上的数值对比，反映现象的动态变化。计算公式如下：

$$动态相对指标=\frac{报告期水平}{基期水平} \quad （式4—1—6）$$

动态相对指标一般用百分数表示，当报告期与基期相隔较远，两个时期的水平相差较大时，也可采用倍数。

【例4—1—13】 我国2017年GDP总量为827 122亿元，2000年为100 280亿元。利用动态相对指标进行分析，就是用2017年的GDP总量与2000年的GDP总量进行对比。即我国2017年的GDP总量是2000年的8.25倍（或825%），增长了7.25倍（或725%）。

动态对比的更多内容详见模块八。

任务实施

根据表4—1—1中资料判断指标类型、计算相对指标。

1. 判断指标类型

2016 年、2017 年的 GDP 总量和三次产业的增加值属于总量指标，是按货币单位计量的，属于时期总量。

2. 计算动态相对指标

表 4—1—5 中第⑤列即为动态相对指标，反映了 2017 年 GDP 总量和三次产业增加值比 2016 年增长的百分比。

表 4—1—5　　相对指标计算表

	2016 年		2017 年		
	绝对量（万亿元）	比重（%）	绝对量（万亿元）	比重（%）	比 2015 年增长（%）
	①	②	③	④	⑤=③/①
GDP 总量	74.41	100.0	82.71	100.0	6.9
其中：第一产业	6.37	8.6	6.54	7.9	3.9
第二产业	29.62	39.8	33.46	40.5	6.1
第三产业	38.42	51.6	42.70	51.6	8.0

注：表中数据按现行价格计算。

3. 计算结构相对指标

表 4—1—5 中第②和第④列为结构相对指标，分别反映了 2016 年和 2017 年三次产业增加值在 GDP 中所占的比重。

4. 计算比例相对指标

以 2016 年第一产业增加值为 1，分别用 2016 年第二、第三产业的增加值除以第一产业增加值，得到 2016 年第一、第二、第三产业增加值之比为 1：4.65：6.03，意味着 2016 年第一产业创造 1 元的增加值，第二产业创造 4.65 元的增加值，第三产业创造 6.03 元的增加值。

2017 年第一、第二、第三产业增加值之比为 1：5.11：6.52，意味着 2017 年第一产业创造 1 元的增加值，第二产业创造 5.11 元的增加值，第三产业创造 6.52 元的增加值。

思考与练习

一、选择题

1. 总量指标数值大小（　　）。

A. 随总体范围增大而增大　　B. 随总体范围增大而缩小

C. 随总体范围缩小而增大　　　　D. 与总体范围大小无关

2. 下列指标属于时期总量的是（　　）。

A. 国内生产总值　　B. 商品库存量　　C. 利税总额

D. 年末居民储蓄存款余额　　E. 固定资产原值　　F. 职工人数

3. 总体的一部分数值与总体全部数值之比是（　　）。

A. 比例相对指标　　B. 比较相对指标

C. 结构相对指标　　D. 动态相对指标

4. 某产品单位成本计划规定比基期下降 3%，实际比基期下降 3.5%，单位成本计划完成程度为（　　）。

A. 85.7%　　B. 99.5%　　C. 100.5%　　D. 116.7%

5. 相对指标的表现形式有（　　）。

A. 小数　　B. 有名数　　C. 百分数　　D. 千分数

6. 把基数抽象为 100 计算出来的相对数叫（　　）。

A. 百分数　　B. 倍数

C. 成数　　D. 千分数

二、思考题

1. 什么是总量指标？时期总量和时点总量有什么区别？

2. 相对指标有哪几种常用的对比形式？

三、综合应用题

1. 某公司所属三个分公司 2017 年下半年的利润额资料见表 4—1—6。

要求：(1) 在表中空白位置填上相应的数据。

(2) 判断表中指标分别属于哪种指标类型。

表 4—1—6　　三个分公司 2017 年下半年的利润额

	第三季度利润（万元）	第四季度					第四季度为第三季度的百分比（%）
		计划		实际		计划完成	
		利润（万元）	比重（%）	利润（万元）	比重（%）	百分比（%）	
A 公司	1 082	1 234		1 358			
B 公司	1 418	1 724				95	
C 公司	915			1 140		105	
合计	3 415						

2. 2015 年我国年末总人口为 137 462 万人，比上年末增加 680 万人。2015 年人口出生率为 12.07‰，死亡率为 7.11‰，自然增长率为 4.96‰，人口性别比为

100：105.02。指标数据见表4—1—7。

表4—1—7　　全国人口统计

项　目	年末人数（万人）	比重（%）
全国总人口	137 462	100.00
其中：城镇	77 116	56.10
乡村	60 346	43.90
其中：男性	70 414	51.22
女性	67 048	48.78
其中：0~14岁	22 715	16.50
15~64岁	100 361	73.00
65岁及以上	14 386	10.50

要求：根据本任务所学的知识判断上述指标类型。

实训

从政府统计网站或报纸、杂志上摘录统计数据，并利用本任务学习的相关知识判断指标的计算方法及指标类型。

任务2　集中趋势的测度

知识目标

- 了解集中趋势的含义
- 掌握算术平均数的应用条件及计算方法
- 掌握众数和中位数的应用条件及确定方法
- 掌握几何平均数的应用条件及计算方法

能力目标

- 能够使用Excel中的统计函数计算算术平均数、众数、中位数、几何平均数
- 能够根据所学知识选择合适的集中趋势代表值反应现象的一般水平

任务引入

某学校136名学生月消费支出额的原始数据见表4—2—1。

表 4—2—1　　136 名学生月消费支出额资料　　单位：元

	A	B	C	D	E	F	G	H
1	110	150	266	385	300	350	401	192
2	470	155	339	445	310	352	247	160
3	455	381	348	256	312	364	231	469
4	145	172	220	264	275	378	420	510
5	217	186	231	268	145	385	179	220
6	135	436	246	321	310	229	390	210
7	250	180	312	277	345	355	446	332
8	255	386	336	278	344	368	420	330
9	146	168	238	281	285	367	252	320
10	122	158	392	346	320	361	421	372
11	300	167	338	298	264	375	198	425
12	320	388	311	295	360	377	436	433
13	347	410	208	285	347	279	298	263
14	335	411	209	276	345	378	276	284
15	320	200	239	251	276	379	335	210
16	245	205	239	396	342	374	287	344
17	235	206	244	269	310	375	398	266

要求：选择合适的方法计算 136 名学生月消费支出的平均水平。

任务分析

数据整理后形成的频数分布表及统计图形，可以使我们对一组数据的分布特征有一个大概的了解，这只是数据描述的初步。如果想对数据分布的特征有一个更加准确的描述，则需要更精确的统计方法，这就是集中趋势的测度方法和离散趋势的测度方法，前者是在一组数据中找出一个代表值代表该组数据的一般水平，后者是用一个数据来代表一组数据的离散程度。本任务的主要目的是引导大家学习数据集中趋势的测度方法。

相关知识

一、集中趋势及其度量方法

集中趋势是一组数据向其中心值靠拢的倾向和程度，它反映了一组数据中心点所在的位置。测度集中趋势就是寻找数据的中心值或一般水平的代表值。测度集中趋势的常用方法如图 4—2—1 所示。

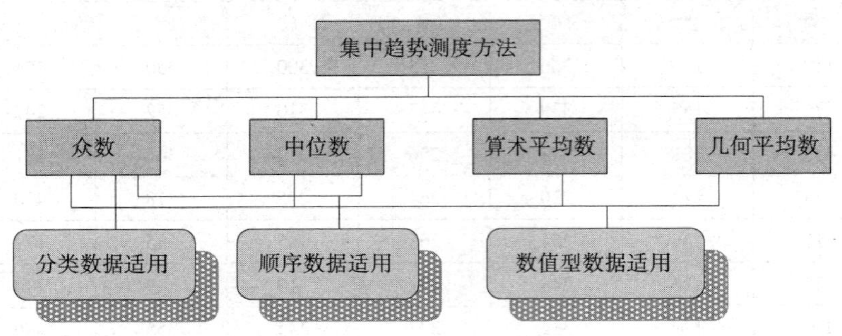

图 4—2—1　集中趋势的测度方法

在选择测度数据集中趋势的方法时，一是要考虑数据的类型，数值型数据适用的方法很多，经常使用的是算术平均数，几何平均数适用于对比率数据，众数和中位数在特定情况下使用，顺序数据适用的方法有众数和中位数，分类数据的集中趋势只可用众数来描述；二是要考虑数据的分布特征。在下面的内容中将介绍如何根据数据的分布特征去选择合适的集中趋势代表值。

二、算术平均数

算术平均数是一组数据相加后除以数据个数的结果，也称为均值，主要用于反映数值型数据的平均水平。算术平均数是根据全部数据计算的，优点是利用了全部数据的信息，缺点是容易受数据中极端值的影响，当极端值存在时，平均数代表性较差。算术平均数是大多数人所熟悉的、应用最为广泛的一种平均数。根据所计算的数据是否分组，算术平均数又分为简单算术平均数和加权算术平均数两种计算形式。

1. 简单算术平均数

简单算术平均数是对未经分组的数据资料计算平均数而采用的计算形式。设一组数据有 n 个变量值，分别为 x_1、x_2、…、x_n，求这一组变量值的简单算术平均数，可以将变量值简单相加再除以变量值的个数，公式为：

$$\bar{x}=\frac{x_1+x_2+\cdots+x_n}{n}=\frac{\sum x}{n} \qquad \text{（式 4—2—1）}$$

这里的平均数“$\bar{x}$”读作 x-bar，“Σ”读作“西格玛”，是求和的符号。

【例 4—2—1】 某企业销售部门 7 名业务员的月收入分别是 8 500 元、5 400 元、9 500 元、5 100 元、6 500 元、8 500 元、7 600 元，求这 7 人的平均月收入。

解：$\bar{x}=\frac{8\,500+5\,400+9\,500+5\,100+6\,500+8\,500+7\,600}{7}=\frac{51\,100}{7}=7\,300$（元）

对于数据量比较少的未分组数据，采用手工计算尚可，而对于数据量大的未分组数据，在 Excel 等数据处理软件的帮助下可以快速而准确地求出平均数的结果。

2. 加权算术平均数

加权算术平均数是对已分组的数据资料计算平均数的形式。若将一组原始数据分为 k 组，当各组数据出现的频数不相等时，需要以各组的频数作为权数对各组的变量值进行加权平均。计算公式如下：

$$\bar{x}=\frac{x_1 \cdot f_1+x_2 \cdot f_2+\cdots+x_k \cdot f_k}{f_1+f_2+\cdots+f_k}=\frac{\sum x \cdot f}{\sum f} \quad \text{（式 4—2—2）}$$

式中，x_1、x_2、…、x_k 是各组的变量值（单项式分组中是各组的变量值，在组距式分组中是各组的组中值），f_1、f_2、…、f_k 是各组的频数。当权数为比重或频率形式（$\frac{f}{\sum f}$）时，计算平均数的公式为：

$$\bar{x}=x_1 \cdot \frac{f_1}{\sum f}+x_2 \cdot \frac{f_2}{\sum f}+\cdots+x_n \cdot \frac{f_n}{\sum f}=\sum\left(x \cdot \frac{f}{\sum f}\right) \quad \text{（式 4—2—3）}$$

（1）由单项式数列计算加权算术平均数

对于单项式分组数列，可以直接用各组的权数对各组变量值进行加权平均。

【例 4—2—2】 对 100 个人每月的网购次数进行调查，分组整理后的结果见表 4—2—2。求：这 100 个人每月网购的平均次数。

表 4—2—2　　100 个人每月的网购次数分布情况

网购次数 x（次）	网购人数 f（人）	$x \cdot f$
1	10	10
2	30	60
3	34	102
4	17	68
5 次以上	9	45
合计	100	285

解：$\bar{x}=\frac{\sum x \cdot f}{\sum f}=\frac{285}{100}=2.85$（次）

（2）由组距式数列计算加权算术平均数

由于组距式数列中各组的变量表现为变量值变动的一个区间，因此，首先需要确定各组的代表值，一般用各组的组中值作为各组的代表值，然后再加权计算算术平均数。

【例 4—2—3】 某公司 400 名员工工资资料见表 4—2—3，计算 400 名员工的平均工资。

表 4—2—3　　　某公司 400 名员工平均工资计算表

按月工资分组（元）	组中值 x（元）	职工人数 f（人）	$x \cdot f$	比重 $\frac{f}{\sum f}$	$x \cdot \frac{f}{\sum f}$
①	②	③	④=②×③	⑤=③÷400	⑥=②×⑤
1 100 以下	1 000	60	60 000	0. 15	150
1 100~1 300	1 200	100	120 000	0. 25	300
1 300~1 500	1 400	140	196 000	0. 35	490
1 500~1 700	1 600	60	96 000	0. 15	240
1 700 以上	1 800	40	72 000	0. 10	180
合计	—	400	544 000	1	1 360

解：首先，计算各组组中值，见表 4—2—3 的第②列；其次，加权平均。已知各组员工人数的绝对数（即频数，见表 4—2—3 第③列），可以由此计算出各组人数占总人数的比重（即频率，见表 4—2—3 第⑤列），相应地可以分别采用两种权数形式计算该公司员工的平均工资，两种方法的计算结果相同。

方法一：各组员工人数为频数时，采用下式计算，数据见表 4—2—3 第③、第④列。

$$\bar{x}=\frac{x_1 \cdot f_1+x_2 \cdot f_2+\cdots+x_k \cdot f_k}{f_1+f_2+\cdots+f_k}=\frac{\sum x \cdot f}{\sum f}=\frac{544\ 000}{400}=1\ 360(\text{元})$$

方法二：各组员工人数为频率时，采用下式计算，数据见表 4—2—3 第⑤、第⑥列。

$$\bar{x}=x_1 \cdot \frac{f_1}{\sum f}+x_2 \cdot \frac{f_2}{\sum f}+\cdots+x_k \cdot \frac{f_k}{\sum f}=\sum\left(x \cdot \frac{f}{\sum f}\right)$$

$$=1\ 000\times0.15+1\ 200\times0.25+1\ 400\times0.35+1\ 600\times0.15+1\ 800\times0.10$$

$$=1\ 360\ (\text{元})$$

（3）加权算术平均数的权数

由上述计算可以看出，加权算术平均数的大小受两个因素影响，一个是各组变量值水平（x）的高低，另一个是各组权数（f 或 $\frac{f}{\sum f}$）的大小。假设各组变量值不变，各组频数或频率的大小就对加权算术平均数的大小起到了权衡轻重的作用，因此，频数或频率也称为权数，频数是绝对权数，频率是相对权数。权数对加权算术平均数的决定作用表现为：哪个组的频数在总频数中占的比重大，该组的变量值对平均数的影响就越大，相反就越小。以表 4—2—3 资料为例，1 300~1 500 组的频数最多（为 140 人），在总频数中所占的比重最高（为 35%），则平均数 1 360 就落在该组的数据区域中，其他各组，频率越低，其变量值越远离平均数。

（4）平均数的两个数学性质

算术平均数在统计学中具有重要地位，是统计分析与统计推断的基础。为便于统计学其他内容的学习，这里介绍平均数两个基本的数学性质。

性质之一：各变量值与其算术平均数离差之和等于零，即 $\sum_{i=1}^{n}(x_i-\bar{x})=0$。

性质之二：各变量值与其算术平均数离差平方和最小，即 $\sum_{i=1}^{n}(x_i-\bar{x})^2=$最小值。

三、众数

众数是一组数据中出现频率最高的数值，用“M_o”表示。

一般来说，在总体单位数足够多，且数据具有明显的集中趋势时，用众数反映一组数据的集中趋势才有意义。由于数据分布有不同的特点，在某一组数据中，可能没有众数，也可能不止一个众数。众数如图 4—2—2 所示。

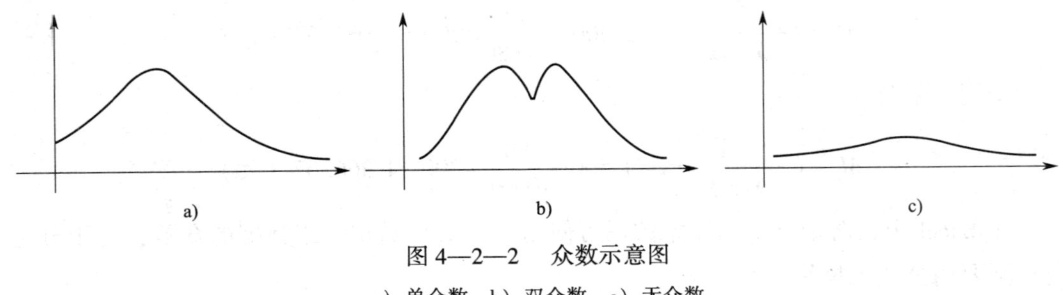

图 4—2—2　众数示意图

a）单众数　b）双众数　c）无众数

众数的应用并不像平均数那样普遍，只在某些情况下众数才是合适的代表值。例如，饮料零售商进货时更关心哪种饮料会有更好的销售量，而不是所有饮料品牌的平均销售量。又如，服装生产商、批发商、零售商在做有关生产或存货决策时，更感兴趣的是最普遍的尺寸而不是平均尺寸。再如，大学生的平均年龄可使用众数年龄，确定菜市场上各种蔬菜的平均价格也可使用众数价格。

对于分类数据、顺序数据，分类汇总后即可知道出现次数最多的类别。对于数值型数据中的某些离散变量，只要将原始数据整理成频数分布表，就可以很容易地看出，出现频率最高的变量值就是众数。

对于大部分数值型数据，将原始数据整理成组距式频数分布表后，计算众数需要使用下列公式推算：

下限公式：

$$M_o=L+\frac{\Delta_1}{\Delta_1+\Delta_2}\cdot i \qquad \text{（式 4—2—4）}$$

上限公式：

$$M_o = U - \frac{\Delta_2}{\Delta_1 + \Delta_2} \cdot i \qquad \text{（式 4—2—5）}$$

式中，L 是众数所在组的下限，U 是众数所在组的上限，Δ_1 是众数所在组的次数与前一组次数之差，Δ_2 是众数所在组的次数与后一组次数之差，i 是众数所在组的组距。

【例 4—2—4】 以表 4—2—2 中的数据为例，求众数。

解：网购次数是离散变量，在被调查的 100 个人中，每月网购 3 次的人最多，有 34 人，则“3 次”就是众数。

【例 4—2—5】 以表 4—2—3 中的数据为例，计算该公司 400 名员工工资水平的众数。

解：众数所在组是 1 300～1 500 组，L 为 1 300，U 为 1 500，$\Delta_1 = 140 - 100 = 40$，$\Delta_2 = 140 - 60 = 80$，$i = 200$。

使用下限公式：

$$M_o = L + \frac{\Delta_1}{\Delta_1 + \Delta_2} \cdot i = 1\,300 + \frac{40}{40+80} \times 200 = 1\,366.67 \text{（元）}$$

使用上限公式：

$$M_o = U - \frac{\Delta_2}{\Delta_1 + \Delta_2} \cdot i = 1\,500 - \frac{80}{40+80} \times 200 = 1\,366.67 \text{（元）}$$

在 Excel 中，对未分组的原始数据可使用 MODE 函数求一组数据的众数，对于分组数据则要用公式来推算。

四、中位数

中位数是一组数据按大小顺序排列后，处于中间位置上的数据，用“M_e”表示。

如果一组数据中含有异常的或极端的数据，就有可能得到代表性不高的甚至可能产生误导的平均数，这时使用中位数来度量该组数据的集中趋势比较合适。

1. 根据未分组的数据确定中位数

首先要对数据进行排序，然后确定中位数所在位置，最后确定中位数的具体数值。中点位置是$\frac{n+1}{2}$（n 为变量值的个数），该位置上的变量值就是中位数。

【例 4—2—6】 7 名网购者每月网购的次数分别为 1、2、2、2、3、7、9 次。试确定中位数。

解：7 名网购者的网购次数是奇数项，中点位置是第四项，处于中点位置上的“2 次”就是中位数。

但若是偶数项，数据就没有明确的居中观测值，一般中位数取两个居中观测值的简单算术平均数，如图 4—2—3 所示。

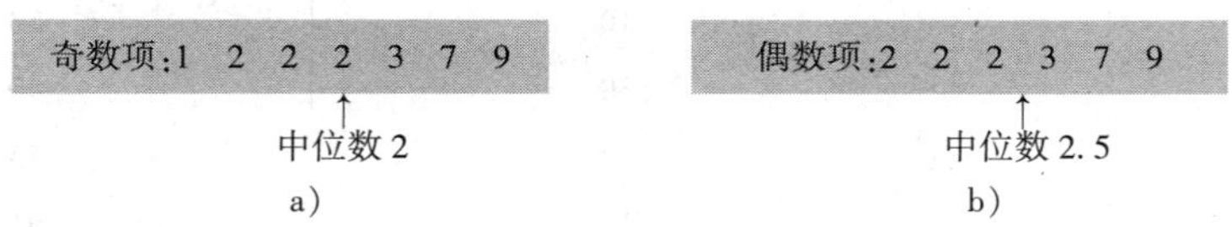

图 4—2—3　中位数示意图

a）奇数项　b）偶数项

2. 根据单项式分组数列确定中位数

计算步骤为：

（1）计算累积频数（向上累积或向下累积）。

（2）确定中位数所在组：首先包含$\frac{\sum f}{2}$的累积频数所在组就是中位数所在组。

（3）中位数所在组的变量值即为中位数。

【例 4—2—7】 对 50 名大学生有关食堂服务质量的调查结果是：很好 5 人，较好 11 人，一般 20 人，较差 9 人，很差 5 人。试确定大学生对食堂服务质量的评价。

解：大学生对食堂服务质量的评价是一个顺序变量，将评价结果按顺序排列后，采用向下累积方法，即从“很好”组开始，累积到“一般”组的人数为 36 人，首先包含了总人数的一半 25 人，所以“一般”是中位数，“一般”可以代表 50 名大学生对食堂服务质量的评价，见表 4—2—4。

表 4—2—4　　对顺序数据确定中位数

对食堂服务的评价	学生人数（人）	向下累积（人）
很差	5	50
较差	9	45
一般	20	36
较好	11	16
很好	5	5
合计	60	—

【例 4—2—8】 以表 4—2—2 中的数据为例，对被调查的 100 个人按每月网购次数分组后，形成单项式分组数列，求中位数。

解：采用向上累积方法，累积到第三组的频数是 74 人（10+30+34），74 人首先包含了总人数的一半 50 人（100/2=50），所以第三组就是中位数所在组，该组的变量值“3”就是中位数，见表 4—2—5。

表 4—2—5　　单项式分组中位数计算表

每月网购次数（次）	网购人数（人）	向上累积（人）
1	10	10
2	30	40
3	34	74
4	17	91
5 次以上	9	100
合计	100	—

3. 根据组距式分组数列计算中位数

计算步骤为：

（1）计算累积频数（向上累积或向下累积）。

（2）确定中位数所在组：首先包含$\frac{\sum f}{2}$的累积频数所在组就是中位数所在组。

（3）根据上限公式或下限公式推算中位数。

下限公式（采用“向上累积”）：

$$M_e = L + \frac{\frac{\sum f}{2} - S_{m-1}}{f_m} \cdot i \qquad \text{（式 4—2—6）}$$

上限公式（采用“向下累积”）：

$$M_e = U - \frac{\frac{\sum f}{2} - S_{m+1}}{f_m} \cdot i \qquad \text{（式 4—2—7）}$$

式中，L 是中位数所在组的下限，U 是中位数所在组的上限，f_m 是中位数所在组的次数，S_{m-1} 是向上累积时中位数所在组前一组的累积频数，S_{m+1} 是向下累积时中位数所在组前一组的累积频数，i 是中位数所在组的组距。

【例 4—2—9】 以表 4—2—3 中的数据为例，计算该公司 400 名员工工资水平的中位数。

解：表 4—2—6 中，中位数所在组是 1 300~1 500 这一组，因为累积到第三组的频数 300 首先包含了总次数的一半 200（400/2＝200）。由于是组距分组，需要用公式在 1 300~1 500 之间推算出中位数，下限公式与上限公式的计算结果相同。

表 4—2—6　　组距式分组中位数计算表

按月工资分组（元）	职工人数 f（人）	向上累积人数（人）	向下累积人数（人）
1 100 以下	60	60	400
1 100~1 300	100	160	340

续表

按月工资分组（元）	职工人数 f（人）	向上累积人数（人）	向下累积人数（人）
1 300~1 500	140	300	240
1 500~1 700	60	360	100
1 700 以上	40	400	40
合计	400	—	—

$$M_e=L+\frac{\frac{\sum f}{2}-S_{m-1}}{f_m}\cdot i=1\ 300+\frac{\frac{400}{2}-160}{140}\times 200=1\ 357.14(\text{元})$$

$$M_e=U-\frac{\frac{\sum f}{2}-S_{m+1}}{f_m}\cdot i=1\ 500-\frac{\frac{400}{2}-100}{140}\times 200=1\ 357.14(\text{元})$$

在 Excel 中，对未分组的原始数据可使用 MEDIAN 函数计算出一组数据的中位数，对于分组数据则需要用公式来推算。

五、算术平均数、众数、中位数的关系

算术平均数、众数、中位数是反映数据分布集中趋势的三个主要测度值。

算术平均数的应用最为广泛，它利用了一组数据中全部数据的信息，但却容易受到数据中极端值的影响，当极端值存在时算术平均数代表性变差；中位数是数据排序后位于中点位置上的数据，不受极端值的影响，在一组数据的偏斜程度较大时，使用中位数比较合适；众数是出现频率最高的数据，不受极端值的影响，只有在数据量较多且数据比较集中时使用才有意义。

利用算术平均数、众数、中位数的关系，可以观察数值型数据的分布。对于任意一组数值型数据，如果数据的分布是对称的，如图 4—2—4a 所示，则平均数（$\bar{x}$）、众数（M_o）和中位数（M_e）是相等的；如果数据呈右偏态分布，如图 4—2—4b 所示，说明该组数据存在极大值，极大值使算术平均数偏大，这时 $\bar{x}>M_e>M_o$；如果数据呈左偏态分布，如图 4—2—4c 所示，说明该组数据存在极小值，极小值使算术平均数偏小，这时 $\bar{x}<M_e<M_o$。

六、几何平均数

几何平均数是 n 个变量值乘积的 n 次方根，用 G 表示。几何平均数是适用于特殊数据的平均数，主要用于计算平均比率和平均速度。对于未分组数据和已分组数据计算公式不同。

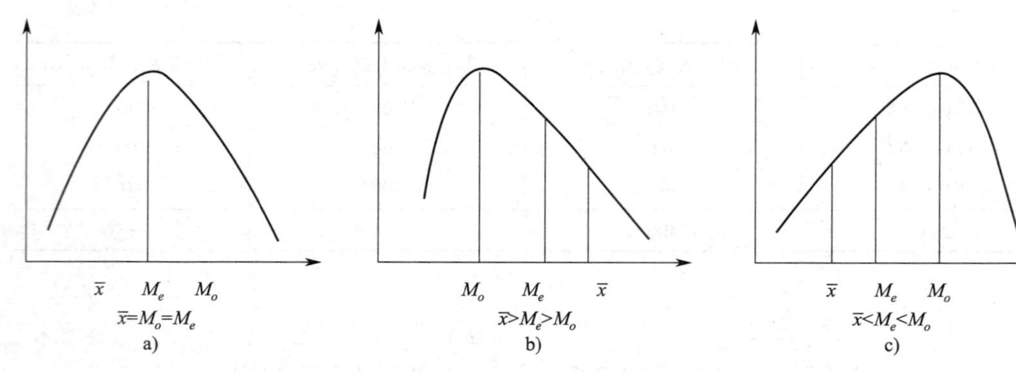

图 4—2—4　算术平均数、众数、中位数的关系图

a）对称分布　b）右偏态分布　c）左偏态分布

1. 简单几何平均数

适用于未分组数据，其计算公式可以表示为：

$$G_m = \sqrt[n]{x_1 \cdot x_2 \cdots x_n} = \sqrt[n]{\Pi x} \qquad \text{（式 4—2—8）}$$

式中，x_1、x_2、…、x_n 为 n 个变量值，n 个变量值的乘积 $x_1 \cdot x_2 \cdots x_n$ 表示变量值的总量，乘积的 n 次方根 $\sqrt[n]{x_1 \cdot x_2 \cdots x_n}$ 表示变量值的平均数，Π 为连乘的符号。

有些变量可以通过“求和”得到变量值的总量，这时用变量值的个数除以这个“总量”得到平均数，这是算术平均数的计算原理。有些变量则需要通过连乘求得变量值的总量，这时对乘积开方可得到变量值的平均数，这是几何平均数的计算原理。

【例 4—2—10】 某公司连续 4 年实现了利润的正增长，从 2014 年至 2017 年，公司利润分别比上年增长 7%、10%、12%、14%，求 4 年的年平均增长率。

解：根据已知数据，假设 2013 年的利润为 100 万元，则 2014 年的利润为 100×1.07＝107（万元），2015 年利润为 107×1.10＝117.7（万元），2016 年利润为 117.7×1.12＝131.82（万元），2017 年利润为 131.82×1.14＝150.27（万元）。由于各年度环比发展速度的连乘积等于总速度，所以 2014 年至 2017 年的总速度为：

$$107\% \times 110\% \times 112\% \times 114\% = \frac{107}{100} \times \frac{117.7}{107} \times \frac{131.82}{117.7} \times \frac{150.27}{131.82} = 1.5027 = 150.27\%$$

注意：各年度环比增长速度（或增长率）的连乘积不等于总增长速度（或增长率）。

对总速度开 4 次方就得到了 2014 年至 2017 年的年平均发展速度，即：

$$G_m = \sqrt[n]{x_1 \cdot x_2 \cdots x_n} = \sqrt[4]{1.07 \times 1.10 \times 1.12 \times 1.14} = 1.1072 = 110.72\%$$

年平均发展速度为 110.72%，年平均增长率为 10.72%（110.72%－100%＝10.72%）。

2. 加权几何平均数

适用于已分组数据，其计算公式可以表示为：

$$G_m = \sqrt[\Sigma f]{x_1^{f_1} \cdot x_2^{f_2} \cdots x_n^{f_n}} = \sqrt[\Sigma f]{\Pi x^f} \qquad (式 4—2—9)$$

式中，x_1、x_2、…、x_n 为 n 个组的变量值，f_1、f_2、…、f_n 为各组变量的频数，Π为连乘符号。

【例 4—2—11】 某银行 10 年间的贷款利率中，按年份顺序，前 2 年利率为 6%，之后 5 年利率为 7%，之后 2 年利率为 8%，最后 1 年利率为 9%，计算该银行 10 年间的平均年利率（贷款利率以复利计算）。

解：$G_m = \sqrt[\Sigma f]{x_1^{f_1} \cdot x_2^{f_2} \cdots x_n^{f_n}} = \sqrt[\Sigma f]{\Pi x^f}$

$= \sqrt[10]{1.06^2 \times 1.07^5 \times 1.08^2 \times 1.09^1} = 1.071\ 96 = 106.196\%$

则年平均本利率为 106.196%，平均年利率为 6.196%（106.196%-100%=6.196%）。

3. 应用几何平均数应注意两点

第一，当一组数据中有一项数值为 0 或负数时就不能计算几何平均数。第二，当被平均的速度或比率的数值差别不大时，几何平均数与算术平均数的计算结果相差不大；当各速度或比率的数值差别较大时，两种平均数的计算结果差别明显，一般几何平均数小于算术平均数。如例 4—2—10 中若采用简单算术平均数计算，则平均发展速度为 110.75%，高于几何平均数，例 4—2—11 中若采用加权算术平均数计算，则平均发展速度为 107.2%，略高于几何平均数。计算平均比率或平均速度一般不使用算术平均数，而是使用几何平均数。

在 Excel 中，对未分组的原始数据可使用 GEOMEAN 函数计算出一组数据的几何平均数，对于分组数据可在 Excel 中通过输入公式来计算。

任务实施

一、利用 Excel 中的函数对表 4—2—1 的原始数据计算算术平均数、中位数、众数

计算 136 名学生月消费支出的平均水平，可供选择的方法有算术平均数、中位数和众数。手工计算速度慢且容易出错，借助于 Excel 中相应的函数可以快速而准确地完成计算。

1. 数据准备

将 136 名学生月消费支出额的原始数据输入 Excel 表格，数据格式不限，可以是一列、一行或多列多行。

选择具体函数的路径，可以选择“插入→函数→统计→具体的函数”路径，也可以选择“点击函数图标按钮 f_x→统计→具体的函数”路径。

2. 利用“AVERAGE”函数计算算术平均数

方法一：①点击函数按钮f_x，如图4—2—5所示。

②选择“统计”函数，再选择“AVERAGE”函数，如图4—2—6所示。

③鼠标移至“Number1”框，并选中存放原始数据的单元格区域，这里是“A1：H17”，这时，对话框底部就给出了计算结果，这里计算的平均数为300.617 647 1，如图4—2—7所示。

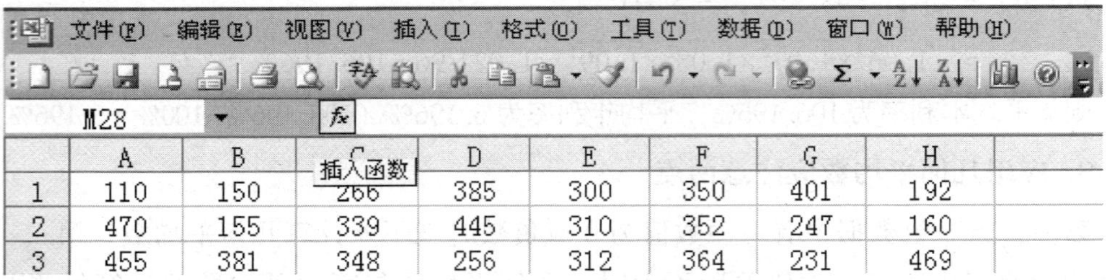

文件(F) 编辑(E) 视图(V) 插入(I) 格式(O) 工具(T) 数据(D) 窗口(W) 帮助(H)

M28 f_x 插入函数

	A	B	C	D	E	F	G	H
1	110	150	266	385	300	350	401	192
2	470	155	339	445	310	352	247	160
3	455	381	348	256	312	364	231	469

图4—2—5 点击“函数”按钮

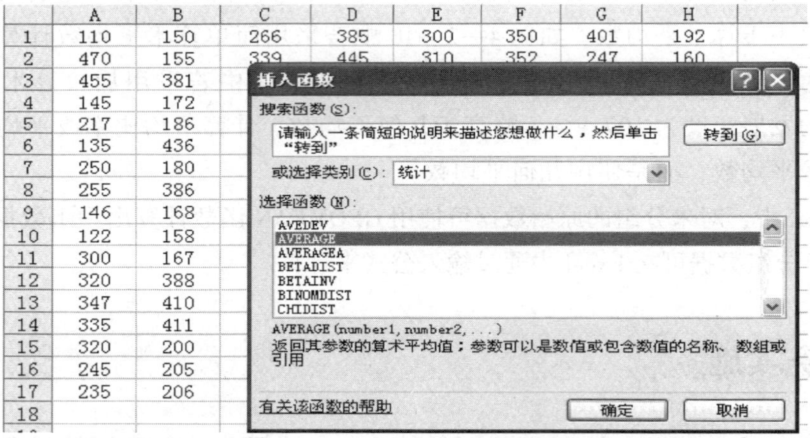

	A	B	C	D	E	F	G	H
1	110	150	266	385	300	350	401	192
2	470	155	339	445	310	352	247	160
3	455	381						
4	145	172						
5	217	186						
6	135	436						
7	250	180						
8	255	386						
9	146	168						
10	122	158						
11	300	167						
12	320	388						
13	347	410						
14	335	411						
15	320	200						
16	245	205						
17	235	206						
18								

插入函数

搜索函数(S)：请输入一条简短的说明来描述您想做什么，然后单击“转到” 转到(G)

或选择类别(C)：统计

选择函数(N)：AVEDEV AVERAGE AVERAGEA BETADIST BETAINV BINOMDIST CHIDIST

AVERAGE(number1,number2,...)

返回其参数的算术平均值；参数可以是数值或包含数值的名称、数组或引用

有关该函数的帮助 确定 取消

图4—2—6 选择“统计”函数和“AVERAGE”函数

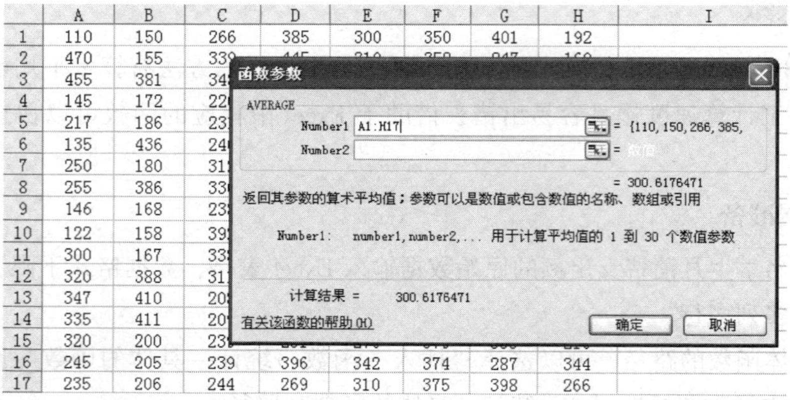

	A	B	C	D	E	F	G	H	I
1	110	150	266	385	300	350	401	192	
2	470	155	339						
3	455	381							
4	145	172							
5	217	186							
6	135	436							
7	250	180							
8	255	386							
9	146	168							
10	122	158							
11	300	167							
12	320	388							
13	347	410							
14	335	411							
15	320	200							
16	245	205	239	396	342	374	287	344	
17	235	206	244	269	310	375	398	266	

函数参数

AVERAGE

Number1 A1:H17 = {110,150,266,385,

Number2 = 数值

= 300.6176471

返回其参数的算术平均值；参数可以是数值或包含数值的名称、数组或引用

Number1: number1,number2,... 用于计算平均值的 1 到 30 个数值参数

计算结果 = 300.6176471

有关该函数的帮助(H) 确定 取消

图4—2—7 “AVERAGE”对话框

方法二：单击任一空单元格，输入“=AVERAGE（A1：H17）”，按“回车”键确认，得到结果为300.617 647 1。

3. 利用“MEDIAN”函数计算中位数

方法一：点击函数按钮f_x，选择“统计”函数，再选择“MEDIAN”函数，鼠标移至“Number1”框，并选中存放原始数据的单元格区域，这里是“A1：H17”，这时，对话框底部就给出了计算结果，这里的中位数为305，如图4—2—8所示。

函数参数
MEDIAN
Number1 A1:H17 = {110,150,266,385,
Number2 = 数值
= 305
返回一组数的中值
Number1: number1,number2,... 用于中值计算的 1 到 30 个数字、名称、数组，或者是数值引用
计算结果 = 305
有关该函数的帮助(H)
确定 取消

图4—2—8　“MEDIAN”对话框

方法二：单击任一空单元格，输入“=MEDIAN（A1：H17）”，按“回车”键确认，得到结果305。

4. 利用“MODE”函数计算众数

方法一：点击函数按钮f_x，选择“统计”函数，再选择“MODE”函数，鼠标移至“Number1”框，并选中存放原始数据的单元格区域，这里是“A1：H17”，这时，对话框底部给出了计算结果，这里的众数为320，如图4—2—9所示。

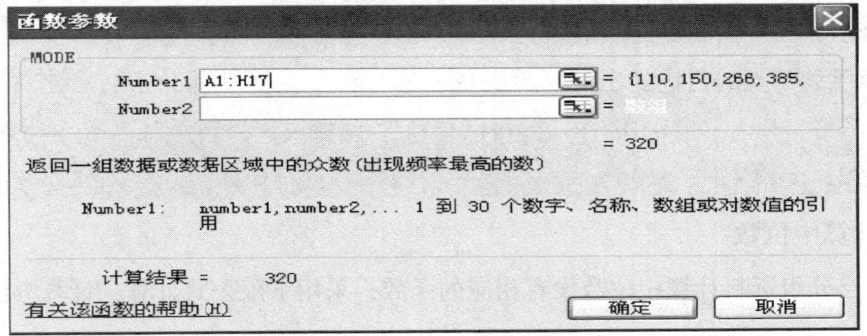

图4—2—9　“MODE”对话框

方法二：单击任一空单元格，输入“=MODE（A1：H17）”，按“回车”键确认，得到结果320。

二、利用 Excel 的单元格操作对表 4—2—1 的分组数据计算平均数、众数、中位数

对表 4—2—1 中 136 名学生的月消费支出进行分组可得到分组表，如图 4—2—10 中 A 列、C 列所示。使用 Excel 对分组数据计算平均数、众数、中位数主要是通过单元格操作完成的。

E5 | =D10/C10

	A	B	C	D	E
1	按月均消费支出分组(元)	组中值 x(元)	人数 f(人)	$x\cdot f$	
2	150以下	125	6	750	
3	150～200	175	12	2100	
4	200～250	225	21	4725	平均数
5	250～300	275	27	7425	299.632
6	300～350	325	30	9750	
7	350～400	375	24	9000	
8	400～450	425	12	5100	
9	450以上	475	4	1900	
10	合计		136	40750	

图 4—2—10　加权算术平均数计算表

对于组距式变量数列，首先计算各组的组中值，再进行以下操作。

1. 计算算术平均数

计算各组的支出总额： 单击 D2 单元格，输入“=B2 * C2”后，按“回车”键确认，得出第一组 6 个人的消费支出总额；按住 D2 单元格的填充柄，下拖至 D9 单元格，得到其他组的消费支出总额，如图 4—2—10 所示。

计算总体的支出总额： 单击 D10 单元格，点击求和符号“∑”，选中 D2 到 D9 单元格，按“回车”键确认，可计算出 136 人的消费开支总额，如图 4—2—10 所示。

计算平均每人的月均支出额： 单击任一单元格（放置计算结果的单元格），这里是 E5 单元格，输入“=D10/C10”，按“回车”键确认，得到加权算术平均数计算结果 299.632，如图 4—2—10 所示。

2. 计算中位数

对于已分组资料计算中位数没有相应的函数，采用下限公式计算，计算方法如下：

$$M_e = L + \frac{\frac{\sum f}{2} - S_{m-1}}{f_m} \cdot i$$

采用向上累积，到 300～350 组的累积频数是 96 人，首先包含了总频数的一半 $\frac{\sum f}{2}=$

$\frac{136}{2}=68$ 人，则中位数所在组是 300～350 元这一组，下限 $L=300$ 元，中位数所在组的频数 $f_m=30$，中位数所在组之前各组的累积频数 $S_{m-1}=66$，组距 $i=50$ 元。

单击任一单元格，这里选中 D6 单元格，输入“=300+((68-66)/30)*50”，点击“确认”按钮，即可计算出中位数 303.333 3，如图 4—2—11 所示。

D6　=300+((68-66)/30)*50

	A	B	C	D
1	按月均消费支出分组(元)	人数 f (人)	向上累积人数(人)	
2	150以下	6	6	
3	150～200	12	18	
4	200～250	21	39	
5	250～300	27	66	中位数
6	300～350	30	96	303.3333
7	350～400	24	120	
8	400～450	12	132	
9	450以上	4	136	
10	合计	136		

图 4—2—11　中位数计算表

3. 计算众数

对于已分组资料计算中位数没有相应的函数，采用下限公式计算，计算方法如下：

$$M_o=L+\frac{\Delta_1}{\Delta_1+\Delta_2}\cdot i$$

众数所在组是 300～350 一组，下限 $L=300$ 元，众数组频数与它前一组频数之差 $\Delta_1=30-27=3$ 人，与后一组频数之差 $\Delta_2=30-24=6$ 人，组距 $i=50$ 元。

单击任一单元格，这里是 C6 单元格，输入“=300+(3/(3+6))*50”，按“回车”键确认，即可计算出众数 316.666 7，如图 4—2—12 所示。

三、结果说明

1. 根据原始数据计算的结果更准确。根据原始数据计算的算术平均数、中位数、众数值均高于分组后的计算结果。分组后，计算平均数是用各组的组中值作为各组数值的代表，计算中位数和众数是用公式进行内插推算，所以，由原始数据计算的结果更准确。

2. 算术平均数是 136 名学生月消费支出的合适代表值。本任务中，无论是根据原始数据计算还是分组数据计算，结果都是算术平均数<中位数<众数，由于较小值的存

C6 =300+(3/(3+6))*50

	A	B	C
1	按月均消费支出分组(元)	人数 f（人）	
2	150以下	6	
3	150～200	12	
4	200～250	21	
5	250～300	27	众数
6	300～350	30	316.6667
7	350～400	24	
8	400～450	12	
9	450以上	4	
10	合计	136	

图 4—2—12　众数计算表

在使算术平均数低于中位数和众数，说明 136 名学生的月消费支出呈现出左偏态分布。如图 4—2—13 所示的频数分布图上也可以看出，偏态程度较低。所以，可以由简单算术平均数作为代表值，即 136 名学生月消费支出的平均水平是 300.62 元。

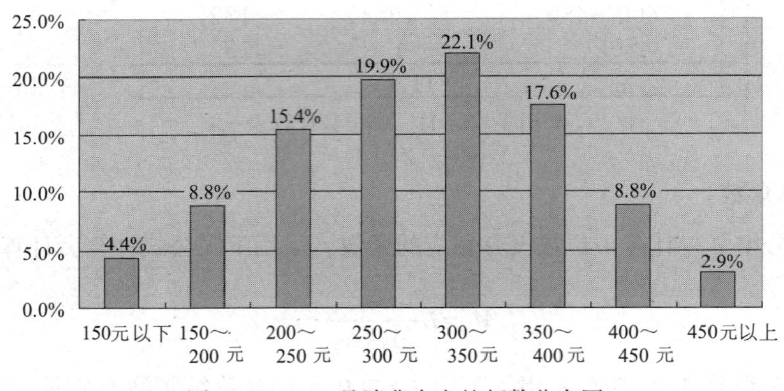

图 4—2—13　月消费支出的频数分布图

思考与练习

一、选择题

1. 平均数反映了一组数据的（　　）。

A. 集中趋势　　B. 离中趋势　　C. 变动趋势　　D. 分布特征

2. 一组数据中出现次数最多的变量值是（　　）。

A. 众数　　B. 中位数　　C. 几何平均数　　D. 算术平均数

3. 一组数据相加后除以数据个数得到的结果称为（　　）。

A. 众数　　B. 中位数　　C. 几何平均数　　D. 算术平均数

4. 如果一组数据呈现出右偏态分布，平均数、中位数和众数之间的关系是（　　）。

A. 平均数>中位数>众数　　B. 中位数>平均数>众数

C. 众数>中位数>平均数　　D. 众数>平均数>中位数

5. 计算几何平均数应满足的条件是（　　）。

A. 总比率等于若干个比率之和　　B. 总比率等于若干个比率的乘积

C. 总速度等于若干个速度的乘积　　D. 被平均的变量值不得为负数

6. 当一组数据中有一项为0时，不能计算（　　）。

A. 众数　　B. 中位数　　C. 几何平均数　　D. 算术平均数

二、思考题

1. 简述算术平均数、中位数和众数的关系和应用条件。

2. 几何平均数应用条件和计算特点是什么？

三、综合应用题

1. 某公司三月份31天的销售额资料见表4—2—7。

表4—2—7　　某公司三月份31天的销售额　　单位：万元

41	46	35	42	25	36	28	36	29	45	46	37	47	37	34	37
38	37	30	49	34	36	37	39	30	45	44	42	38	43	26	

要求：计算众数、中位数和算术平均数。

2. 某大学在校学生每月观看电影次数的资料见表4—2—8。

表4—2—8　　在校学生每月观看电影次数

观看电影次数（次）	观看电影人数（人）
1	70
2	200
3	260
4	400
5	70
合计	1 000

要求：计算在校大学生每月观看电影次数的众数、中位数、算术平均数。

3. 某种袋装食品的重量约为500克，随机抽取50袋，测得50袋食品的重量（克）数据如下：

57	51	53	52	50	49	49	51	54	55	46	60	51
51	52	52	44	59	47	53	49	52	48	46	53	59
57	45	48	57	54	54	53	48	47	53	52	45	44
49	55	51	50	47	45	50	42	46	57	56		

要求：（1）计算算术平均数、中位数和众数。

（2）简要描述该组数据的分布特点。

4. 某酒店三个月内每日就餐人数资料见表 4—2—9。

表 4—2—9　　某酒店三个月内每日就餐人数资料

就餐人数（人）	天数（天）
500 以下	6
500～1 000	21
1 000～1 500	34
1 500～2 000	19
2 000 以上	10
合　计	90

要求：（1）计算算术平均数、中位数和众数。

（2）简要描述该组数据的分布特点。

5. 某投资公司一项为期 10 年的投资，前 4 年的年利润率为 6%，后 6 年的年利润率为 9%，求该项投资 10 年的年平均利润率（按复利计算）。

6. 某投资者近 4 年投资基金的年收益率分别为 12%、13%、24%、15%，试计算该投资者这 4 年的年平均收益率。

实训

利用模块二任务 2 实训项目的调查资料计算有关项目的算术平均数、众数、中位数等，选择调查项目的最佳代表值并说明理由。

任务 3　离散程度的测度

知识目标

➢ 了解离散程度的含义

➢ 掌握异众比率、四分位差、极差、平均差、标准差、方差、变异系数的计算方法及其适用条件

能力目标

➢ 能够使用 Excel 中的统计函数计算离散指标

➢ 能够针对一组特定数据，利用离散指标并结合集中趋势测度值解释数据的特征

任务引入

选择相应的方法对模块二任务 2 中 136 名学生的月消费支出额（见表 4—2—1）计算离散指标，并对该组数据的离散程度进行描述。

任务分析

任务 2 对 136 名学生月均消费支出额的集中趋势进行了测度，计算出了月均消费支出额的代表值，代表值将每名学生每月支出的差异给抽象掉了，然而这种差异仍然是存在的，若想了解这种差异的程度，则需要另一类指标来测度，这就是离散指标。离散指标反映变量之间的差异程度，结合集中趋势的代表值可以使我们对一组数据的分布有更深入、更全面的认识。本任务的目的是学习离散程度的测度方法。

相关知识

一、离散程度及其测度方法

集中趋势的测度值是对一组数据一般水平的高度概括，反映了各变量值向其中心值靠拢的程度，这只是数据分布的一个特征。数据的离散程度是一组数据各变量值远离其中心值的程度，也称离中趋势，这是数据分布的另一个重要特征。

集中趋势测度值对一组数据代表程度的高低，取决于该组数据的离散程度。离散程度越大，集中趋势测度值的代表性越低，反之，代表性越高。如果有甲、乙两组数据，平均数相同，但甲组数据的离散程度小于乙组数据的离散程度，则有理由认为甲组平均数的代表程度高于乙组。

测度离散程度的常用方法如图 4—3—1 所示。

离散程度测度方法的选择，一是要与集中趋势测度方法相对应，如考察众数的代表

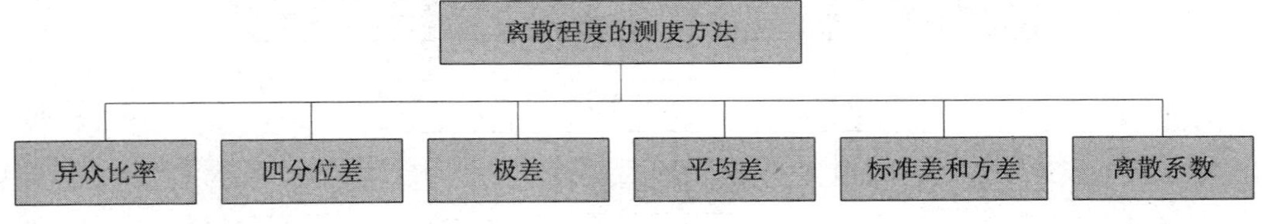

图 4—3—1 离散程度的测度方法

性通常使用异众比率，考察中位数的代表性通常使用四分位差，考察算术平均数的代表性经常使用极差、平均差、标准差、离散系数等方法；二是要结合数据的类型，如异众比率一般用于分类数据，四分位差一般用于顺序数据，虽然数值型数据也可以使用异众比率和四分位差，但通常使用极差、平均差、标准差、离散系数等方法。

二、常用离散指标的计算

1. 异众比率

异众比率主要用于衡量众数对一组数据的代表程度，用非众数组的频数之和占总频数的比重表示。

【例 4—3—1】 随机抽选 100 名顾客，调查购买 AI 牌产品的地点。其中 20 人表示只去 AI 专卖店，70 人表示只去商场或超市，10 人表示专卖店和商场都去。如果认为购买 AI 牌产品的主要地点是商场或超市，则“商场或超市”就是众数，那么，众数的代表性如何呢？

解：本例中，“只去商场或超市”的人是 70 人，占 70%，而异众比率只有 30%，则“商场或超市”作为主要购物地点是有代表性的。

【例 4—3—2】 在例 4—2—5 中，根据表 4—2—3 数据计算的众数是 1 366. 67 元，众数的代表性如何呢？

解：众数所在组是“1 300~1 500”组，该组次数只有 140 人，非众数组的次数是 260 人，异众比率高达 65%（260/400），所以用众数 1 366. 67 元作为表 4—2—3 中数据的代表值，其代表性比较低。

异众比率在说明众数的代表性高低时，并没有一个数量标准，需要研究者根据现象的具体情况来判断。

2. 四分位差

如果将一组数据排序后分为四份，处于中点位置（即 50%位置）上的数据是中位数，处于 25%和 75%位置上的数据分别是下四分位数 Q_L 和上四分位数 Q_U。四分位差 Q_d 是上四分位数 Q_U 和下四分位数 Q_L 之差，即 $Q_d=Q_U-Q_L$，如图 4—3—2 所示。

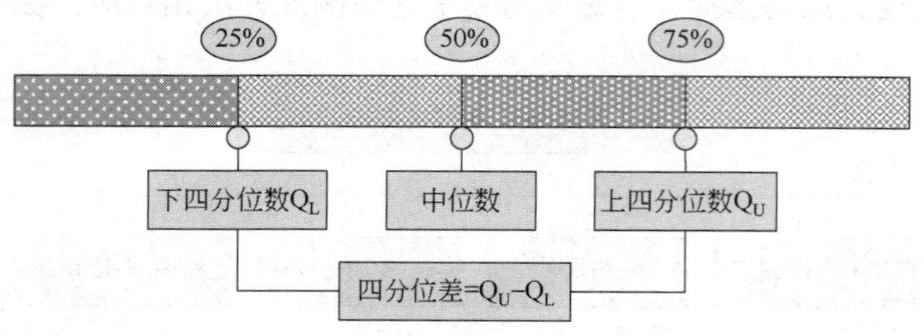

图 4—3—2　四分位数及四分位差示意图

若有 n 个数据，则下四分位数和上四分位数的位置是：

$$Q_L \text{ 的位置}=\frac{n+1}{4} \qquad Q_U \text{ 的位置}=\frac{3(n+1)}{4}$$

四分位差的意义是，约有50%的数据应落在上四分位数和下四分位数之间。数据集中趋势越大，四分位差越小，反之，四分位差越大。四分位差的大小在一定程度上反映了中位数对一组数据的代表程度。

【例4—3—3】 表4—3—1是我国2016年31个地区居民人均可支配收入数据，试计算四分位差说明各地居民收入水平的离散程度。

表4—3—1　我国2016年31个地区居民人均可支配收入资料　单位：万元

	A	B	C	D	E	F	G	H
1	1.41	1.73	1.88	1.98	2.06	2.24	2.76	3.85
2	1.45	1.75	1.88	2.01	2.07	2.41	3.03	5.25
3	1.51	1.83	1.89	2.01	2.11	2.47	3.21	5.43
4	1.67	1.84	1.98	2.05	2.21	2.63	3.41	—

解：对31个地区居民人均可支配收入数据进行排序后，中位数 M_e 是第16个地区 $\left(\frac{31+1}{2}=16\right)$ 的居民收入，是2.05万元；下四分位数 Q_L 是第8个地区 $\left(\frac{31+1}{4}=8\right)$ 的居民收入，是1.84万元；上四分位数 Q_U 是第24个地区 $\left(\frac{3\times(31+1)}{4}=24\right)$ 的居民收入，是2.63万元。

四分位差 $=Q_U-Q_L=2.63-1.84=0.79$ 万元，四分位差的一半是0.395万元（0.79/2），则全国应有一半地区居民的人均可支配收入水平在 $M_e\pm0.395$ 万元范围内，即在1.655万~2.445万元。实际上，有20个地区的居民人均可支配收入是在1.655万~2.445万元，说明中位数作为全国各地居民人均可支配收入的代表值，其代表性较高。

3. 极差

极差是一组数据的最大值与最小值之差，又称为全距，用“R”表示。

【例4—3—4】 某品牌店有两组营业员各5人，其中，甲组的销售量（件）分别为20、40、50、90、50，乙组的销售量（件）分别为50、55、45、50、50。通过极差说明甲、乙两组数据的离散程度。

解：甲组的极差 $R_{甲}=90-20=70$（件）

乙组的极差 $R_{乙}=55-45=10$（件）

甲组的差异程度大，乙组的差异程度小。

极差是离散指标中最简单的计算方法，但它只强调了两个极端的数值，而忽视了其他的观察值。两个水平相差较大的数列可能有相同的极差，如 20 到 30 的数列与 200 到 210 的数列的极差都是 10，这时，极差难以反映两组数据的离散程度。有极大值或极小值存在的数列也不适合采用极差反映数据的离散程度。

4. 平均差

平均差是各变量值与其平均数离差绝对值的平均数，用“$A.D$”表示。

平均差考虑到了每个变量值与平均数的差异，但离差 $x-\bar{x}$ 有正值和负值，按照平均数的性质之一，$\sum(x-\bar{x})=0$，为避免“0”的出现，消除正负号的影响，这里对离差取绝对值。

（1）简单平均差

简单平均差适用于未分组资料。设有 n 个变量值 x_1、x_2、…、x_n，其算术平均数为 $\bar{x}$，则简单平均差计算公式为：

$$A.D=\frac{\sum|x-\bar{x}|}{n} \qquad (式 4—3—1)$$

【例 4—3—5】 用例 4—3—4 中的数据计算甲组和乙组营业员销售量（件）的平均差。

$$解：A.D_{甲}=\frac{\sum|x-\bar{x}|}{n}=\frac{|20-50|+|40-50|+|50-50|+|90-50|+|50-50|}{5}=16（件）$$

$$A.D_{乙}=\frac{\sum|x-\bar{x}|}{n}=\frac{|50-50|+|55-50|+|45-50|+|50-50|+|50-50|}{5}=2（件）$$

计算结果表明，甲组和乙组销售量的平均数均为 50 件，但甲组的平均差大于乙组，因此乙组的平均销售量更具有代表性。

（2）加权平均差

加权平均差适用于已分组资料。若将一组变量值分为 k 组，则有 k 个变量值（或组中值）x_1、x_2、…、x_k，相应地有 k 个权数 f_1、f_2、…、f_k，其加权算术平均数为 $\bar{x}$，则加权平均差计算公式为：

$$A.D=\frac{\sum|x-\bar{x}|\cdot f}{\sum f} \qquad (式 4—3—2)$$

【例 4—3—6】 有甲、乙两家汽车零件批发商，均销售某品牌型号的零件。上半年，甲批发商平均日销售量为 310 件，平均差为 18 件，乙批发商上半年日销售情况见表 4—3—2。比较甲、乙批发商日销售量的波动程度。

表 4—3—2 乙批发商上半年日销售量资料

零件个数（件）	天数 f（天）	组中值 x（件）	$x \cdot f$	$\lvert x-\bar{x}\rvert$	$\lvert x-\bar{x}\rvert \cdot f$
270 以下	15	260	3 900	50	750
270~290	25	280	7 000	30	750
290~310	35	300	10 500	10	350
310~330	65	320	20 800	10	650
330 以上	40	340	13 600	30	1 200
合计	180	—	55 800	—	3 700

解：已知，$\bar{x}_{甲}=310$ 件，$A.D_{甲}=18$ 件。根据表 4—3—2 中的数据可得：

$$\bar{x}_{乙}=\frac{\sum x \cdot f}{\sum f}=\frac{55\ 800}{180}=310\text{（件）}$$

$$A.D_{乙}=\frac{\sum \lvert x-\bar{x}\rvert \cdot f}{\sum f}=\frac{3\ 700}{180}=20.56\text{（件）}$$

甲、乙批发商日销售量的平均水平相同，但甲的平均差小于乙，故甲批发商日销售量的波动程度小于乙。

5. 方差和标准差

方差是各变量值与其算术平均数离差平方的算术平均数。标准差是方差的平方根。方差和标准差都是根据全部数据计算的、反映一组数据中各数据与其算术平均数平均离差的离散指标，可以准确地反映一组数据的离散程度。方差和标准差是在实际中应用最为广泛的离散程度测度指标。二者的不同之处在于，方差没有量纲，而标准差是有量纲的，它与变量值的计量单位相同，其实际意义要比方差更清楚。因此，在对社会经济现象进行分析时，会更多使用标准差。

标准差与平均差的意义基本相同，都表示各变量值与其算术平均数的平均离差程度，但在数学处理上有所不同。平均差是通过绝对值的方法消除离差的正负号，而标准差则是通过平方的方法消除离差的正负号，标准差在数学处理上比平均差更为合理。因此，标准差在实际中的应用更为广泛。

（1）总体的方差和标准差

根据未分组资料计算总体方差（σ^2）和标准差（σ）可以使用简单式，计算公式如下：

$$方差\ \sigma^2=\frac{\sum(X-\mu)^2}{N} \quad （式 4—3—3）$$

$$标准差\ \sigma=\sqrt{\frac{\sum(X-\mu)^2}{N}} \quad （式 4—3—4）$$

式中，X 代表总体单位的变量值，μ 代表总体的均值，N 代表总体单位数。

根据已分组资料计算总体方差和标准差需要使用加权式，计算公式如下：

$$\text{方差 } \sigma^2=\frac{\sum(X-\mu)^2\cdot F}{\sum F} \qquad \text{（式 4—3—5）}$$

$$\text{标准差 } \sigma=\sqrt{\frac{\sum(X-\mu)^2\cdot F}{\sum F}} \qquad \text{（式 4—3—6）}$$

式中，X 代表总体分组数据中各组的组中值，μ 代表总体的均值，F 代表总体分组数据中各组的频数，$\sum F$ 代表各组频数之和（即分组条件下的总体单位数）。

（2）样本的方差和标准差

根据未分组资料计算样本方差（s^2）和标准差（s）可以使用简单式，计算公式如下：

$$\text{方差 } s^2=\frac{\sum(x-\bar{x})^2}{n-1} \qquad \text{（式 4—3—7）}$$

$$\text{标准差 } s=\sqrt{\frac{\sum(x-\bar{x})^2}{n-1}} \qquad \text{（式 4—3—8）}$$

式中，x 代表样本单位的变量值，$\bar{x}$ 代表样本的均值，n 代表样本单位数。

根据已分组资料计算样本方差和标准差需要使用加权式，计算公式如下：

$$\text{方差 } s^2=\frac{\sum(x-\bar{x})^2\cdot f}{\sum f-1} \qquad \text{（式 4—3—9）}$$

$$\text{标准差 } s=\sqrt{\frac{\sum(x-\bar{x})^2\cdot f}{\sum f-1}} \qquad \text{（式 4—3—10）}$$

式中，x 代表样本分组数据中各组的组中值，$\bar{x}$ 代表样本的均值，f 代表样本分组数据中各组的频数，$\sum f$ 代表各组频数之和。

【例 4—3—7】 使用例 4—3—4 中的数据计算甲组和乙组营业员销售量（件）的简单标准差。

解：
$$s_{\text{甲}}=\sqrt{\frac{\sum(x-\bar{x})^2}{n-1}}$$

$$=\sqrt{\frac{(20-50)^2+(40-50)^2+(50-50)^2+(90-50)^2+(50-50)^2}{5-1}}=25.5\text{（件）}$$

$$s_{\text{乙}}=\sqrt{\frac{\sum(x-\bar{x})^2}{n-1}}$$

$$=\sqrt{\frac{(50-50)^2+(55-50)^2+(45-50)^2+(50-50)^2+(50-50)^2}{5-1}}=3.5\text{（件）}$$

计算结果表明，甲、乙两组的平均数相同，但甲组的标准差大于乙组，所以甲组销售量的离散程度大于乙组。

【例 4—3—8】 使用例 4—3—6 中的数据，计算乙批发商销售量的加权标准差，并与甲批发商的标准差对比，已知 $\bar{x}_{甲}=310$（件），$s_{甲}=21.73$（件）。

解：乙批发商日销售量标准差的计算步骤为：①计算日销售量的加权算术平均数；②计算各组销售量与平均日销售量离差的平方；③计算离差平方的加权算术平均数（即方差）；④对方差开平方求得标准差。数据见表 4—3—3。

$$\bar{x}_{乙}=\frac{\sum x\cdot f}{\sum f}=\frac{55\ 800}{180}=310\ (件)$$

$$s_{乙}=\sqrt{\frac{\sum(x-\bar{x})^2\cdot f}{\sum f-1}}=\sqrt{\frac{106\ 000}{180-1}}=24.3\ (件)$$

表 4—3—3　　乙批发商标准差计算表（分组数据）

零件个数（件）	天数 f（天）	组中值 x（件）	$x\cdot f$	$(x-\bar{x})^2$	$(x-\bar{x})^2\cdot f$
270 以下	15	260	3 900	2 500	37 500
270～290	25	280	7 000	900	22 500
290～310	35	300	10 500	100	3 500
310～330	65	320	20 800	100	6 500
330 以上	40	340	13 600	900	36 000
合计	180	—	55 800	—	106 000

计算结果表明，在甲、乙批发商日均销售量相同的情况下，甲批发商日销售量的标准差小于乙，故甲批发商日销售量的波动程度小于乙批发商。

（3）经验法则

经验法则表明，当一组数据呈对称分布时：

约有 68.27%的数据在平均数加减 1 个标准差的范围内（$\mu\pm1\sigma$）。

约有 95.45%的数据在平均数加减 2 个标准差的范围内（$\mu\pm2\sigma$）。

约有 99.73%的数据在平均数加减 3 个标准差的范围内（$\mu\pm3\sigma$）。

【例 4—3—9】 以表 4—3—3 中乙批发商日销售量数据为例说明经验法则的应用。

解：乙批发商上半年日均销售量是 310 件（$\bar{x}_{乙}=310$），标准差是 24.3 件（$s_{乙}=24.3$），按照经验法则：

上半年应有 68.27%的日销售数据在 285.7～334.3 件（即 310±1×24.3）。

上半年应有 95.45%的日销售数据在 261.4～358.6 件（即 310±2×24.3）。

上半年应有 99.73%的日销售数据在 237.1～382.9 件（即 310±3×24.3）。

本例中，所有数据都在 3 倍的标准差范围内，意味着没有异常值。

一般来说，一组数据中低于或高于平均数 3 倍标准差之外的数据是很少的，如果有数据落在 3 倍的标准差范围之外，这些数据就被称为异常值或离群点。

（4）是非变量的标准差

是非变量是指只有两种变量值表现的变量，当我们采用二分法认识事物时就有了是非变量，如学生的考试成绩只有“及格”和“不及格”两种情况，产品质量只有“合格”和“不合格”两种情况等。

由于是非变量的表现是用文字表示的，对其进行统计处理时，往往赋予其一定的数字化形式，如将具有某种属性的变量值用“1”表示，不具有某种属性的变量值用“0”表示。

假设总体有 N 个单位，具有某种属性的单位有 N_1 个，不具有某种属性的单位有 N_0 个，则 $N=N_1+N_0$。是非变量的标准差实际就是比例的标准差。比例是具有某种属性的单位数与总体单位总数之比，若用 π 表示，则有 $\pi=\frac{N_1}{N}$。而不具有该种属性的单位数与总体单位总数之比则是 $1-\pi=\frac{N_0}{N}$。总体比例的标准差和方差分别是：

总体比例的标准差 $\sigma_\pi=\sqrt{\pi\cdot(1-\pi)}$ （式 4—3—11）

总体比例的方差 $\sigma_\pi^2=\pi\cdot(1-\pi)$ （式 4—3—12）

若 n 代表样本单位数，n_1 代表样本中具有某种特征的单位数，n_0 就是不具有某种属性的单位数，$n=n_1+n_0$，则样本比例为 $p=\frac{n_1}{n}$，$1-p=\frac{n_0}{n}$。样本比例的标准差和方差分别是：

样本比例的标准差 $s_p=\sqrt{p\cdot(1-p)}$ （式 4—3—13）

样本比例的方差 $s_p^2=p\cdot(1-p)$ （式 4—3—14）

【例 4—3—10】 某计算机生产厂家生产的某型号计算机的合格率为 98%，不合格率为 2%，试计算合格率的标准差。

解：该种型号计算机合格率的标准差为 $s_p=\sqrt{p\cdot(1-p)}=\sqrt{0.98\times0.02}=\sqrt{0.0196}=0.14=14\%$。

6. 离散系数

上述四分位数、极差、平均差和标准差等离散指标都是用绝对数来计量的，都有计量单位。如果两组数据的计量单位相同，而且两组数据的平均水平相当时，可以直接用上述指标对比两组数据的离散程度。但实践中，很多情况下，所对比的两组数据往往计量单位不同或两组数据的平均水平差距较大，这样用绝对数形式的离散指标对比两组数据的离散程度就缺乏可比性了。这时，可以计算相对数形式的离散指标，即离散系数。

离散系数是绝对数形式的离散指标与算术平均数相除的结果，用比率反映一组数据离散程度的大小，一般用百分数表示，也称为变异系数。实际中，通常用标准差与算术平均数相除，这时计算的离散系数称为标准差系数，计算公式如下：

$$V_s=\frac{s}{\bar{x}}\times 100\% \qquad \text{（式 4—3—15）}$$

【例 4—3—11】 某汽车经销商所经销的汽车平均价格为 26 万元，标准差为 7 万元，保险杠平均价格为 900 元，标准差为 90 元。试问，汽车的价格波动幅度大还是保险杠的价格波动幅度大？

解：由于汽车的价格和保险杠的价格相差较大，用标准差难以对二者价格的波动幅度进行直接对比，可以计算标准差系数。

汽车的标准差系数：$V_{s_1}=\frac{s_1}{\bar{x}_1}\times 100\%=\frac{6}{26}\times 100\%=0.230\,1=23.01\%$

保险杠的标准差系数：$V_{s_2}=\frac{s_2}{\bar{x}_2}\times 100\%=\frac{90}{900}\times 100\%=0.1=10\%$

计算结果显示，汽车的离散系数大于保险杠的离散系数，因此，汽车价格的波动幅度更大。

三、数据的标准化

不同研究对象的原始数据往往有不同的计量单位，如“件”“吨”“万元”等，相同的货币计量单位也会有不同，如“元”“万元”“亿元”等，不同量纲的变量之间是不能直接对比的。为了便于数据的观察和对比，需要对数据进行标准化处理。

数据标准化的方法很多，这里介绍一种最基本的方法，即用变量值（x）与其算术平均数（$\bar{x}$）的离差除以标准差（s），求得数据的标准化值（z），或称标准分数。计算公式为：

$$z=\frac{x-\bar{x}}{s} \qquad \text{（式 4—3—16）}$$

标准分数并没有改变一个数据在一组数据中的位置，而是通过计算标准化值，给出了各变量值在一组数据中的相对位置，这个标准化值 z 的均值是 0，标准差是 1。

【例 4—3—12】 根据例 4—2—1 的数据，某企业销售部门 7 名业务员月收入的平均数 $\bar{x}=7\,300$ 元，标准差 $s=1\,554$ 元，业务员月收入的标准化值表达了什么意义呢？

解：原始数据和与之相对应的标准化值见表 4—3—4。

表 4—3—4　　7 名业务员月收入的原始值和标准化值

业务员编号	1	2	3	4	5	6	7
原始数据	8 500	5 400	9 500	5 100	6 500	8 500	7 600
标准化值	0. 772 2	−1. 222 3	1. 415 7	−1. 415 7	−0. 514 8	0. 772 2	0. 193 1

因为标准化值的平均数是 0，所以，1、3、6、7 号业务员的月收入水平高于平均数，3 号业务员的月收入水平最高，比平均水平高 1. 415 7 个标准差，2、4、5 号业务员的月收入水平低于平均数，4 号业务员的月收入水平最低，比平均水平低 1. 415 7 个标准差。

任务实施

一、利用 Excel 对表 4—2—1 的原始数据计算四分位差、极差、标准差、方差

1. 数据准备

将 136 名学生月均消费支出额的原始数据输入 Excel 表格，数据格式为一列或一行。可使用下述两种 Excel 操作方法中的任意一种方法。

方法一：使用模块四任务 1 中介绍过的函数操作。

方法二：使用“数据分析”中的“描述统计”，路径为“工具”→“数据分析”→“描述统计”。

2. 使用 Excel 中“数据分析”工具的“描述统计”解读数据特征

使用 Excel 中的“描述统计”工具计算数据分布特征值的步骤如图 4—3—3 所示。

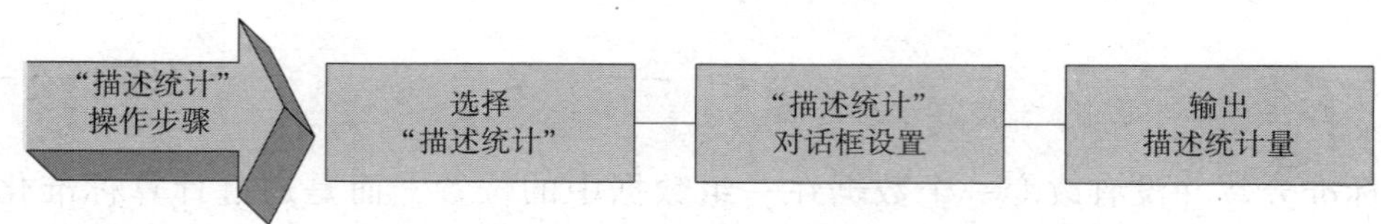

图 4—3—3　“描述统计”操作步骤

选择“描述统计”：①单击“工具”菜单。

②单击“数据分析”选项，出现“数据分析”对话框。

③在“分析工具”中选择“描述统计”，单击“确定”按钮。

“描述统计”对话框设置：①在“输入区域”输入“$A$1：$A$136”或选中数据所在单元格区域“A1：A136”。

②“分组方式”选择“逐列”。

③在“输出区域”输入任一单元格以放置输出结果，这里输入“$C$1”或选中单元格C1。

④在“汇总统计”和“平均数置信度（%）”前点击选中，如图4—3—4所示。

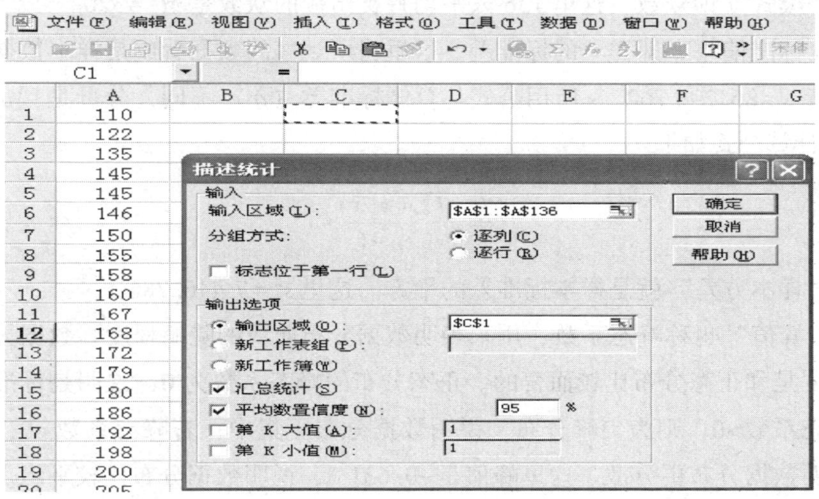

图4—3—4　“描述统计”对话框设置

输出描述统计量：单击“确定”按钮，显示描述统计量的计算结果，如图4—3—5所示。

	A	B	C	D
1	110		列1	
2	122			
3	135		平均	300.6176471
4	145		标准误差	7.399714848
5	145		中值	305
6	146		模式	320
7	150		标准偏差	86.29476263
8	155		样本方差	7446.786057
9	158		峰值	-0.63133101
10	160		偏斜度	-0.079601409
11	167		区域	400
12	168		最小值	110
13	172		最大值	510
14	179		求和	40884
15	180		计数	136
16	186		置信度(95.0%)	14.6343545

图4—3—5　Excel输出的描述统计结果

结果解释：

（1）“平均”是数据的平均数。这里 136 人的平均月支出额是 $\bar{x}=300.62$。

（2）“标准误差”是样本平均数的抽样误差，是样本标准差（用 s 表示）除以样本单位数的平方根。这里为 $\frac{s}{\sqrt{n}}=\frac{86.294\,762}{\sqrt{136}}=7.399\,7$。

（3）“中值”即中位数，这里 136 人平均月支出额的中位数是 $M_e=305$。

（4）“模式”即众数，这里 136 人平均月支出额的众数是 $M_o=320$。

（5）“标准偏差”即样本的标准差。这里将所观察的数据看成是样本数据，样本数据的标准差 $s=86.294\,762$，s 所用公式与总体标准差（σ）不同，分母是“$n-1$”而不是“n”，计算公式如下：

$$s=\sqrt{\frac{\sum(x-\bar{x})^2}{n-1}}$$

（6）“样本方差”就是样本标准差的平方。这里 $s^2=7\,446.786\,1$。

（7）“峰值”也称峰态系数，用来表明数据分布曲线的陡峭程度。数据分布的尖峰和扁平程度是和正态分布比较而言的。正态分布的峰态系数为 0，说明是标准的正态分布；若峰态系数>0，则为尖峰分布，说明数据分布更集中；若峰态系数<0，则为扁平分布，说明数据分布更分散。这里峰值是-0.631 3，说明数据分布比较平坦。

（8）“偏斜度”也称偏态系数，用来表示一组数据的非对称性程度，即向左或向右偏斜的程度。偏斜度的数值越大，表示偏斜程度越大。偏态的形状如图 4—2—4 所示。

偏态系数为 0，说明数据分布是对称的；偏态系数不为 0，说明数据分布不对称；偏态系数大于 1 或小于-1，被认为属于高度偏态；在 0.5～1 或-0.5～-1，被认为是中等偏态；偏态系数越接近 0，偏斜程度就越低。

如果一组数据的偏态系数小于 0，即为负值，可认为是左偏态分布，较小值偏多；如果偏态系数大于 0，即为正值，可认为是右偏态分布，较大值偏多。这里的偏斜度是-0.079 6，说明数据有一点左偏，偏斜程度很低。

（9）“区域”即极差，是最大值与最小值之差，这里是 400。

（10）“最小值”是全部数据中的最小者，这里是 110。

（11）“最大值”是全部数据中的最大者，这里是 510。

（12）“求和”是全部数据的总和，这里是 40 884。

（13）“计数”是数据的个数，这里是 136。

（14）“置信度（95.0%）”是指置信度为 95%时的 t 分布临界值。

3. 使用 Excel 中相应的函数功能计算离散指标

（1）四分位差

方法一：①进入“QUARTILE”对话框：“插入”→“函数”→“统计”→“QUARTILE”函数→“确定”。

②“QUARTILE”函数对话框设置：点击任一单元格准备存放四分位数，这里选中 I5 单元格；在“QUARTILE”对话框的“Array”框中输入存放原始数据的单元格区域，这里是“A1：H17”（或用鼠标选中原始数据所在的单元格区域）；在“Quart”框中输入“1”，对话框底部就给出了下四分位数 Q_L 为 239，如图 4—3—6 所示。

QUARTILE　=QUARTILE(A1:H17,1)

	A	B	C	D	E	F	G	H	I
1	110	150	266	385	300	350	401	192	
2	470	155	339	445	310	352	247	160	
3	455	381	348						
4	145	172	220						
5	217	186	231						
6	135	436	246						
7	250	180	312						
8	255	386	336						
9	146	168	238						
10	122	158	392						
11	300	167	338						
12	320	388	311						
13	347	410	208						
14	335	411	209						
15	320	200	239						
16	245	205	239	396	342	374	287	344	
17	235	206	244	269	310	375	398	266	

函数参数
QUARTILE
Array A1:H17 = {110,150,266,385,
Quart 1 = 1
= 239
返回一组数据的四分位点
Quart 数字，按四分位从小到大依次为 0 到 4
计算结果 = 239
有关该函数的帮助(H)　确定　取消

图 4—3—6　下四分位数对话框

③执行重复操作：在“Quart”框中输入“2”，得到中位数 305；在“Quart”框中输入“3”，得到上四分位数 $Q_U=367.25$。

④四分位差：$Q_d=Q_U-Q_L=367.25-239=128.25$

方法二：①单击任一空单元格，这里选中 I5 单元格，输入“=QUARTILE((A1:H17),1)”，按“回车”键确认，即得到下四分位数 239，结果如图 4—3—7 所示。

②重复操作，在任一单元格输入“=QUARTILE((A1:H17),2)”，按“回车”键确认，得到中位数 305；输入“=QUARTILE((A1:H17),3)”，按“回车”键确认，得到上四分位数 367.25。

（2）极差 R

方法一：①进入“MAX”对话框：“插入”→“函数”→“统计”→“MAX”函数→“确定”。

②设置“MAX”对话框：鼠标移至“Number1”框，再选中存放原始数据的单元格区域，这里是“A1：H17”，这时，对话框底部就给出了一组数据的最大值，这里的最大值是 510，如图 4—3—8 所示。

	A	B	C	D	E	F	G	H	I
1	110	150	266	385	300	350	401	192	
2	470	155	339	445	310	352	247	160	
3	455	381	348	256	312	364	231	469	
4	145	172	220	264	275	378	420	510	
5	217	186	231	268	145	385	179	220	239
6	135	436	246	321	310	229	390	210	

图 4—3—7　下四分位数函数计算

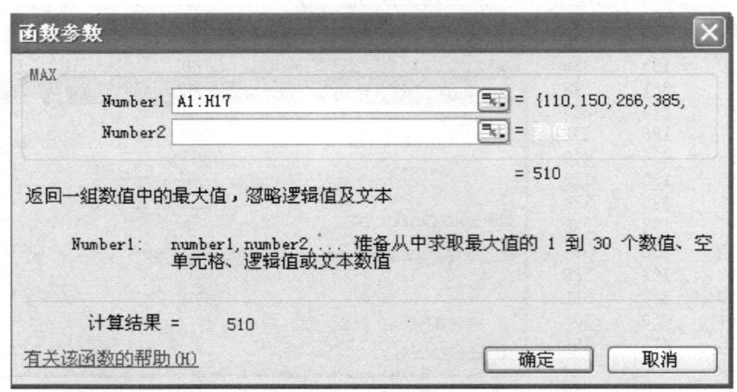

图 4—3—8　最大值“MAX”对话框

③重复操作，选择“MIN”函数，得到最小值 110。

④极差 R=最大值-最小值=510-110=400

方法二：单击任一空单元格，输入“=MAX(A1:H17)”，按“回车”键确认，得到最大值 510；输入“=MIN(A1:H17)”，按“回车”键确认，得到最小值 110。

（3）方差 s^2

方法一：①进入“VAR”对话框：“插入”→“函数”→“统计”→“VAR”函数（样本方差）→“确定”。

②在“VAR”对话框中的“Number1”框中，选中存放原始数据的单元格区域，这里是“A1：H17”，这时，对话框底部就给出了样本方差 7 446.786 057，如图 4—3—9 所示。

方法二：单击任一空单元格，输入“=VAR(A1:H17)”，按“回车”键确认，即可得到样本方差 7 446.786 057。

（4）标准差 s

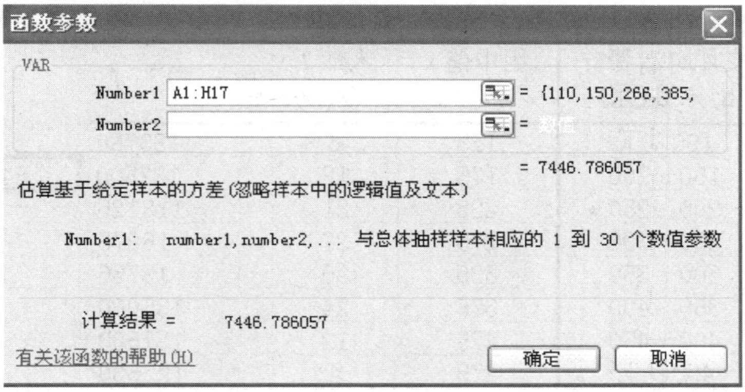

函数参数
VAR
Number1 A1:H17
= {110,150,266,385,
Number2
= 数值
= 7446.786057
估算基于给定样本的方差(忽略样本中的逻辑值及文本)
Number1: number1,number2,... 与总体抽样样本相应的 1 到 30 个数值参数
计算结果 = 7446.786057
有关该函数的帮助(H)
确定
取消

图 4—3—9　样本方差“VAR”对话框

方法一：①进入“STDEV”对话框：“插入”→“函数”→“统计”→“STDEV”函数（样本标准差）→“确定”。

②在“STDEV”对话框中的“Number1”框，选中“A1：H17”，对话框底部就给出了样本标准差 86.294 762 63，如图 4—3—10 所示。

STDEV
Number1 Sheet2!A1:H17
= {110,150,266,385,
Number2
= 数值
= 86.29476263
估算基于给定样本的标准偏差（忽略样本中的逻辑值及文本字符）。
Number1: number1,number2,... 相当于总体抽样样本的 1 到 30 个数值，可以是数值，也可以是包含数值的引用。
计算结果 = 86.29476263
确定
取消

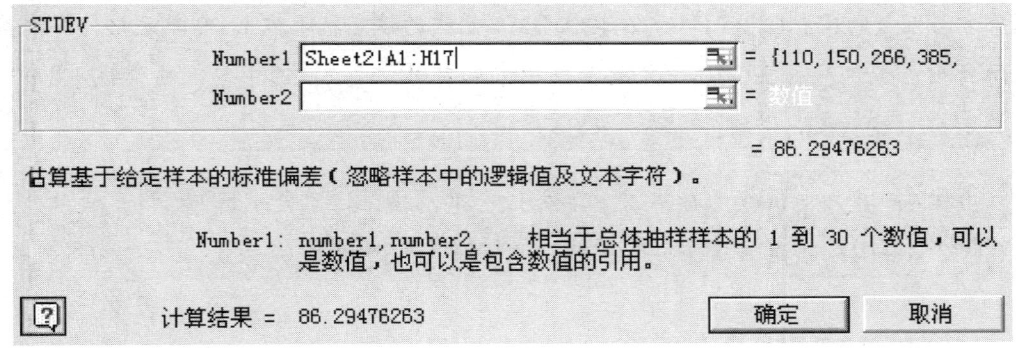

图 4—3—10　样本标准差“STDEV”对话框

方法二：单击任一空单元格，输入“=STDEV(A1:H17)”（样本标准差函数），按“回车”键确认。或者，使用数学函数“QURT”对样本方差开平方，在任一单元格内输入“=QURT(7 446.786 057)”，单击“确认”按钮，即可得到样本标准差 86.294 762 63。

二、利用 Excel 对分组数据计算标准差

对于已分组资料计算标准差没有相应的函数，只能根据公式进行 Excel 单元格操作。

步骤 1：将分组资料输入 Excel 工作表，如图 4—3—11 所示。

	A	B	C	D	E
1	按月均消费支出分组(元)	组中值 x (元)	人数 f (人)	$(x-\bar{x})^2 \cdot f$	
2	150以下	125	6	183750	
3	150～200	175	12	187500	84.453
4	200～250	225	21	118125	
5	250～300	275	27	16875	
6	300～350	325	30	18750	
7	350～400	375	24	135000	
8	400～450	425	12	187500	
9	450以上	475	4	122500	
10	合计		136	970000	

图 4—3—11　标准差计算表

步骤 2：求加权算术平均数。在任务 2 中已求出，$\bar{x}=299.632$ 元≈300 元。

步骤 3：求离差平方和与频数的乘积$(x-\bar{x})^2 \cdot f$。选中 D2 单元格，输入公式“=(B2-300)＊(B2-300)＊C2”，按“回车”键确认，得到第一组的组中值和平均数离差平方与频数的乘积$(x_1-\bar{x})^2 \cdot f_1$；按住 D2 单元格的填充柄下拖至 D9 单元格，得到其他组的相应数据；点击 D10 单元格，选中求和符号“Σ”，选中单元格“D2：D9”，按“回车”键确认，得到$\sum(x-\bar{x})^2 \cdot f$。

步骤 4：求月支出额的标准差。单击任一单元格，这里是 E3 单元格，输入“=SQRT(D10/C10)”，按“回车”键确认，得到标准差 84.453。

思考与练习

一、选择题

1. 与变量值计量单位相同的离散指标是（　　）。

A. 全距　　B. 平均差　　C. 标准差　　D. 标准差系数

2. 一组数据最大值与最小值之差称为（　　）。

A. 极差　　B. 平均差　　C. 标准差　　D. 方差

3. 四分位差是（　　）。

A. 上四分位数减下四分位数的结果　　B. 上四分位数减中位数的结果

C. 中位数减下四分位数的结果　　D. 上四分位数与下四分位数的中间值

4. 是非标志的方差，其最大值是（　　）。

A. 1　　B. 1/2　　C. 1/3　　D. 1/4

5. 各变量值与其算术平均数离差平方的平均数称为（　　）。

A. 极差　　B. 平均差　　C. 方差　　D. 标准差

6. 离散系数的主要用途是（　　）。

A. 反映一组数据的离散程度

B. 消除一组数据计量单位对标准差的影响

C. 反映一组数据的平均水平

D. 消除一组数据的水平对标准差的影响

7. 经验法则表明，当一组数据对称分布时，在平均数加减 3 个标准差范围内的数据大约有（　　）。

A. 68%的数据　　B. 90%的数据　　C. 95%的数据　　D. 99%的数据

8. 比较两组数据的离散程度最适合的离散指标是（　　）。

A. 极差　　B. 平均差　　C. 标准差　　D. 标准差系数

二、思考题

1. 简述异众比率、四分位差和标准差的应用场合。

2. 简述经验法则。

3. 为什么要计算标准差系数？

4. 为什么要计算标准分数？

三、综合应用题

1. 对 10 名男生和 10 名女生进行了一次测试，男生成绩分别为 20、35、40、60、70、80、85、100、115、120 分，女生成绩分别为 67、68、69、70、71、72、73、78、80、90 分。

要求：(1) 分别用极差、标准差和标准差系数对比男、女两组学生测试成绩的差异程度。

(2) 哪一组成绩的差异大？用哪个离散指标对比比较合适？

2. 某企业从当月生产的一批产品中抽取了 1 000 件进行检验，测得其寿命资料见表 4—3—5。

表 4—3—5　　使用寿命与零件数资料

使用寿命（小时）	零件数（件）
900 以下	50
900~1 000	90
1 000~1 100	220
1 100~1 200	430
1 200~1 300	130
1 300 以上	80
合　计	1 000

要求：(1) 计算该产品本月使用寿命的平均数和标准差。

(2) 若去年同月该产品平均寿命为 1 150 小时，标准差为 178 小时，哪一年产品的使用寿命波动更大？

(3) 若使用寿命 1 000 小时以上为合格品，试计算合格率及合格率的标准差。

3. 一家公司在招收员工时，首先要通过两项能力测试。在 A 项测试中，平均分数是 100 分，标准差是 15 分；在 B 项测试中，平均分数是 400 分，标准差是 50 分。一位应试者在 A 项测试中得了 115 分，在 B 项测试中得了 425 分。与平均分数相比，该应试者哪一项测试更为理想？

实训

利用模块四任务 2 实训项目的调查资料，选择适当的离散指标计算有关项目的离散程度。

模块五　抽样估计

抽样估计
模块五知识框图
抽样与抽样分布
抽样方法
抽样分布
参数估计方法
点　估　计
总体均值的区间估计
总体比例的区间估计
样本容量的确定
简单随机抽样条件下
样本容量的确定
模块五

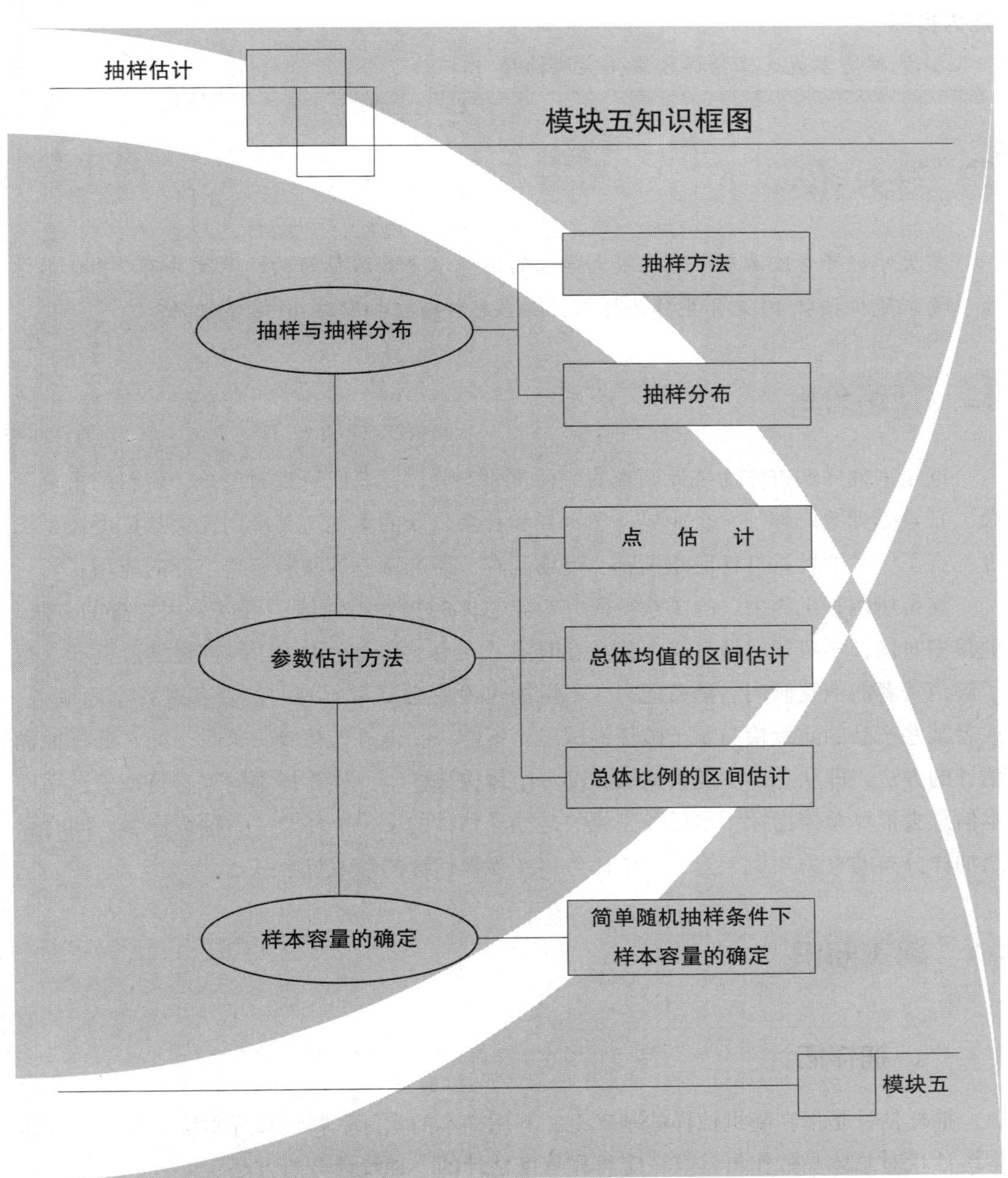

任务 1　抽样与抽样分布

知识目标

- 了解抽样方法的选择
- 了解抽样分布原理

能力目标

- 能够恰当地选择抽样方法并实施抽样

任务引入

某大学经管学院希望了解在校大学生的消费水平和消费结构。学院共有 2 200 名学生，要求随机抽取 40 名学生作为样本，应当怎样随机抽取这 40 名学生呢？

任务分析

近年来抽样调查作为统计调查的一种重要方法以及获取研究对象统计资料的重要手段，日益受到政府部门、企业界、学术界和社会公众的重视，其应用无论从广度还是深度都有了极大的发展，在民意调查、市场调查、研究调查等领域有着广泛的应用。

在市场调查工作中，为了获得研究对象总体的数量特征值，可以采用普查的方法。但很多时候，不可能实施普查或普查在时间、人力、物力、财力上不够经济。例如，想了解消费者的消费倾向、消费能力，不可能也没有必要对所有的消费者进行全面调查，或者某些产品的质量检验属于破坏性试验，不能一一地进行检验，这时，通常选择抽样估计的方法，即从总体中随机抽选一部分个体构成样本，计算样本的综合特征值，用样本信息去推算总体指标。本任务完成的是抽样估计的第一个环节——抽取样本。同时介绍抽样分布的有关知识，为下一个任务——参数估计的学习打下基础。

相关知识

一、抽样估计

抽样估计是指在随机抽样的基础上，利用样本的实际资料计算样本统计量，并以样本统计量对总体参数作出具有一定可靠程度估计的一种统计分析方法。

抽样估计具有以下几个特点：

1. 是一种通过部分认识总体的统计分析方法。

2. 以概率抽样为基础，按随机原则抽取样本。

3. 可以用一定的概率将估计误差控制在一定的范围之内。

抽样估计作为一种数据调查方法和分析方法，其优越性体现在它的经济性、时效性、准确性和灵活性等方面，因此，在实际中应用广泛。

抽样估计的要点可由图 5—1—1 进行图解。

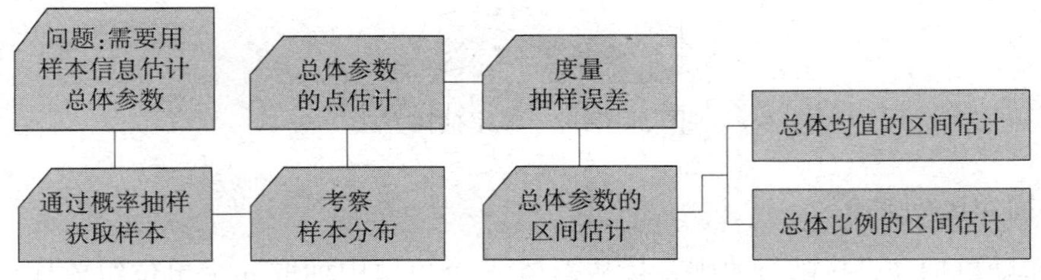

图 5—1—1 抽样估计要点图解

二、概率抽样方法

抽样估计的前提是抽取的样本必须能够代表总体，而样本代表性的高低取决于抽样方法是否合适。抽样方法有很多，总的来说有概率抽样和非概率抽样两大类。

概率抽样又称为等概率抽样或随机抽样，是调查者按照随机原则抽取样本的方法。概率抽样以概率论为基础，保证总体中每一个单位都有一个事先已知的非零概率被抽中的机会，可以计算抽样误差，并从数量上推断总体。

非概率抽样又称为不等概率抽样或非随机抽样，是调查者根据自己的方便或主观判断抽取样本的方法。它不是严格按随机抽样原则来抽取样本，所以也就无法确定抽样误差。虽然根据样本调查的结果可在一定程度上说明总体的特征，但不能从数量上推断总体。非概率抽样主要有偶遇抽样、主观抽样、定额抽样、滚雪球抽样等类型。

概率抽样与非概率抽样的区别如图 5—1—2 所示。

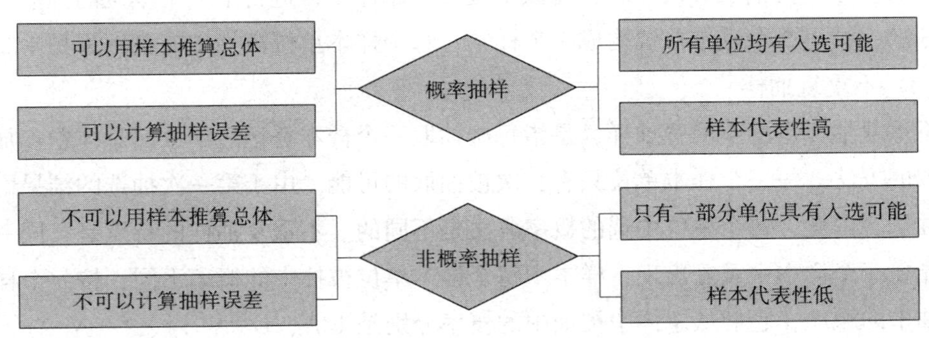

图 5—1—2 概率抽样与非概率抽样的区别

下面详细说明概率抽样的方法。概率抽样主要包括五种类型，如图 5—1—3 所示。

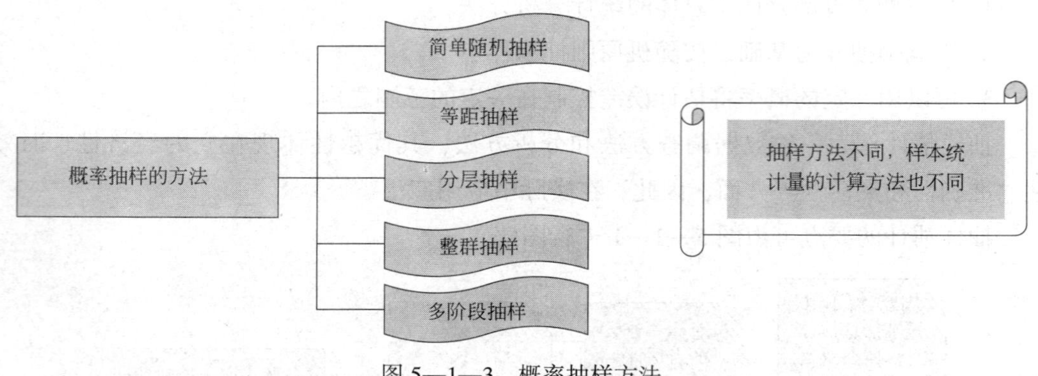

图 5—1—3　概率抽样方法

1. 简单随机抽样

简单随机抽样是按随机原则直接从总体 N 个单位中抽取 n 个单位组成样本，总体中每个单位都有被抽中的机会。简单随机抽样是最基本也是最简单的抽样组织形式，适合于均匀分布的总体。

抽样的随机性通过抽样的随机化程序体现出来，在对总体单位进行编号后，确定样本单位可以采用简单的摸彩法，也可以使用随机数字表。当然，现在使用 Excel 中的抽样程序或 SPSS 的 Sample 过程等都可以快捷地完成随机抽样。

简单随机抽样，具体抽样的方法又分为重复抽样和不重复抽样两种。

（1）重复抽样

重复抽样也称回置抽样，是指每次抽取一个样本单位登记后再放回总体中参加下一次抽取的方法，每一个样本单位都有被重复抽中的可能。重复抽样的特点：同一个单位可能在一个样本中重复出现，每个样本单位被抽到的概率都相等，概率等于 $1/N$。

【例 5—1—1】 采用重复抽样方法从总体 30 个单位中随机抽取 5 个单位构成样本。

解：已知 $N=30$，$n=5$。

抽取一个单位记录其编号后，将该单位放回总体中再进行下一个单位的抽取，连续抽取 5 次，抽得 5 个总体单位构成一个样本，每个样本单位被抽中的概率都是 1/30。

（2）不重复抽样

不重复抽样也称不回置抽样，是指每次抽取一个样本登记后不放回总体中参加下一次抽取的方法，每一个样本单位只有一次被抽取的可能。由于第一次抽选的结果影响下一次抽选，因此，每个单位中选的概率各次是不同的。不重复抽样的特点是：同一个单位不能在一个样本中重复出现；样本中每个样本单位被抽中的概率不同，按 n 个样本单位被抽中的顺序，它们从总体中被抽中的概率分别是 $1/N$、$1/(N-1)$、$1/(N-2)$ 等。

【例 5—1—2】 采用不重复抽样方法从总体 30 个单位中随机抽取 5 个单位构成

样本。

解：已知 $N=30$，$n=5$。

抽取一个单位记录其编号后，不再将该单位放回总体中，继续进行下一个单位的抽取，连续抽取5次抽得5个总体单位构成一个样本，每个样本单位被抽中的概率依次增加，分别是1/30、1/29、1/28、1/27、1/26。

在实际抽取样本时，由于不重复抽样的误差小于重复抽样的误差，所以通常采用不重复抽样方式抽取样本。

简单随机抽样的优点是当总体单位数不大或总体容量虽然较大但比较集中时，采用简单随机抽样容易取得较好的抽样效果，否则，就需要设计其他抽样方法。

简单随机抽样是抽样设计的基础方法，其他抽样方法中也带有简单随机抽样的影子。在本模块后面内容的讲述中，如抽样估计、样本容量的确定等计算，都是假设在简单随机抽样的方式下进行的。

2. 等距抽样

等距抽样又称系统抽样或机械抽样，是将总体各单位按一定标志或次序排列，然后按相等的距离或间隔抽取样本单位。

系统抽样又有等概率系统抽样和不等概率系统抽样两种抽取方式。

（1）等概率系统抽样

等概率系统抽样是指每个单位被抽中的概率是相等的。假定要从 N 个单位的总体中抽取 n 个单位构成样本，抽样方法是先将总体的 N 个单位按照某种顺序排列编号，再确定抽样间隔 k，$k=\dfrac{N}{n}$，然后在规定的范围内随机确定一个起始点，每隔 k 个单位就抽取一个作为入样单位，直至抽足 n 个单位为止。

【例5—1—3】 采用等距抽样方法从总体30个单位中随机抽取5个单位构成样本。

解：已知 $N=30$，$n=5$。

由于总体单位有限，对总体单位进行编号也比较容易，所以采用等距抽样。

①将总体30个单位进行编号；

②抽样间隔为 $k=\dfrac{30}{5}=6$；

③假设随机抽样起点为2；

④依次抽取号码为 $i=2$、$i+1k=8$、$i+2k=14$、$i+3k=20$、$i+4k=26$ 的总体单位。

如果调查总体包含一定的周期性，抽样间隔应避开这种周期性影响，比如，在产品质量检查时，抽检的时间若定在交接班时间，则抽取的样本就缺乏代表性。

（2）不等概率系统抽样（PPS系统抽样）

不等概率系统抽样是指每个单位被抽中的概率是与该单位的规模成比例的。如果总体单位的大小差异较大，可采用不等概率系统抽样方法。不等概率系统抽样方法的基本思想是令总体中第 i 个单位的入样概率与该单位的大小成比例。在具体实施过程中，可以按照类似等距抽样的方法进行：以一个辅助变量对总体单位按大小顺序排列；对总体单位的辅助变量值进行累计，累计总量为 M_0；以 k 为抽样间距，$k=\frac{M_0}{n}$；随机地确定一个小于或等于 k 的实数 r 为抽样的起点，那么，r、$r+k$、$r+2k$、$r+3k$ 等所对应的单位就是所抽中的入样单位。

下面引用一个简单的例子来说明上述抽样过程的具体实现。

【例 5—1—4】 采用不等概率系统抽样方法从 12 种晚报中随机抽取 4 种晚报进行内容分析。12 种晚报的发行量分别为 20、67、45、120、39、85、58、98、76、210、25、150 万份。

解：已知 $N=12$，$n=4$。

该例中，由于 12 种晚报的发行量差异较大，因此采用普通的等距抽样或简单随机抽样方法抽取 4 种报纸是不可取的，考虑到发行量这个因素，应采用 PPS 系统抽样法进行抽取。数据见表 5—1—1。

表 5—1—1　　PPS 系统抽样表

报纸编号	发行量（万份）	累计发行量（万份）	至抽中报纸的累计发行量（万份）	抽中报纸
1	20	20	—	—
2	25	45	—	—
3	39	84	—	—
4	45	129	—	—
5	58	187	146	V
6	67	254	—	—
7	76	330	—	—
8	85	415	394	V
9	98	513	—	—
10	120	633	—	—
11	150	783	642	V
12	210	993	890	V

①以发行量大小为顺序列出 12 种报纸的发行量，并计算累计发行量 $M_0=993$；

②确定抽样间距 $k=\frac{993}{4}=248$；

③随机地选定抽样起点 $r=146$；

④$r=146$、$r+k=394$、$r+2k=642$、$r+3k=890$ 这 4 个累计发行量对应的 4 种报纸就

是入样报纸，分别是编号为 5、8、11、12 的报纸。

3. 分层抽样

分层抽样也称类型抽样，先将总体所有单位按与研究内容密切相关的主要因素分成若干层，然后在各层中按随机原则抽取一定数量的单位构成样本。

简单随机抽样要求对总体进行编号或排序，耗费的人力多、时间长。如果我们事先对总体的特性有较明确的了解，就可以利用这种了解做出更高效率的抽样设计，分层抽样就是最常用的一种。因此，分层抽样比简单随机抽样更有效，通过对总体分层，使相互差异程度较小的单位集中在一个层内，突出了层与层之间的差异，随机地从任何一层中所抽取的样本单位对该层的代表性都有所提高，这样就确保了样本在各层之间分布的均匀性，提高了样本的代表性。

分层抽样的常用方法有比例抽样法和加权比例抽样法两种。

（1）比例抽样法

比例抽样法是按照每层单位数在总体中所占的比例抽取样本单位数，适用于层与层之间变异程度大，各层内部变异程度不大的总体。各层的抽样单位数为：

$$n_i = \frac{N_i}{N} \cdot n \qquad (i=1、2、\cdots、k) \qquad \text{（式 5—1—1）}$$

式中，N 是总体单位总数，N_i 是每层的单位数，n 是应抽取的样本单位总数，n_i 是各层应抽取的样本单位数，k 是分层的层数，$\frac{N_i}{N}$是总体中各层单位数占总体单位总数的比重。按比例抽出各组的样本单位数以后，再在各组内按简单随机抽样方法确定具体的样本单位。

【例 5—1—5】 某产品在某市有 100 个销售点，按销售量的大小将销售点分为大、中、小三层，各层销售点的数量占总体的比例分别为 15%、30%、55%。抽取 20 个销售点构成样本。

解：首先，按比例确定不同规模销售点的数量。

销售量大的层应抽取的销售点数量：$n_{大} = 15\% \times 20 = 3$（个）

销售量中等的层应抽取的销售点数量：$n_{中} = 30\% \times 20 = 6$（个）

销售量小的层应抽取的销售点数量：$n_{小} = 55\% \times 20 = 11$（个）

其次，在不同销售规模的层中按简单随机抽样方法抽取销售点（略）。

（2）加权比例抽样法

加权比例抽样法是以每层的单位数与层内的标准差结合作为权数确定每层应抽取样本数的方法。通常在总体中各层内部的变异程度较大时使用。

各层的抽样单位数为：

$$n_i = n \cdot \frac{W_i \cdot s_i}{\sum W \cdot s} \qquad \text{（式 5—1—2）}$$

式中，n 是应抽取的样本单位总数，n_i 是各层应抽取的样本单位数，W_i 是各层单位数占总体单位数的比重，s_i 是各层内部的标准差，$\frac{W_i \cdot s_i}{\sum W \cdot s}$是同时考虑到各组的单位数比重和标准差后确定的各层的权数。

【例 5—1—6】 对某地企业进行调查时，将企业按销售收入分为大型、中型和小型企业三个“层”，各层企业数占总体的比重 W_i 与层内销售收入的标准差 s_i 数据见表 5—1—2。要求用加权比例抽样法抽样 30 个单位构成样本。

表 5—1—2　　　　加权比例抽样

分层	各层比重 W_i（%）	各层标准差 s_i	$W_i \cdot s_i$
大型	10	192	19.2
中型	30	105	31.5
小型	70	56	39.2
合计	100	—	89.9

解：由于不同类型企业内部的差异程度较大，所以采用加权比例抽样。若抽取 30 个企业构成样本，即 $n=30$，则每层应抽取的样本单位数是：

大型企业：$n_{大} = n \cdot \frac{W_1 \cdot s_1}{\sum W \cdot s} = 30 \times \frac{19.2}{89.9} = 6$（个）

中型企业：$n_{中} = n \cdot \frac{W_2 \cdot s_2}{\sum W \cdot s} = 30 \times \frac{31.5}{89.9} = 11$（个）

小型企业：$n_{小} = n \cdot \frac{W_3 \cdot s_3}{\sum W \cdot s} = 30 \times \frac{39.2}{89.9} = 13$（个）

4. 整群抽样

整群抽样是先将所有总体单位分割为若干小群组，然后从中随机抽取一部分群，对中选群中的所有单位实施全面调查的一种抽样方法。实际中可以利用总体中存在的自然的、社会的群来抽取样本单位。

在城市住户调查中，常以住宅区为抽样单位，先抽中部分住宅区，再对所抽中住宅区的所有住户进行全面调查。在这里，调查单位是住户，群是由若干住户构成的住宅区。例如，要调查全国各地职业技术学院学生平均每人每天使用计算机的时间，若以所有职业技术学院的学生作为抽样单位，就必须有一份完整的学生名单，由于数量繁多，这是不容易做到的。但如果以各省、市职业技术学院为抽样单位，抽一部分职业技术学院，再对抽中的职业院校的学生进行调查，则变得简单易行。

整群抽样的优点是以群为单位抽取，从而大大简化了抽样的工作量，节省了调查费用，也方便了调查的实施。缺点是由于抽取的单位比较集中，样本单位在总体中分布不均匀，因此抽样误差常常大于简单随机抽样。

5. 多阶段抽样

多阶段抽样又称为多级抽样，是指在抽取样本时，分为两个及两个以上的阶段从总体中抽取样本的一种抽样方式。具体操作过程：第一阶段，将总体分为若干个一级抽样单位，从中抽选部分一级抽样单位入样；第二阶段，将入样的每个一级单位分成若干个二级抽样单位，再从每个入样的一级单位中各抽选部分二级抽样单位入样，依此类推，直到获得最终样本。多阶段抽样大多用于规模较大的抽样工作中。

【例 5—1—7】 以一项全国电视观众的抽样调查为例说明多阶段抽样。

解：抽样方案采用了分层五阶抽样，各阶段抽样单元分别为：

第一阶段：抽取区（地级市以上城市的市辖区）、县（包括县级市等）。

第二阶段：抽取街道、乡、镇。

第三阶段：抽取居委会、村委会。

第四阶段：抽取家庭户。

第五阶段：抽取个人。

为提高抽样效率，减少抽样误差，在第一阶段抽样中对区、县按地域及类别分层。前三阶段抽样均采用按与人口成正比的不等概率系统抽样（即 PPS 系统抽样），在第四阶段抽样采用等概率系统抽样（即等距抽样），第五阶段抽样采用简单随机抽样。

多阶段抽样由于实行了再抽样，可以在更广的范围内获得调查单位。缺点是增加一个抽样阶段，意味着增加了一份估计误差，用样本对总体的估计也变得更加复杂。

三、样本统计量的抽样分布

1. 几个基本概念

在介绍样本统计量的抽样分布之前，先介绍抽样分布涉及的几个基本概念。

（1）参数与统计量

总体参数是总体的综合特征值，总体参数通常是未知的，需要通过样本统计量推算获得。样本统计量是根据样本数据计算出的样本的综合特征值。常用的总体参数有总体均值 μ、总体比例 π 和总体标准差 σ。相应地，样本统计量有样本均值 $\bar{x}$、样本比例 p 和样本标准差 s。可以用样本均值 $\bar{x}$ 去估计总体均值 μ，用样本比例 p 去估计总体比例 π，用样本标准差 s 去估计总体标准差 σ。总体参数与样本统计量的区别如图 5—1—4 所示。常用总体参数与样本统计量的计算公式见表 5—1—3。

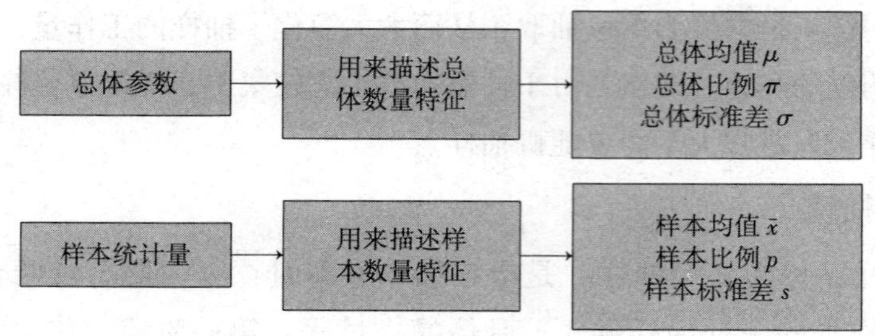

图 5—1—4　参数与统计量

表 5—1—3　　总体参数与样本统计量的计算公式

		样本统计量	总体参数
均值	根据未分组资料计算	$\bar{x}=\frac{\sum x}{n}$	$\mu=\frac{\sum X}{N}$
	根据分组资料计算	$\bar{x}=\frac{\sum x\cdot f}{\sum f}$	$\mu=\frac{\sum X\cdot F}{\sum F}$
均值的标准差	根据未分组资料计算	$s_x=\sqrt{\frac{\sum(x-\bar{x})^2}{n-1}}$	$\sigma_x=\sqrt{\frac{\sum(X-\mu)^2}{N}}$
	根据分组资料计算	$s_x=\sqrt{\frac{\sum(x-\bar{x})^2\cdot f}{\sum f-1}}$	$\sigma_x=\sqrt{\frac{\sum(X-\mu)^2\cdot F}{\sum F}}$
比例		$p=\frac{n_0}{n}$；$1-p=\frac{n_1}{n}$	$\pi=\frac{N_0}{N}$；$1-\pi=\frac{N_1}{N}$
比例的标准差		$s_p=\sqrt{p\cdot(1-p)}$	$\sigma_p=\sqrt{\pi\cdot(1-\pi)}$

注：表 5—1—3 中符号代表的意义详见模块四。

（2）样本容量和样本个数

样本容量是指一个样本所包含的样本单位数，一般用 n 表示。

样本个数是指从总体中可能抽取的样本个数。

抽取样本的方法不同，组成样本的个数也不同。如果采用重复抽样的方法，从总体 N 个单位中，随机抽取 n 个单位构成一个样本，则共可抽取 N^n 个样本。如果采用不重复抽样的方法，共可抽取 $\frac{N!}{n!(N-n)!}$ 个样本。

【例 5—1—8】 如果总体有 A、B、C、D 四个单位，从中抽取两个单位构成样本，以重复抽样和不重复抽样的方法分别可以构成几个样本？

解：重复抽样的可能样本数目为：$N^n=4^2=16$（个）

不重复抽样的可能样本数目为：$\frac{N!}{n!(N-n)!}=\frac{4!}{2!(4-2)!}=6$（个）

2. 抽样分布

样本统计量的性质及对用于推断总体的样本统计量优良性的评价，均取决于抽样分布的性质。因此，抽样分布是抽样估计的重要内容。

抽样分布是指从某一总体中随机抽取容量为 n 的样本时，所有可能样本的统计量的频率分布或概率分布。假设从容量为 N 的总体中随机抽取容量为 n 的样本，会有 k 个可能样本，并可以计算 k 个样本统计量。将 k 个样本统计量的取值及其出现的概率依次排列，就得到了样本统计量的频率分布，即抽样分布。若将样本平均数的全部可能取值与其出现的概率依次排列，则形成样本均值的抽样分布；同理可得到样本比例的抽样分布。计算其均值和方差，可观察抽样分布的中心和离散程度。

构建样本统计量的抽样分布，只是一种理论上的说明，实际上是不可能将所有可能样本都抽出来的。寻求抽样分布，大多数情况下是求抽样分布的近似分布。在抽样推断中，许多场合下统计量服从正态分布或以正态分布为近似分布，所以正态分布是最常用的。

下面以例 5—1—9 说明抽样分布的基本原理。

【例 5—1—9】 假设总体有 4 个单位，按重复抽样和不重复抽样从中随机抽取容量为 2 的样本，构建其抽样分布。

解：假设总体 $N=4$，取值分别为 $X_1=1$，$X_2=2$，$X_3=3$，$X_4=4$，则，

总体均值为：$\mu=\frac{\sum X}{N}=\frac{1+2+3+4}{4}=2.5$

总体方差为：$\sigma^2=\frac{\sum(X-\mu)^2}{N}=\frac{(1-2.5)^2+(2-2.5)^2+(3-2.5)^2+(4-2.5)^2}{4}=1.25$

样本构成及样本统计量见表 5—1—4。样本均值的抽样分布如表 5—1—5 和图 5—1—5 所示。

表 5—1—4　　重复抽样和不重复抽样条件下的样本及样本统计量

抽样方法	重复抽样	不重复抽样
样本个数 k	16 个	6 个
所有可能的样本	1，1　2，1　3，1　4，1 1，2　2，2　3，2　4，2 1，3　2，3　3，3　4，3 1，4　2，4　3，4　4，4	1，2　2，3　3，4 1，3　2，4 1，4
样本均值 $\bar{x}_i$	1.0　1.5　2.0　2.5 1.5　2.0　2.5　3.0 2.0　2.5　3.0　3.5 2.5　3.0　3.5　4.0	1.5　2.5　3.5 2.0　3.0 2.5

续表

抽样方法	重复抽样	不重复抽样
样本方差 s_i^2	0　0.5　2.0　4.5 0.5　0　0.5　2.0 2.0　0.5　0　0.5 4.5　2.0　0.5　0	0.5　0.5　0.5 2.0　2.0 4.5
所有样本均值的均值 $\mu_{\bar{x}}=\frac{\sum \bar{x}_i}{k}$	2.5	2.5
所有样本均值的方差 $\sigma_{\bar{x}}^2=\frac{\sum(\bar{x}_i-\mu)^2}{k}$	0.625	0.417

表 5—1—5　　重复抽样和不重复抽样条件下样本均值的抽样分布

重复抽样			不重复抽样		
样本均值 $\bar{x}_i$	样本个数	发生的概率	样本均值 $\bar{x}_i$	样本个数	发生的概率
1.0	1	1/16	1.5	1	1/6
1.5	2	2/16	2.0	1	1/6
2.0	3	3/16	2.5	2	2/6
2.5	4	4/16	3.0	1	1/6
3.0	3	3/16	3.5	1	1/6
3.5	2	2/16			
4.0	1	1/16			
合计	16	1.0	合计	6	1.0

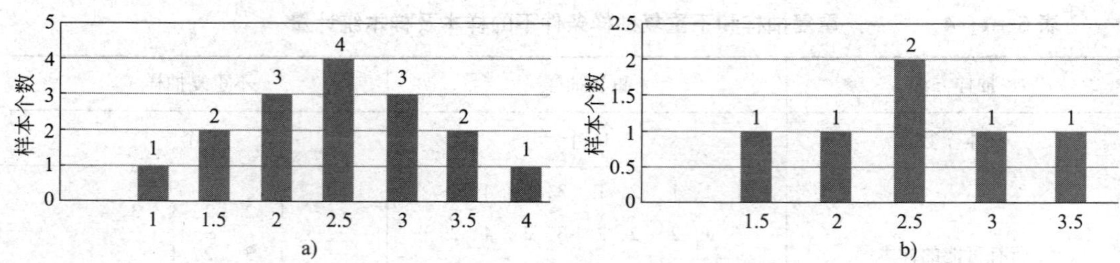

图 5—1—5　重复抽样和不重复抽样条件下样本均值的抽样分布

a）重复抽样　b）不重复抽样

由表 5—1—4 和表 5—1—5 可知样本均值抽样分布的两个性质：

第一，样本均值 $\bar{x}_i$ 对称地分布在总体均值 $\mu=2.5$ 的周围，大于 2.5 的样本均值出现的概率与小于 2.5 的样本均值出现的概率相等。而且，无论是重复抽样还是不重复抽样，所有样本均值的均值等于总体均值，如表 5—1—4 所示，$\mu_{\bar{x}}=\mu=2.5$。因此可以认为，样本均值是总体均值的一个无偏估计量。其实际意义是，当我们从总体中只抽取一个样本进行观察时，就可以用该样本的均值作为总体的一个点估计值。

第二，重复抽样样本均值的方差大于不重复抽样样本均值的方差。如表 5—1—4 所示，重复抽样方差为 0.625，而不重复抽样方差只有 0.417。

3. 均值的抽样分布与总体分布的关系

统计上的中心极限定理告诉我们，随着样本容量的增大（通常要求 $n\geqslant30$），无论原来的总体是否服从正态分布，样本均值的抽样分布都将趋于正态分布。

可见，样本均值 $\bar{x}$ 的抽样分布形式与原有总体的分布及样本量 n 的大小有关。这种关系如图 5—1—6 所示。

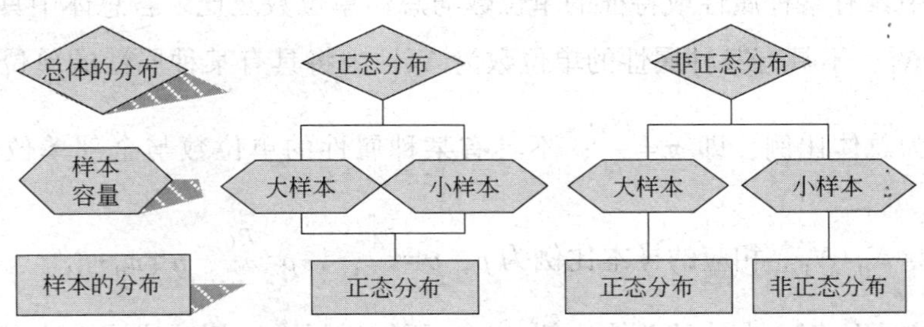

图 5—1—6　抽样分布与总体分布的关系

当总体服从正态分布时，无论样本容量大小，样本均值 $\bar{x}$ 均服从正态分布。样本均值的数学期望 $E(\bar{x})$ 等于总体均值 μ，样本均值的方差 $\sigma_{\bar{x}}^2$ 则与抽样方法有关。

重复抽样条件下：

$$\sigma_{\bar{x}}=\frac{\sigma}{\sqrt{n}} \qquad \text{（式 5—1—3）}$$

不重复抽样条件下：

$$\sigma_{\bar{x}}=\frac{\sigma}{\sqrt{n}}\sqrt{\frac{N-n}{N-1}} \qquad \text{（式 5—1—4）}$$

当总体分布未知或已知为非正态分布时，要根据样本容量的大小来考虑样本均值 $\bar{x}$ 的抽样分布。经验上，我们把 $n\geqslant30$ 作为判断样本为大样本的标准。在大样本条件下，无论总体分布是否服从正态分布，样本均值的抽样分布均服从正态分布，样本均值 $\bar{x}$ 的数学期望 $E(\bar{x})=\mu$，样本均值 $\bar{x}$ 的方差 $\sigma_{\bar{x}}^2=\frac{1}{n}\sigma^2$。当 n 为小样本时（通常认为 $n<30$ 为小样本），样本均值的分布不服从正态分布，标准化的随机变量服从自由度为 $(n-1)$ 的 t 分布。

【例 5—1—10】　设某随机变量 X 服从正态分布，其均值 $\mu=0$，方差 $\sigma^2=4$，记为

$X \sim N$（0，4）。从该总体中随机抽取一个容量为16的样本，问样本均值的抽样分布。

解：根据上述理论，样本均值 $\bar{x}$ 服从正态分布，其数学期望 $E(\bar{x})=\mu=0$，方差为 $\sigma_{\bar{x}}^2=\frac{\sigma^2}{n}=\frac{4}{16}=\frac{1}{4}=0.25$，记为 $\bar{x} \sim N\left(\mu,\frac{\sigma^2}{n}\right)$，即 $\bar{x} \sim N(0,\ 0.25)$，读作样本均值 $\bar{x}$ 服从均值为0，方差为0.25的正态分布。

在研究实际问题时，总体方差 σ^2 通常是未知的，可以用样本方差 s^2 代替总体方差 σ^2（或用样本标准差 s 代替总体标准差 σ），这样，样本均值的方差 $\sigma_{\bar{x}}^2=\frac{s^2}{n}$。

4. 样本比例的抽样分布

在经济统计中，经常要用到比例估计，也就是用样本比例 p 去推断总体比例 π。比例是指总体中具有某种属性或特征的单位数与总体单位数之比。若总体中具有某种属性的单位数为 N_1，不具有某种属性的单位数为 N_0，则将具有某种属性的单位数与全部单位数之比称为总体比例，即 $\pi=\frac{N_1}{N}$；不具有某种属性的单位数与全部单位数之比称为 $1-\pi=\frac{N_0}{N}$，$N=N_0+N_1$。相应的样本比例为 p，$p=\frac{n_1}{n}$，$1-p=\frac{n_0}{n}$，$n=n_0+n_1$。

为了用样本比例 p 去估计总体比例 π，需要知道样本比例 p 的抽样分布。样本比例的抽样分布是指样本比例 p 的所有可能取值的频率分布。当样本容量很大时，样本比例 p 的抽样分布可用正态分布近似。对于一个样本比例，如果 $n \cdot p \geqslant 5$ 和 $n \cdot (1-p) \geqslant 5$，就可以认为样本容量足够大。这时，样本比例 p 的期望值、抽样方差和抽样标准差为：

样本比例 p 的期望值：$E(p)=\pi$

样本比例的抽样方差 σ_p^2：

重复抽样条件下：

$$\sigma_p^2=\frac{\pi(1-\pi)}{n} \qquad （式5—1—5）$$

不重复抽样条件下：

$$\sigma_p^2=\frac{\pi(1-\pi)}{n} \cdot \frac{N-n}{N-1} \qquad （式5—1—6）$$

样本比例的抽样标准差 σ_p^2：

重复抽样条件下：

$$\sigma_p=\sqrt{\frac{\pi(1-\pi)}{n}} \qquad （式5—1—7）$$

不重复抽样条件下：

$$\sigma_p = \sqrt{\frac{\pi(1-\pi)}{n}} \cdot \sqrt{\frac{N-n}{N-1}} \qquad \text{（式 5—1—8）}$$

【例 5—1—11】 按往年经验，某校英语四级通过率大约为 60%。现从当年参加考试的学生中随机抽取 100 名，问其通过率的抽样分布。

解：因为 $n \cdot p = 100 \times 0.6 = 60 > 5$，$n \cdot (1-p) = 100 \times 0.4 = 40 > 5$，可以认为样本容量足够大了，属于大样本，所以样本的分布可以用正态分布来描述。则样本的比例 p 等于总体比例 π，$p = 60\%$；样本比例的抽样方差 $\sigma_p^2 = \frac{\pi(1-\pi)}{n} = \frac{0.6 \times 0.4}{100} = 0.0024$，记为 $p \sim N\left(\pi, \frac{\pi(1-\pi)}{n}\right)$，即 $p \sim N(0.6, 0.0024)$，读作样本比例 p 服从均值为 0.6，方差为 0.002 4 的正态分布。

任务实施

从该大学经管学院 2 200 名学生中随机抽取 40 名学生。

利用 Excel 的随机抽样工具，步骤如图 5—1—7 所示。

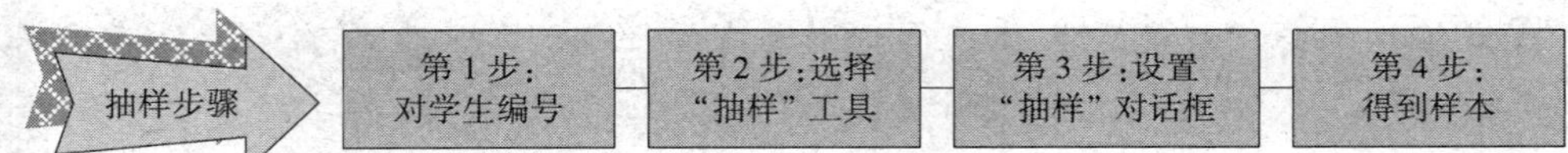

图 5—1—7　利用 Excel 抽样的步骤

第 1 步： 对该大学经管学院 2 200 名学生进行编号，从 1 号编至 2 200 号。

第 2 步： 选择“抽样”工具：“工具”→“数据分析”→“抽样”→“确定”，如图 5—1—8 所示。

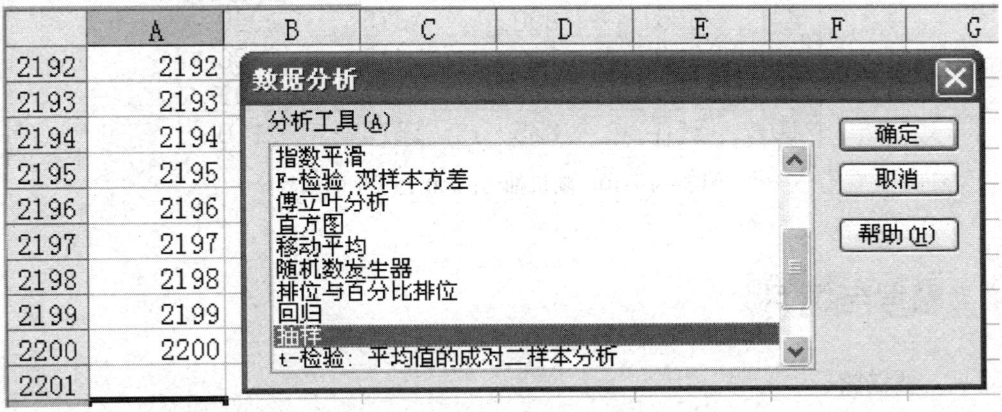

图 5—1—8　Excel 中的“抽样”命令

第 3 步：设置“抽样”对话框并得到样本。

“抽样”对话框中，在“输入区域”输入学生编号所在单元格区域“A1：A2200”；在“样本数”框中输入样本量“40”；在“输出区域”输入单元格 C1，如图 5—1—9 所示。

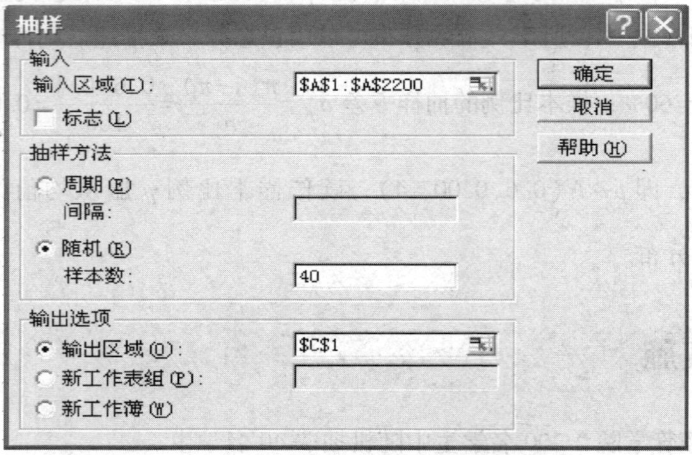

抽样
输入
输入区域(I)： $A$1:$A$2200
标志(L)
抽样方法
周期(E)
间隔：
随机(R)
样本数： 40
输出选项
输出区域(O)： $C$1
新工作表组(P)：
新工作薄(W)
确定
取消
帮助(H)

图 5—1—9　设置“抽样”对话框

第 4 步：单击“确定”按钮，得到随机抽取的 40 名学生的编号，排序后如图 5—1—10 所示。

	A	B	C	D
1	14	555	978	1544
2	74	561	1066	1568
3	82	602	1208	1586
4	149	624	1226	1830
5	207	675	1311	1848
6	214	753	1354	1935
7	305	800	1376	1946
8	369	808	1413	2086
9	549	809	1427	2101
10	550	835	1513	2110

图 5—1—10　随机抽出的 40 名学生的编号

思考与练习

一、选择题

1. 从总体中抽取一个单位后，将该单位放回到总体中再抽取第二个单位，直至抽

取 n 个单位为止，这样的抽样方法称为（　　）。

A. 等距离抽样　　B. 重复抽样　　C. 分层抽样　　D. 不重复抽样

2. 在抽样之前先将总体单位划分为若干类，然后从各类中抽取一定数量的单位组成样本，这样的抽样方法称为（　　）。

A. 简单随机抽样　　B. 分层抽样　　C. 系统抽样　　D. 整群抽样

3. 假设总体均值为 50，标准差为 8，从该总体中随机抽取容量为 64 的样本，则样本均值抽样分布的均值和标准差分别是（　　）。

A. 50，8　　B. 50，1　　C. 50，4　　D. 8，8

4. 假设总体比例为 0.55，从总体中抽取容量为 100 的样本，则样本比例的标准差为（　　）。

A. 0.01　　B. 0.05　　C. 0.06　　D. 0.55

二、思考题

1. 简述常用抽样方法的适用条件。

2. 简述样本均值 $\bar{x}$ 和样本比例 p 的两个性质。

三、综合应用题

1. 请为调查某大学学生的上网时间设计一个抽样方案。

2. 假设某总体的均值为 $\mu=32$，标准差为 $\sigma=10$。从中抽取一个样本容量为 36 的简单随机样本。

（1）样本平均数 $\bar{x}$ 的数学期望是多少？

（2）样本平均数 $\bar{x}$ 的标准差是多少？

（3）描述样本平均数的抽样分布。

3. 从 $\pi=0.4$ 的总体中，随机抽取一个样本容量为 81 的简单随机样本。

（1）样本比例 p 的数学期望是多少？

（2）样本比例 p 的标准差是多少？

（3）描述样本比例的抽样分布。

任务 2　总体均值的区间估计

知识目标

- ➢ 掌握参数估计的方法
- ➢ 掌握总体均值的区间估计

能力目标

- ➢ 能够熟练掌握区间估计的步骤
- ➢ 能够使用 Excel 函数进行区间估计

任务引入

模块五任务 1 中，利用 Excel 的随机抽样程序从 2 200 名学生中随机抽取了 40 名学生构成样本，现将这 40 名学生按每月手机话费金额排序得到表 5—2—1。要求根据所抽取学生的手机话费估计该大学经管学院 2 200 名学生的人均月手机话费，分别用 40 名学生和其中 20 名学生的平均手机话费去估计学院全部学生的手机话费。

表 5—2—1　　某大学经管学院 40 名学生每月手机话费金额　　单位：元

A	B	C	D	E	F
学生编号	手机话费	短信话费	学生编号	手机话费	短信话费
1	150	50	21	30	10
2	100	20	22	30	10
3	100	20	23	30	20
4	100	10	24	30	10
5	75	20	25	30	10
6	60	30	26	30	10
7	60	10	27	30	20
8	50	10	28	30	15
9	50	10	29	30	10
10	50	20	30	25	10
11	50	20	31	25	10
12	50	25	32	25	16
13	50	10	33	25	15
14	40	20	34	25	16
15	40	15	35	23	10
16	35	15	36	20	20
17	35	18	37	20	10
18	30	10	38	20	21
19	30	20	39	20	16
20	30	20	40	20	10

任务分析

抽取样本只是抽样估计的第一步，样本抽取出来之后，就需要计算样本统计量并用样本统计量去估计总体参数。常用的样本统计量有样本均值、样本比例和样本方差，需要估计的总体参数相应的有总体均值、总体比例和总体方差，本任务的目的是引导大家学习怎样用样本均值去估计总体均值，以及怎样用样本均值去构造总体均值的置信区间。

相关知识

一、参数估计的方法

参数估计的方法有点估计与区间估计两种。具体特点如图 5—2—1 所示。

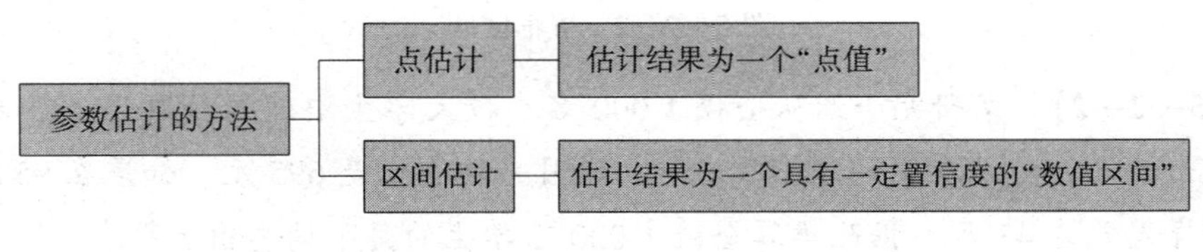

图 5—2—1 参数估计的方法

二、点估计

点估计是用某一个样本统计量的取值直接作为总体参数的估计值。例如，直接用样本均值 $\bar{x}$ 作为总体均值 μ 的估计值，直接用样本比例 p 作为总体比例 π 的估计值，直接用样本标准差 s 作为总体标准差 σ 的估计值等。

【例 5—2—1】 对某校 100 名在校大学生每月支出水平的调查表明，其每月平均支出是 695 元，支出水平的标准差是 193 元。试采用点估计的方法估计该校所有学生每月平均支出水平。

解：按照点估计的方法，可以用 100 名学生的月平均支出额 695 元作为所有学生月平均支出额的估计值。

统计上可以证明，如果样本的抽取是随机的，则样本均值 $\bar{x}$ 是总体均值 μ 的一个无偏估计量；样本比例 p 是总体比例 π 的一个无偏估计量；样本标准差是总体标准差 σ 的一个无偏估计量。

点估计的优点是简单明了，缺点是无法判断点估计的可靠性。但对于由点估计值构造的总体参数的置信区间，则可以给出估计的可靠程度。所以，实际进行抽样估计时一般采用区间估计。

三、总体均值的区间估计

1. 区间估计的基本原理

（1）区间估计

区间估计是在给定置信水平（1-α）的条件下，以点估计值为中心，构建总体参数的一个估计区间（或置信区间）。区间估计不同于点估计，它不回答未知总体参数等于多少的问题，而是回答可以用多大的概率（即置信水平）保证置信区间包含总体参数的问题。置信区间如图 5—2—2 所示。

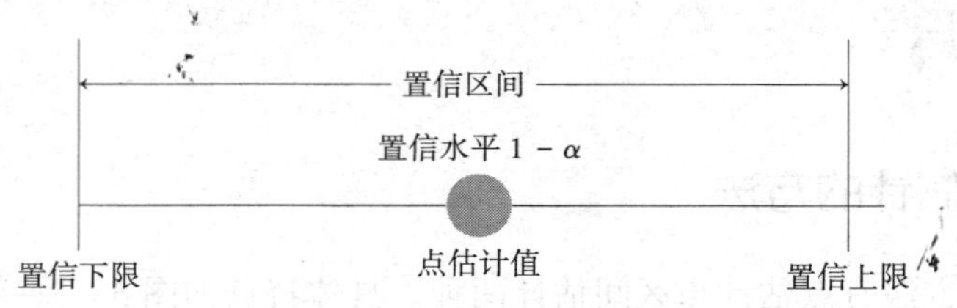

图 5—2—2　置信区间

【例 5—2—2】　某研究小组从全校 1 000 名在校大学生中随机抽取了 100 名，调查其消费支出情况。结果表明，这 100 名学生的月平均支出是 695 元。如果在 95%置信水平下的抽样误差是 43 元，据此推算全校 1 000 名学生的月平均支出水平。

解：采用区间估计的方法估计总体参数需要考虑抽样误差的大小。

已知点估计值是 695 元，抽样误差为 43 元，则总体参数的置信区间为 695±43，即由 100 名学生的月平均支出推算出的全校学生月平均支出水平应在 652～738 元，概率把握程度为 95%。

（2）置信区间

置信区间是指在一定置信水平下总体参数的估计区间，其中，区间的最小值称为置信下限，最大值称为置信上限。在例 5—2—2 中，［652，738］就是由某个随机样本所构建的总体均值的一个置信区间。置信区间可表示为：

点估计值±边际误差

边际误差也称为抽样极限误差或允许误差，是指在抽样估计时，根据所研究对象的变异程度和分析任务的要求确定的可允许的误差范围，它等于样本统计量可允许变动的上限或下限与总体参数之差的绝对值。边际误差的大小由两个因素决定：

一是抽样标准差 $\sigma_{\bar{x}}$。例如，在表 5—1—4 中，重复抽样获得的 16 个可能样本中，所有样本均值与总体均值的平均离差为 0. 625，这就是抽样标准差。抽样标准差的大小主要受三个因素的影响：①总体各单位变量值差异的影响（σ），总体标准差 σ 与抽样

标准差 $\sigma_{\bar{x}}$ 成正比；②样本容量（n）的影响，样本容量 n 与抽样标准差 $\sigma_{\bar{x}}$ 成反比；③抽样方法的影响，重复抽样的抽样标准差$\left(\sigma_{\bar{x}}=\frac{\sigma}{\sqrt{n}}\right)$大于不重复抽样的抽样标准差$\left(\sigma_{\bar{x}}=\frac{\sigma}{\sqrt{n}}\cdot\sqrt{\frac{N-n}{N-1}}\right)$，抽样标准差 $\sigma_{\bar{x}}$ 与边际误差成正比。

二是抽样估计的置信水平 $1-\alpha$。置信水平也称置信系数、置信概率或置信度，用 $1-\alpha$ 表示，是指在给定的置信区间包含未知总体参数的概率。α 是事先确定的一个风险值，即置信区间不包含总体真值的概率，$1-\alpha$ 就是置信区间包含总体真值的概率。在抽样估计中，我们不可能百分之百地确信所确定的估计区间一定包含所要估计的总体参数，但希望知道所确定的估计区间能以多大概率包含总体参数，这就是估计的可靠程度或把握程度。估计的把握程度与准确程度成反比。如果要求的把握程度高，就需要取一个较大的置信水平，从而得到一个较大的边际误差和较宽的置信区间，结果是降低了估计的准确程度；反之，要求的把握程度低，所设的置信水平就小，相应地置信区间变窄，估计的准确程度提高。所以，在样本量一定的情况下，决策者需要在估计的把握程度和准确程度之间进行权衡，指定一个比较合适的置信水平，实践中通常取 90%、95%或 99%。如果要同时保证较大的把握程度和较高的准确程度，只有增加样本量。

某一置信水平的临界值因样本统计量的分布不同而有区别。正态分布的临界值为 $z_{\alpha/2}$，t 分布的临界值为 $t_{\alpha/2}(n-1)$。在给定的置信水平下，$z_{\alpha/2}$ 值可以通过查正态分布分位数表，$t_{\alpha/2}(n-1)$ 值可以通过查 t 分布表求得。置信水平越高，临界值越大，反之越小。

下面以均值为例说明置信区间。由前述样本均值的抽样分布可知，样本均值服从均值为 μ、方差为$\frac{\sigma^2}{n}$的正态分布。样本均值分布在总体均值的周围，也可以求出样本均值 $\bar{x}$ 落在总体均值 μ 两侧任何一个抽样标准差范围内的概率，比如，落在 1 个抽样标准差范围内的概率为 0. 682 7，落在 2 个抽样标准差范围内的概率为 0. 954 5，落在 3 个抽样标准差范围内的概率为 0. 997 3。如图 5—2—3 所示是样本均值落在总体均值左右 1. 96 个抽样标准差范围内的置信区间，置信水平为 0. 95。

但在实际估计时，样本均值 $\bar{x}$ 是已知的，而总体均值 μ 是未知的，是一个待估参数。由于 $\bar{x}$ 和 μ 的距离是对称的，如果某个样本均值 $\bar{x}$ 落在总体均值 μ 的 1. 96 个抽样标准差范围内，反过来，μ 也就被包括在以 $\bar{x}$ 为中心左右 1. 96 个抽样标准差范围内。假设从总体中可以抽取 100 个样本，在由 100 个样本均值所构建的 100 个置信区间中，如果有 95%的置信区间包含总体参数的真值，则有 5%的置信区间不包含总体参数的真值，95%就被称为置信水平，以样本均值为中心左右 1. 96 个抽样标准差的区间被称为总体均值的置信区间，1.96 是置信水平为 95%的正态分布的临界值。

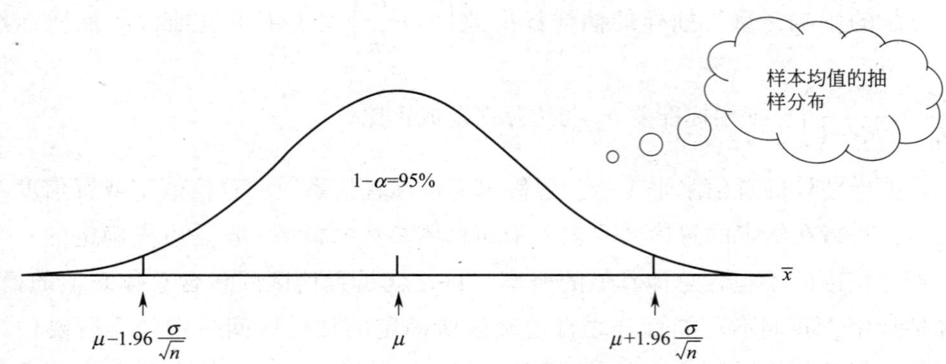

图 5—2—3　均值 95%的置信区间

总体均值的置信区间可表示为：

$$\bar{x}\pm z_{\alpha/2}\cdot\sigma_{\bar{x}} \quad \text{（式 5—2—1）}$$

即

$$\bar{x}-z_{\alpha/2}\cdot\sigma_{\bar{x}}\leqslant\mu\leqslant\bar{x}+z_{\alpha/2}\cdot\sigma_{\bar{x}} \quad \text{（式 5—2—2）}$$

同理，总体比例的置信区间为：

$$p\pm z_{\alpha/2}\cdot\sigma_{p} \quad \text{（式 5—2—3）}$$

即

$$p-z_{\alpha/2}\cdot\sigma_{p}\leqslant\pi\leqslant p+z_{\alpha/2}\cdot\sigma_{p} \quad \text{（式 5—2—4）}$$

2. 在正态总体、总体方差已知、大样本条件下总体均值的置信区间

当总体服从正态分布且 σ^2 已知，或者总体方差 σ^2 未知但为大样本时，样本均值 $\bar{x}$ 的抽样分布均服从正态分布，其均值为 μ，方差为$\frac{\sigma^2}{n}$。

总体均值 μ 的置信区间为：

$$\bar{x}\pm z_{\alpha/2}\cdot\frac{\sigma}{\sqrt{n}} \quad \text{（式 5—2—5）}$$

式中，$z_{\alpha/2}\cdot\frac{\sigma}{\sqrt{n}}$是抽样估计的允许误差，或称边际误差；$\bar{x}-z_{\alpha/2}\cdot\frac{\sigma}{\sqrt{n}}$为置信下限，$\bar{x}+z_{\alpha/2}\cdot\frac{\sigma}{\sqrt{n}}$为置信上限；$z_{\alpha/2}$ 是标准正态分布尾部单侧面积为 $\alpha/2$ 时的 z 值。对于给定的置信水平，与之对应的 $z_{\alpha/2}$ 值可以通过查标准正态分布表获得，或通过 Excel 中的统计函数 NORMSINV 计算。常用的置信水平及与之对应的 $z_{\alpha/2}$ 值见表 5—2—2。

表 5—2—2　　常用的置信水平及与之对应的 $z_{\alpha/2}$ 值

置信水平 $1-\alpha$	α	$z_{\alpha/2}$	区间 $\bar{x}\pm z_{\alpha/2}\cdot\frac{\sigma}{\sqrt{n}}$ 在正态曲线下对应的面积
90%	0.1	1.645	90%
95%	0.05	1.96	95%
99%	0.01	2.58	99%

如果总体标准差 σ 未知，也可用样本标准差 s 代替，公式为：

$$\bar{x}\pm z_{\alpha/2}\cdot\frac{s}{\sqrt{n}} \qquad \text{（式 5—2—6）}$$

若抽样方式为不重复抽样，则需要修正系数$\frac{N-n}{N-1}$对抽样标准差进行修正。在这种情况下，总体均值的置信区间为：

$$\bar{x}\pm z_{\alpha/2}\cdot\frac{\sigma}{\sqrt{n}}\cdot\sqrt{\frac{N-n}{N-1}} \qquad \text{（式 5—2—7）}$$

但是，对于无限总体（即总体所包含的总体单位数是无限的）而言，由于总体单位数 N 为无穷大，所以，修正系数$\frac{N-n}{N-1}$的值等于 1，因此，对于无限总体不必考虑修正问题。

【例 5—2—3】 某调查公司对某市家庭的纯水使用量进行了调查，100 个家庭的样本调查结果是平均每户月用水量为 4.9 桶，标准差为 3.5 桶，若置信水平为 95%，估计该市居民平均每月纯水用量的置信区间。

解：已知 $\bar{x}=4.9$，$s=3.5$，$n=100$。因为是大样本，所以样本均值服从正态分布。置信水平 $1-\alpha=95\%$，查正态分布表或使用 Excel 中的 NORMSINV 统计函数，得 $z_{\alpha/2}=1.96$。总体标准差 σ 未知，用样本标准差 s 代替。

$$\bar{x}\pm z_{\alpha/2}\cdot\frac{s}{\sqrt{n}}=4.9\pm1.96\cdot\frac{3.5}{\sqrt{100}}=4.9\pm0.69$$

则置信区间为：(4.21，5.59)。

即该市居民平均每月纯水用量的置信区间是 4.21~5.59 桶，把握程度为 95%。

【例 5—2—4】 一项调查表明，某校学生的月支出水平服从正态分布，标准差为 50 元。现随机调查了 25 人，发现每人月均支出为 650 元。试根据样本数据估计该校学生月均支出的置信区间，置信水平为 90%。

解：已知 $\bar{x}=650$ 元，$\sigma=50$ 元，$n=25$。因为总体标准差 σ 已知，所以样本均值服从正态分布。置信水平 $1-\alpha=90\%$，查正态分布表或使用 Excel 中的 NORMSINV 统计函数，得 $z_{\alpha/2}=1.65$。

$$\bar{x}\pm z_{\alpha/2}\cdot\frac{\sigma}{\sqrt{n}}=650\pm1.645\cdot\frac{50}{\sqrt{25}}=650\pm16.45$$

则置信区间为：(633.55，666.45)。

即该校学生月均支出90%的置信区间是633.55~666.45元。

3. 在正态总体、总体方差未知、小样本条件下总体均值的置信区间

实际估计中，总体标准差通常是未知的。如果总体标准差未知，而且是小样本的情况下，就需要样本标准差 s 代替总体标准差 σ，这时，样本均值 $\bar{x}$ 服从自由度为 $n-1$ 的 t 分布，置信水平为 $1-\alpha$ 的总体均值的置信区间可表示为：

$$\bar{x}\pm t_{\alpha/2}(n-1)\cdot\frac{s}{\sqrt{n}} \qquad \text{（式 5—2—8）}$$

式中，$t_{\alpha/2}(n-1)$ 代表自由度为 $n-1$ 时 t 分布单侧面积为 $\alpha/2$ 时的 t 值，可以查 t 分布表或通过 Excel 的统计函数 TINV 得到 $t_{\alpha/2}(n-1)$ 值。查 t 分布表时，如果 α 为 0.05，则在 t 分布表上查 $\alpha=0.025$、自由度为 $n-1$ 所交叉对应的 t 值。自由度 $n-1$ 表示在给定容量的随机样本中可以自由取值的变量值 x_i 的个数，简记为 df（degree of freedom）。

t 分布与正态分布有相同的分布中心，只是 t 分布的变异程度略大于正态分布。随着样本容量的增大，t 分布也逐渐趋于正态分布。

【例 5—2—5】 某种袋装食品的标准重量为500克。质检部门从一批产品中随机抽取了16袋，测得其重量（克）如下：

498，505，501，509，500，503，512，505，

499，503，506，497，500，500，507，501。

要求：在99%的置信水平下，估计该批食品重量的置信区间。

解：根据样本数据可得：

$$\bar{x}=\frac{\sum x}{n}=\frac{8\,046}{16}=502.875 \text{（克）}$$

$$s=\sqrt{\frac{\sum(x-\bar{x})^2}{n-1}}=\sqrt{\frac{261.75}{16-1}}=\sqrt{17.45}=4.18 \text{（克）}$$

由于总体标准差 σ 未知，且抽取的是小样本，所以样本服从自由度为 $n-1$ 的 t 分布。通过 Excel 的统计函数 TINV 可得置信水平为99%时的 $t_{\alpha/2}(n-1)=t_{0.01/2}(16-1)=2.95$。

$$\bar{x}\pm t_{\alpha/2}(n-1)\cdot\frac{s}{\sqrt{n}}=502.875\pm2.95\cdot\frac{4.18}{\sqrt{16}}$$

$$=502.875\pm3.08$$

则置信区间为：(499.795，505.955)。

即置信水平为99%时，该批食品重量的置信区间在499.795~505.955克。

综上所述，在建立均值的置信区间时，关键是确定样本的抽样分布及与之相对应的统计量。具体判断方法见表 5—2—3。

表 5—2—3　　不同情况下总体均值的置信区间

总体分布	样本容量	总体 σ	置信区间
正态分布	大样本（$n\geqslant30$）	σ 已知	$\bar{x}\pm z_{\alpha/2}\cdot\frac{\sigma}{\sqrt{n}}$
		σ 未知	$\bar{x}\pm z_{\alpha/2}\cdot\frac{s}{\sqrt{n}}$
	小样本（$n<30$）	σ 已知	$\bar{x}\pm z_{\alpha/2}\cdot\frac{\sigma}{\sqrt{n}}$
		σ 未知	$\bar{x}\pm t_{\alpha/2}(n-1)\cdot\frac{s}{\sqrt{n}}$
非正态分布	大样本（$n\geqslant30$）	σ 已知	$\bar{x}\pm z_{\alpha/2}\cdot\frac{\sigma}{\sqrt{n}}$
		σ 未知	$\bar{x}\pm z_{\alpha/2}\cdot\frac{s}{\sqrt{n}}$

表中未列出非正态分布下小样本的情况，这部分内容本教材不再赘述。

任务实施

一、大样本总体均值的区间估计

利用 40 名学生的手机话费估计全校学生手机话费的置信区间。

1. 数据准备

（1）已知 40 名学生的手机话费和短信话费，见表 5—2—1，新建 Excel 表格，将 40 名学生的手机话费输入 A 列，并按降序排列。

（2）假设区间估计的置信水平为 95%。

2. 利用 Excel 进行区间估计的操作步骤

用 40 名学生的月平均手机话费估计 2 200 名学生月平均手机话费的步骤如图 5—2—4 所示。

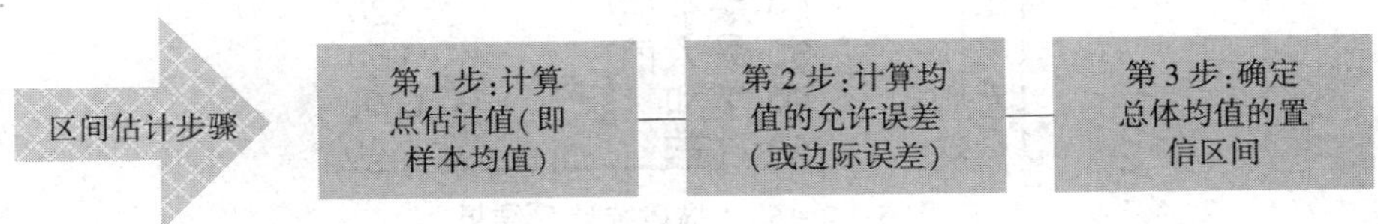

图 5—2—4　手机话费区间估计的步骤

第 1 步：计算点估计值，即 40 名学生的月平均手机话费

①选择“描述统计”工具计算样本均值和样本标准差：“工具”→“数据分析”→“描述统计”→“确定”。

②设置“描述统计”对话框：在“输入区域”输入手机话费数据所在单元格“$A$2：$A$41”，在“输出区域”选定 B2，选中“汇总统计”，如图 5—2—5 所示。

③单击“确定”按钮，得到描述统计结果，如图 5—2—6 所示。

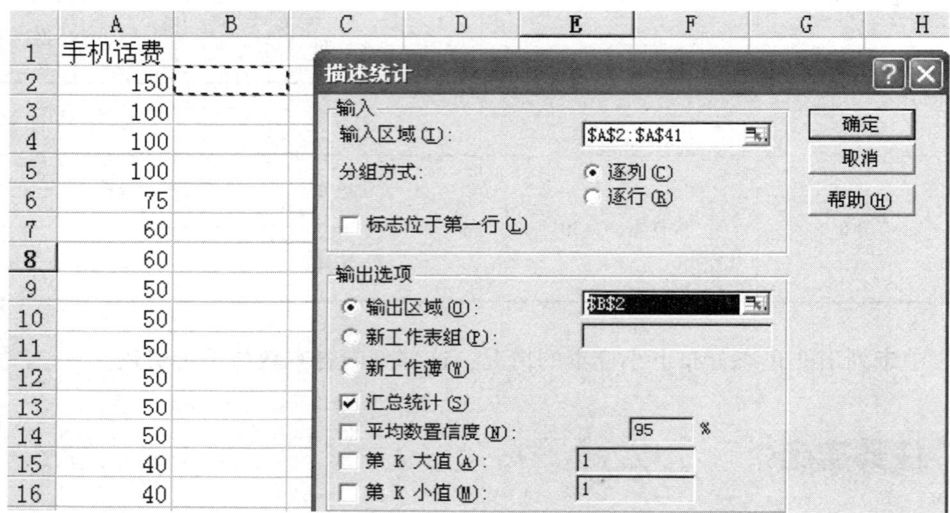

图 5—2—5　设置“描述统计”对话框

	A	B	C
1	手机话费		
2	150	列1	
3	100		
4	100	平均	42.575
5	100	标准误差	4.379715
6	75	中值	30
7	60	模式	30
8	60	标准偏差	27.69975
9	50	样本方差	767.2763
10	50	峰值	5.357367
11	50	偏斜度	2.207151
12	50	区域	130
13	50	最小值	20
14	50	最大值	150
15	40	求和	1703
16	40	计数	40

图 5—2—6　“描述统计”结果

可知：$\bar{x}=\dfrac{\sum x}{n}=42.58$，　$s=\sqrt{\dfrac{\sum(x-\bar{x})^2}{n-1}}=27.7$

第 2 步：计算允许误差或边际误差

方法一： 使用“CONFIDENCE”函数计算边际误差。单击 f_X→“统计”→“CONFIDENCE”→“确定”按钮，如图 5—2—7 所示；在“CONFIDENCE”对话框中，“Alpha”框中输入显著性水平 0.05（置信水平为 95%），在“Sdandard_dev”框中输入样本标准差 27.7，在“Size”框中输入样本容量 40，则对话框下侧显示边际误差 8.58，如图 5—2—8 所示。

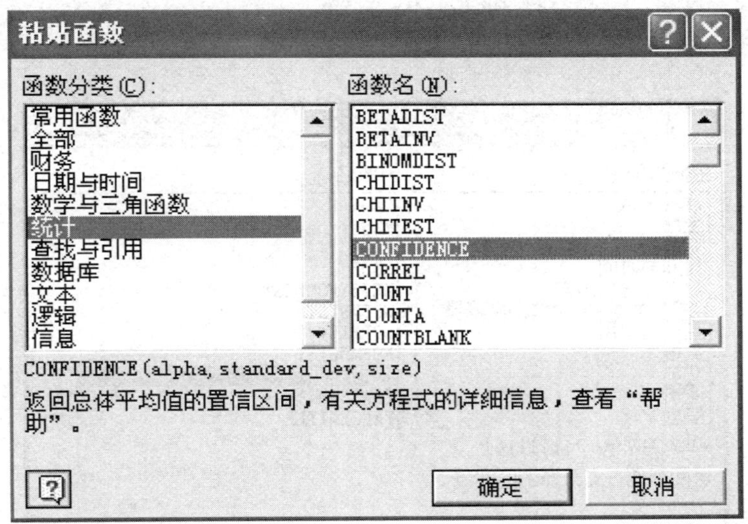

图 5—2—7　选择“CONFIDENCE”函数

CONFIDENCE

Alpha 0.05 = 0.05

Standard_dev 27.7 = 27.7

Size 40 = 40

= 8.584148486

返回总体平均值的置信区间，有关方程式的详细信息，查看“帮助”。

Size 样本容量。

计算结果 = 8.584148486　　确定　　取消

图 5—2—8　设置“CONFIDENCE”对话框

方法二：分步计算边际误差。

①样本均值的抽样标准差可以直接取自“描述统计”结果 $\sigma_{\bar{x}}=4.379\ 715$，也可以用公式计算：$\sigma_{\bar{x}}=\frac{s}{\sqrt{n}}=4.38$

②因为 $n=40$ 属于大样本，可以认为样本服从正态分布。利用 Excel 的“NORMSINV”函数可求出置信水平为 95%时的正态分布的分位数值。$1-\alpha=95\%$，则 $\alpha/2=0.025$，求 $z_{\alpha/2}$ 的操作步骤为：单击 f_X→“统计”→“NORMSINV”→“确定”，如图 5—2—9 所示；在“NORMSINV”对话框的“Probability”框中输入 0.025，得到 −1.959 961 082，如图 5—2—10 所示。

③边际误差 $E=z_{\alpha/2}\cdot\frac{s}{\sqrt{n}}=1.96\times\frac{27.7}{\sqrt{40}}=8.58$

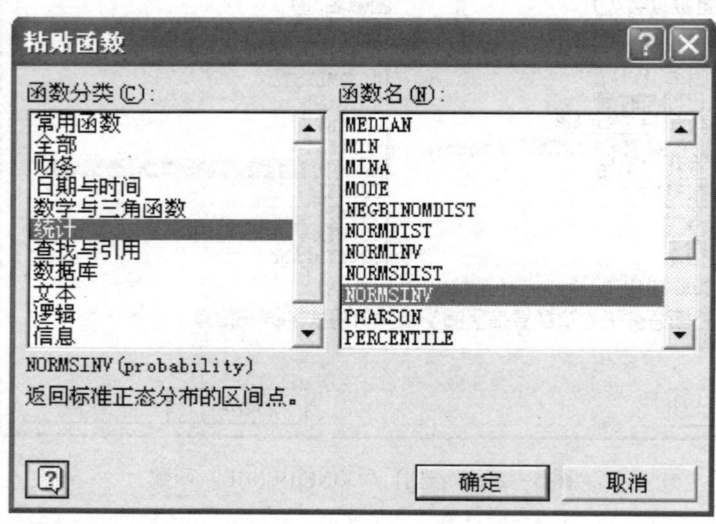

图 5—2—9　选择“NORMSINV”函数

NORMSINV

Probability 0.025 = 0.025

= −1.959961082

返回标准正态分布的区间点。

Probability 正态分布概率，介于 0 与 1 之间，含 0 与 1。

计算结果 = −1.959961082　　确定　　取消

图 5—2—10　设置“NORMSINV”函数对话框

第 3 步：确定总体均值的置信区间

$$\bar{x} \pm z_{\alpha/2} \cdot \frac{s}{\sqrt{n}} = 42.58 \pm 8.58 = (34,\ 51.16)$$

由以上计算可以得知，在置信水平为95%的条件下，由40名学生手机话费估计的该大学经管学院2 200名学生平均每人每月手机话费的置信区间为（34，51.16）元。

二、小样本条件下总体均值的区间估计

利用20名学生的短信话费估计全校学生短信话费的置信区间。

1. 数据准备

（1）在40名学生中随机抽取20名学生，按短信话费排序后的结果见表5—2—4。样本容量小于30，可以认为样本服从自由度为 $n-1$ 的 t 分布。

表5—2—4　　20名学生的短信话费　　单位：元

	A	B	C	D
1	学生编号	短信话费	学生编号	短信话费
2	10	30	20	15
3	9	25	19	15
4	8	21	18	10
5	7	20	17	10
6	6	20	16	10
7	5	20	15	10
8	4	20	14	10
9	3	20	13	10
10	2	16	12	10
11	1	16	11	10

（2）假设区间估计的置信水平为95%。

2. 利用Excel进行区间估计的操作步骤

用20名学生的月平均短信话费估计2 200名学生月平均短信话费的步骤同手机话费的区间估计一样分为三步，如图5—2—4所示。

第 1 步：计算点估计值，即 20 名学生的月平均短信话费

使用“描述统计”工具可得 20 名学生短信话费的平均数及其标准差，如图 5—2—11 所示（步骤见上述手机话费计算过程）。

	A	B	C	D	E	F
1	30	描述统计			区间估计	
2	25				样本平均数 $\bar{x}$	15.9
3	21	平均	15.9		样本标准差 S	5.94
4	20	标准误差	1.329622		抽样标准差 $\sigma_{\bar{x}}$	1.33
5	20	中值	15.5		样本容量 n	20
6	20	模式	10		自由度	19
7	20	标准偏差	5.94625		置信水平	95%
8	20	样本方差	35.35789		$t_{\alpha/2}(n-1)$	2.093025
9	16	峰值	-0.17811		允许误差 E	2.783723
10	16	偏斜度	0.664649		置信区间上限	18.68372
11	15	区域	20		置信区间下限	13.11628
12	15	最小值	10			
13	10	最大值	30			
14	10	求和	318			
15	10	计数	20			

图 5—2—11 “描述统计”结果和区间估计结果

第 2 步：计算允许误差或边际误差

①样本均值的抽样标准差可直接从描述统计中引用标准误差 1.33；若用公式计算，在 F4 单元格中输入公式“=F3/SQRT(20)”，可得 $\sigma_{\bar{x}}=\dfrac{s}{\sqrt{n}}=\dfrac{5.94}{\sqrt{20}}=1.33$。

②使用“TINV”函数计算置信水平为 95%时的 $t_{\alpha/2}(n-1)$ 值，单击 f_X→“统计”→“TINV”→“确定”；在“TINV”对话框的“Probability”框中输入 0.05，在“Deg_freedom”框中输入自由度 19（20−1），单击“确定”按钮，t 值为 2.093 024 705，如图 5—2—12 所示。

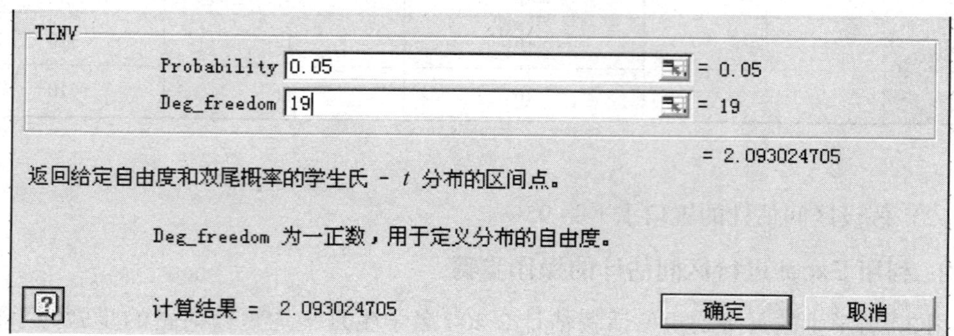

图 5—2—12 设置“TINV”函数对话框

③边际误差：计算公式为：$E=t_{\alpha/2}(n-1)\cdot\frac{s}{\sqrt{n}}=2.093\times\frac{5.94}{\sqrt{20}}=2.093\times1.33=2.78$。单击 F9，输入公式“=F4＊F8”，得边际误差为 2.78，如图 5—2—11 所示。

第 3 步：确定总体均值的置信区间

$\bar{x}\pm z_{\alpha/2}\cdot\frac{s}{\sqrt{n}}=15.9\pm2.78=$（13.12，18.68）

单击 F10，输入公式“=F2+F9”，得估计区间上限 18.68。

单击 F11，输入公式“=F2-F9”，得估计区间下限 13.12，如图 5—2—11 所示。

由上述计算得知：在 95%的置信水平下，该大学经管学院 2 200 名学生平均每月短信话费的置信区间为（13.12，18.68）元。

思考与练习

一、选择题

1. 抽样平均误差是（　　）。

A. 样本统计量的标准差　　B. 总体参数的标准差

C. 样本变量的函数　　D. 总体变量的函数

2. 抽样调查必须遵循的基本原则是（　　）。

A. 准确性原则　　B. 随机性原则　　C. 可靠性原则　　D. 灵活性原则

3. 在简单随机重复抽样条件下，当抽样平均误差缩小为原来的 1/2 时，则样本单位数为原来的（　　）。

A. 2 倍　　B. 3 倍　　C. 4 倍　　D. 1/4 倍

4. 按随机原则直接从总体 N 个单位中抽取 n 个单位作为样本，这种抽样组织形式是（　　）。

A. 简单随机抽样　　B. 类型抽样　　C. 等距抽样　　D. 整群抽样

5. 事先将总体各单位按某一标志排列，然后依排列顺序和按相同的间隔来抽选调查单位的抽样称为（　　）。

A. 简单随机抽样　　B. 类型抽样　　C. 等距抽样　　D. 整群抽样

6. 抽样误差是指（　　）。

A. 在调查过程中因为观察、测量等差错所引起的误差

B. 在调查中违反随机原则而出现的系统误差

C. 随机抽样而产生的代表性误差

D. 人为因素所造成的误差

7. 置信概率表达了区间估计的（　　）。

A. 可靠性　　B. 规范性　　C. 精确性　　D. 显著性

8. 抽样估计中，边际误差决定估计的（　　）。

A. 可靠性　　B. 规范性　　C. 精确性　　D. 显著性

9. 在一定的抽样平均误差条件下（　　）。

A. 扩大极限误差范围，可以提高推断的可靠程度

B. 扩大极限误差范围，会降低推断的可靠程度

C. 缩小极限误差范围，可以提高推断的可靠程度

D. 缩小极限误差范围，不改变推断的可靠程度

10. 反映样本指标与总体指标之间平均误差程度的指标是（　　）。

A. 平均数离差　　B. 概率度　　C. 抽样平均误差　　D. 抽样极限误差

11. 在其他条件不变的情况下，提高估计的概率保证程度，其估计的精确程度（　　）。

A. 随之扩大　　B. 随之缩小　　C. 保持不变　　D. 无法确定

二、思考题

1. 参数估计有哪两种方法？各自的特点是什么？

2. 简述区间估计的基本原理。

3. 总体均值区间估计的步骤是什么？

三、综合应用题

1. 某购物中心为了进一步改善营销策略，对来该中心购物的顾客从出发地到该购物中心的距离进行了调查。随机抽取 500 位顾客进行调查，得到样本的平均值为 5 千米。已知总体服从正态分布，其标准差为 2.3 千米，试求总体均值 95%的置信区间。

2. 某微波炉生产厂家想要了解微波炉进入居民家庭生活的深度。他们从某地区已购买了微波炉的 2 200 户居民中用简单随机抽样方法抽取了 30 户，询问每户一个月中使用微波炉的时间，调查数据见表 5—2—5。

表 5—2—5　每户居民一个月中使用微波炉的时间　　单位：分钟

300	450	900	50	700	400	520	600	340	280
380	800	750	550	20	1 100	440	460	580	650
430	460	450	400	360	370	560	610	710	200

试估计该地区已购买微波炉的居民户平均每户每月使用微波炉的时间。

3. 某制造商欲对新推出的一款产品做满意度调查，请顾客对该产品打分，分值在 0~10。现随机抽取 25 名顾客，得到样本的平均数为 7.8 分，样本标准差为 2.1 分。试求总体均值 90%的置信区间。

4. 某超市从50万笔销售业务记录中简单随机抽取了1万笔业务（一名顾客的一次购买记录为一笔业务）。算得平均一笔业务的交易额是500元，1万笔业务交易额的标准差是300元。试以95%的置信概率为“一人次交易额”作区间估计。

实训

利用模块五任务2实训项目的调查资料，用所调查学生的消费水平推算全校学生的消费水平。

任务3　总体比例的区间估计

知识目标

➢ 了解总体比例的区间估计

能力目标

➢ 熟练掌握总体比例区间估计的步骤

任务引入

模块五任务1中，利用Excel的抽样程序从2 200名学生中随机抽取了40名，得到了40名学生iPad的拥有情况。用这40名学生的iPad拥有率推算该大学经管学院2 200名学生的iPad拥有率。40名学生iPad拥有情况见表5—3—1。

表5—3—1　　某大学经管学院40名学生iPad拥有情况

	A	B	C	D	E	F	G	H
1	学生编号	iPad	学生编号	iPad	学生编号	iPad	学生编号	iPad
2	1	无	11	有	21	无	31	有
3	2	无	12	有	22	无	32	有
4	3	有	13	有	23	无	33	有
5	4	有	14	无	24	无	34	有
6	5	有	15	有	25	无	35	有
7	6	有	16	有	26	无	36	无
8	7	有	17	有	27	有	37	无
9	8	无	18	有	28	有	38	无
10	9	无	19	无	29	有	39	有
11	10	有	20	有	30	无	40	有

任务分析

模块五任务 2 学习了总体均值的区间估计方法，均值的估计是实际中常见的估计。在实际中，有时需要用样本比例对总体比例进行估计。本任务将学习总体比例的区间估计方法。

相关知识

本任务的相关知识只涉及大样本情况下总体比例的估计问题。

一、样本比例的分布

由样本比例的抽样分布可知，当样本容量足够大时，样本比例的抽样分布近似正态分布。对于总体比例的估计，确定样本容量足够大的一般经验是：$n \cdot p \geqslant 5$ 和 $n \cdot (1-p) \geqslant 5$。

满足正态分布的样本比例特征值是：样本比例 p 的均值等于总体比例 π，即 $E(p)=\pi$；样本比例的抽样方差 σ_p^2 等于 $1/n$ 倍的总体方差，即 $\sigma_p^2=\frac{\pi(1-\pi)}{n}$。

二、总体比例的区间估计

与构建总体均值 μ 的置信区间方法相同，总体比例 π 在置信水平为 $1-\alpha$ 时的置信区间为：

$$p \pm z_{\alpha/2} \cdot \sqrt{\frac{\pi(1-\pi)}{n}} \quad \text{（式 5—3—1）}$$

式中，$z_{\alpha/2}$ 代表标准正态分布上侧面积为 $\alpha/2$ 时的 z 值，z 值可通过查标准正态分布表或利用 Excel 统计函数 NORMSINV 计算得到；$z_{\alpha/2} \cdot \sqrt{\frac{\pi(1-\pi)}{n}}$ 为边际误差或允许误差。

若总体比例 π 未知，可用样本比例 p 代替，公式为：

$$p \pm z_{\alpha/2} \cdot \sqrt{\frac{p(1-p)}{n}} \quad \text{（式 5—3—2）}$$

此外，若抽样方式为不重复抽样时，则需要用到修正系数 $\frac{N-n}{N-1}$。在这种情况下，总体比例在 1-α 水平下的置信区间为：

$$p \pm z_{\alpha/2} \cdot \sqrt{\frac{p(1-p)}{n}} \cdot \sqrt{\frac{N-n}{N-1}} \qquad \text{（式 5—3—3）}$$

【例 5—3—1】 某企业在某市通过电视、报纸对企业产品进行广告宣传，在对广告效应的追踪调查中，对 50 人进行了抽样调查，其中 30 人能说出或想起该广告用语。试估计该市居民中能说出或想起该广告用语的人数所占的比例，置信水平为 95%。

解：已知 $p=\frac{30}{50}=0.6=60\%$，$s_p^2=p\cdot(1-p)=0.6\times0.4=0.24$，$n=50$。因为 $n\cdot p=50\times0.6>5$，且 $n\cdot(1-p)=50\times0.4>5$，可以认为样本服从正态分布。置信水平 $1-\alpha=95\%$，查正态分布表或使用 Excel 中的 NORMSINV 统计函数可得 $z_{\alpha/2}=1.96$，比例的总体方差 $\pi\cdot(1-\pi)$ 未知，用样本方差 $p\cdot(1-p)$ 代替。

$$p \pm z_{\alpha/2} \cdot \sqrt{\frac{p\cdot(1-p)}{n}} = 0.6 \pm 1.96 \cdot \sqrt{\frac{0.6\times0.4}{50}} = 0.6 \pm 0.14$$

则置信区间为：(0.46，0.74)。

该市居民中能说出或想起该广告用语的人数比例在 46%~74%，把握程度为 95%。

任务实施

一、总体比例的区间估计

利用 40 名学生的 iPad 拥有率推算全院学生 iPad 拥有率。

二、数据准备

（1）将属性总体的二分变量进行主观赋值，40 名学生中“有”iPad 的为“1”，“无”iPad 的为“0”。

（2）假设区间估计的置信水平为 95%。

三、利用 Excel 进行区间估计的操作步骤

用 40 名学生的 iPad 拥有率估计 2 200 名学生 iPad 拥有率的步骤如图 5—3—1 所示。

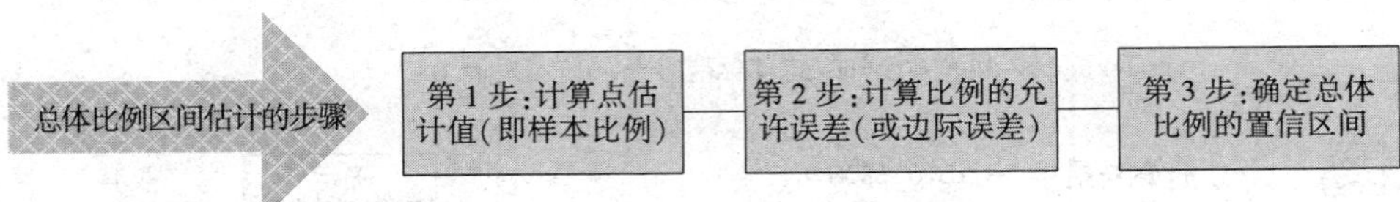

图 5—3—1　总体比例区间估计的步骤

第 1 步：计算样本比例

①使用 Excel 中的“COUNTIF”函数计算拥有 iPad 的人数，$n_1=24$（人）。

单击f_x→“统计”→“COUNTIF”函数→“确定”；在“COUNTIF”对话框的“Rang”框中输入“B2：B41”，在“Criteria”框中输入代表“有”iPad 的“1”，则对话框下方显示了计算结果，有 iPad 的人数为 24，如图 5—3—2 所示。

	A	B
1	学生编号	iPad
2	1	0
3	2	0
4	4	1
5	3	1
6	5	1
7	6	1
8	7	1
9	8	0
10	9	0
11	10	1

COUNTIF
Range B2:B41 = {0;0;1;1;1;1;1;0
Criteria 1 = 1
= 24
计算某个区域中满足给定条件单元格的数目。
Criteria 以数字、表达式、字符串形式给出的，计数单元格必需符合的条件。
计算结果 = 24 确定 取消

图 5—3—2 设置“COUNTIF”函数对话框

② 计算 40 人的 iPad 拥有率，在任一单元格中输入公式“=24/40”，得：

$$p=\frac{n_1}{n}=\frac{24}{40}=60\%$$

第 2 步：计算比例的允许误差或边际误差

方法一：使用“CONFIDENCE”函数计算边际误差 E。单击f_x→“统计”→“CONFIDENCE”→“确定”按钮；在“CONFIDENCE”对话框中，“Alpha”框中输入显著性水平 0.05（置信水平为 95%），“Sdandard_dev”框中输入样本比例的标准差 $\sqrt{p(1-p)}=\sqrt{0.6\times0.4}=0.4899$，“Size”框中输入样本容量 40，则对话框下侧显示边际误差为 0.151 8，如图 5—3—3 所示。

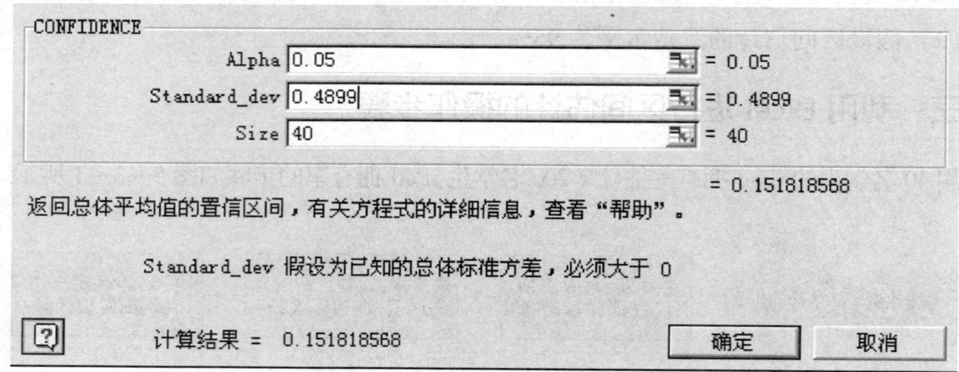

图 5—3—3 设置“CONFIDENCE”对话框

方法二：分步计算边际误差 E。

① 样本比例的抽样标准差：$\sigma_p=\sqrt{\frac{p\cdot(1-p)}{n}}=\sqrt{\frac{0.6\times0.4}{40}}=0.0775$

② 因为 $n\cdot p=40\times0.6=24>5$，$n\cdot p(1-p)=40\times0.4=16>5$，所以抽取的样本属于大样本，可以认为样本服从正态分布。利用 Excel 的 NORMSINV 函数可求出置信水平为 95%时的正态分布的分位数值 $z_{\alpha/2}=1.96$，操作步骤见总体均值的区间估计。

③ 边际误差：$E=z_{\alpha/2}\cdot\sqrt{\frac{p(1-p)}{n}}=1.96\times\sqrt{\frac{0.6\times0.4}{40}}=0.1518$

第 3 步：确定总体比例的置信区间

$$p\pm z_{\alpha/2}\cdot\sqrt{\frac{p(1-p)}{n}}=0.63\pm0.1518$$

置信区间为：(0.448 2，0.751 8)。

在单元格 E7 输入公式“=E3-E6”，得到置信下限为 0.448 2；在单元格 E8 输入公式“=E3+E6”，得到置信上限为 0.751 8，如图 5—3—4 所示。

	A	B	C	D	E
1	学生编号	iPad		样本容量 n	40
2	1	0		iPad 拥有人数 n_1	24
3	2	0		iPad 拥有率 $p=\frac{n_1}{n}$	0.6
4	4	1		显著性水平 α	0.05
5	3	1		$z_{\alpha/2}$ 值	1.96
6	5	1		边际误差 E	0.1518
7	6	1		置信下限 $p-E$	0.4482
8	7	1		置信上限 $p+E$	0.7518

图 5—3—4　总体比例置信区间的计算

由上述计算得知：在 95%的置信水平下，该大学经管学院 2 200 名学生 iPad 拥有率的置信区间为（0.45，0.75），即（45%，75%）。

思考与练习

一、选择题

1. 某广告一周内在电视上播放 6 次，随机调查了 200 个看过该广告的人，其中有 120 人能回想起广告的主要内容，则总体比例 95%的置信区间为（　　）。

A. （53.42%，66.58%）　　B. （53.2%，66.8%）

C. （53.07%，66.93%）　　D. （51.06%，68.94%）

2. 在由 100 个人组成的随机样本中，认为自己成功的比例为 20%，则总体比例的 95%的置信区间为（　　）。

A. 0.20±0.078　　B. 0.20±0.028

C. 0.20±0.048　　D. 0.20±0.058

二、思考题

对于总体比例的区间估计，如何认定样本量足够大？

三、综合应用题

1. 某食品公司想通过市场调查了解消费者对本公司产品的知晓程度。随机抽取了 100 名顾客，有 65 人回答知道该品牌产品。试以 95%的置信水平估计市场上知道该产品人数比例的置信区间。

2. 某城市有非农业居民 210 万户，从中用简单随机抽样方法抽取出了 623 户调查他们进行住宅装修的意向。调查结果表明，其中有 350 户已经装修完毕，近期不再有新的装修意向，有 78 户未装修也不打算装修，其余的有近期装修的意向。试估计该城市非农业居民中打算在近期进行住宅装修的居民户数。

3. 从一批零件中抽取 200 件进行测验，其中合格品为 188 件。

要求：（1）计算该批零件合格率的抽样平均误差。

（2）按 95.45%的可靠程度对该批零件的合格率做出区间估计。

4. 电视台对某档节目的收视率进行了调查，在抽取的 500 名观众中，收看该档节目的观众为 300 人。试以 95.45%的置信度估计该档节目收视率的置信区间。

实训

1. 利用模块五任务 2 实训项目的调查资料，用所调查的学生中城市学生的比例推算全校学生中城市学生的比例。

2. 利用所学知识完成下面的项目：某企业开发出一种新的化妆品，在正式投产前，需要根据市场需求情况制定其价格和销售量等策略。该企业准备委托某市场调查公司在全市 200 万户家庭中抽取 1 000 户家庭作为样本，免费赠送给这 1 000 户家庭试用，然后了解该化妆品的市场前景。请进行抽样设计，并由 1 000 户家庭反馈的市场信息科学地推算出全市 200 万户家庭对该化妆品的购买意愿。

任务 4　必要样本量的确定

知识目标

➢ 掌握必要样本量的确定方法

能力目标

➢ 能够根据已知条件计算必要样本量

任务引入

某高校对一年级 1 000 名新生英语及格率进行调查，已知上届学生英语成绩的及格率为 96%，试确定在 95.45%的置信度下，允许误差不超过 2%时应该抽取多少名新生进行调查。

任务分析

在抽样估计时，若抽取的样本单位数太少，样本会缺乏代表性；若抽取的样本量太大，又会使抽样估计不够经济，增加调查的工作量和调查费用，因此需要确定一个适当的样本容量。样本容量的确定是抽样估计之前的工作，在学习了区间估计之后再学习必要样本容量的计算，可以更容易地理解决定样本容量的因素。前面有关总体均值和总体比例置信区间的建立，都是假设样本是通过简单随机抽样方法抽取出来的，下面有关必要样本容量的计算仍然延续这个假设。

相关知识

一、影响必要样本容量的因素

对于概率抽样，我们需要考虑总体规模、允许误差、总体方差和置信水平以及经费限制等因素对样本容量的影响。

样本容量的大小取决于以下四个因素：

1. 总体标准差 σ。σ 反映了总体内部的差异程度，差异程度的大小与样本容量 n 的大小成正比。

2. 置信水平 $1-\alpha$。置信水平提高，对应的统计量 $z_{\alpha/2}$ 值增大，样本容量 n 也随之增大；反之，样本容量减少。置信水平与样本容量成正比。

3. 允许误差（或边际误差）E。如果要求的估计误差小，则应增加样本容量；反之，则可以适当减少样本容量。允许误差与样本容量成反比。

4. 抽样方法。针对同一个研究对象，有时采用不同的抽样方法可以获得不同的样本容量，但可以得到相同的样本代表效果。比如，分层抽样比简单随机抽样可以用更少的样本容量获得有代表性的样本，重复抽样比不重复抽样需要更多的样本量。

二、简单随机抽样条件下样本容量的确定

1. 均值估计时样本容量的计算

重复抽样：

$$n=\frac{(z_{\alpha/2})^2\cdot\sigma^2}{E^2} \qquad \text{（式 5—4—1）}$$

不重复抽样：

$$n=\frac{N\cdot z_{\alpha/2}^2\cdot\sigma^2}{N\cdot E^2+z_{\alpha/2}^2\cdot\sigma^2} \qquad \text{（式 5—4—2）}$$

式中，E 为边际误差。在实际应用中，若总体标准方差 σ^2 未知，可用样本方差 s^2 代替。

【例 5—4—1】 某超市想了解顾客排队等候结账的时间。假设所有顾客等待结账时间的标准差为 2.1 分钟，要求估计的误差不超过 0.5 分钟，置信水平为 99%，重复抽样应抽取多大的样本量？若当天有 4 800 人光临该超市，不重复抽样应抽取多大的样本量？

解：已知 $\sigma=2.1$，$E=0.5$，由 $1-\alpha=99\%$，得 $z_{\alpha/2}=2.58$，则，

重复抽样需抽取：

$$n=\frac{(z_{\alpha/2})^2\cdot\sigma^2}{E^2}=\frac{(2.58)^2\times(2.1)^2}{(0.5)^2}=117.42\approx117(\text{人})$$

不重复抽样需抽取：

$$n=\frac{N\cdot z_{\alpha/2}^2\cdot\sigma^2}{N\cdot E^2+z_{\alpha/2}^2\cdot\sigma^2}=\frac{4\,800\times(2.58)^2\times(2.1)^2}{4\,800\times(0.5)^2+(2.58)^2\times(2.1)^2}\approx115(\text{人})$$

由上可见，在相同的要求下，不重复抽样比重复抽样所需的样本单位数更少，主要原因在于不重复抽样比重复抽样的误差更小。

2. 比例估计时样本容量的计算

总体比例估计必要样本量的确定方法与总体均值估计时的方法相同，计算公式为：

重复抽样：

$$n=\frac{(z_{\alpha/2})^2\cdot\pi(1-\pi)}{E^2} \qquad (式5—4—3)$$

不重复抽样：

$$n=\frac{N\cdot z_{\alpha/2}^2\cdot\pi(1-\pi)}{N\cdot E^2+z_{\alpha/2}^2\cdot\pi(1-\pi)} \qquad (式5—4—4)$$

在实际应用中，若总体方差 $\pi(1-\pi)$ 未知，可用样本方差 $p(1-p)$ 代替。

【例5—4—2】 根据以往的统计，某商品的合格率为96%。现准备对新进的一批货进行调查，若要求边际误差不超过6%，置信水平为99%，需要抽取多少件商品进行检查？

解：已知 $E=0.06$，由 $1-\alpha=99\%$，得 $z_{\alpha/2}=2.58$，总体方差 $\pi(1-\pi)$ 未知，用样本方差 $p(1-p)=0.9\times0.1$ 代替，则重复抽样需抽取：

$$n=\frac{(z_{\alpha/2})^2\cdot p(1-p)}{E^2}=\frac{(2.58)^2\times0.96\times0.04}{(0.06)^2}=71(件)$$

需要抽取71件商品进行检查。

任务实施

已知：$N=1\ 000$，$\pi=96\%$，$1-\alpha=95.45\%$，则 $z_{\alpha/2}=2$，$E=2\%$。

若重复抽样需抽取：$n=\frac{(z_{\alpha/2})^2\cdot\pi(1-\pi)}{E^2}=\frac{2^2\times0.96\times0.04}{0.02^2}=384(人)$

若不重复抽样需抽取：

$$n=\frac{N\cdot z_{\alpha/2}^2\cdot\pi(1-\pi)}{N\cdot E^2+z_{\alpha/2}^2\cdot\pi(1-\pi)}=\frac{1\ 000\times2^2\times0.96\times0.04}{1\ 000\times0.02^2+2^2\times0.96\times0.04}\approx242(人)$$

思考与练习

一、选择题

1. 抽样估计中，样本容量的多少取决于（　　）。

A. 总体标准差的大小　　B. 允许误差的大小

C. 抽样估计的把握程度　　D. 总体参数的大小

E. 抽样方法和组织形式

2. 某公司人事部门想了解职工每年人均实际花费的医疗费用，根据往年经验，人均医疗费的标准差为400元左右。若在90%的置信水平下将误差控制在60元，需要抽（　　）人进行调查。

A. 120　　B. 171　　C. 178　　D. 245

3. 某企业欲推出一项改革措施，为估计职工中赞成该项改革的人数的比例，要求边际误差不超过0.03，置信水平为90%，应抽取的样本量为（　　）人。

A. 552　　B. 652　　C. 752　　D. 852

二、思考题

确定样本容量需要考虑哪些因素？

三、综合应用题

某超市想估计每个顾客平均每次购物花费的金额。根据过去的经验，购物的平均数为160元，标准差为90。如果要求估计的误差不超过20元，置信水平为95%，应抽取多少顾客进行调查？

实训

1. 在模块五任务2的实训项目中，采用抽样调查方法调查全校学生的消费情况，首先要确定抽取学生的数量。应用本任务的相关知识确定合适的样本量。

2. 将模块五任务2实训项目的完成情况，与模块三、模块四、模块五的有关分析相结合，写一份调查分析报告。

模块六　统计指数

统计指数
模块六知识框图
编制总指数
加权综合指数
加权平均指数
因素影响分析
简单现象两因素分析
复杂现象两因素分析
模块六

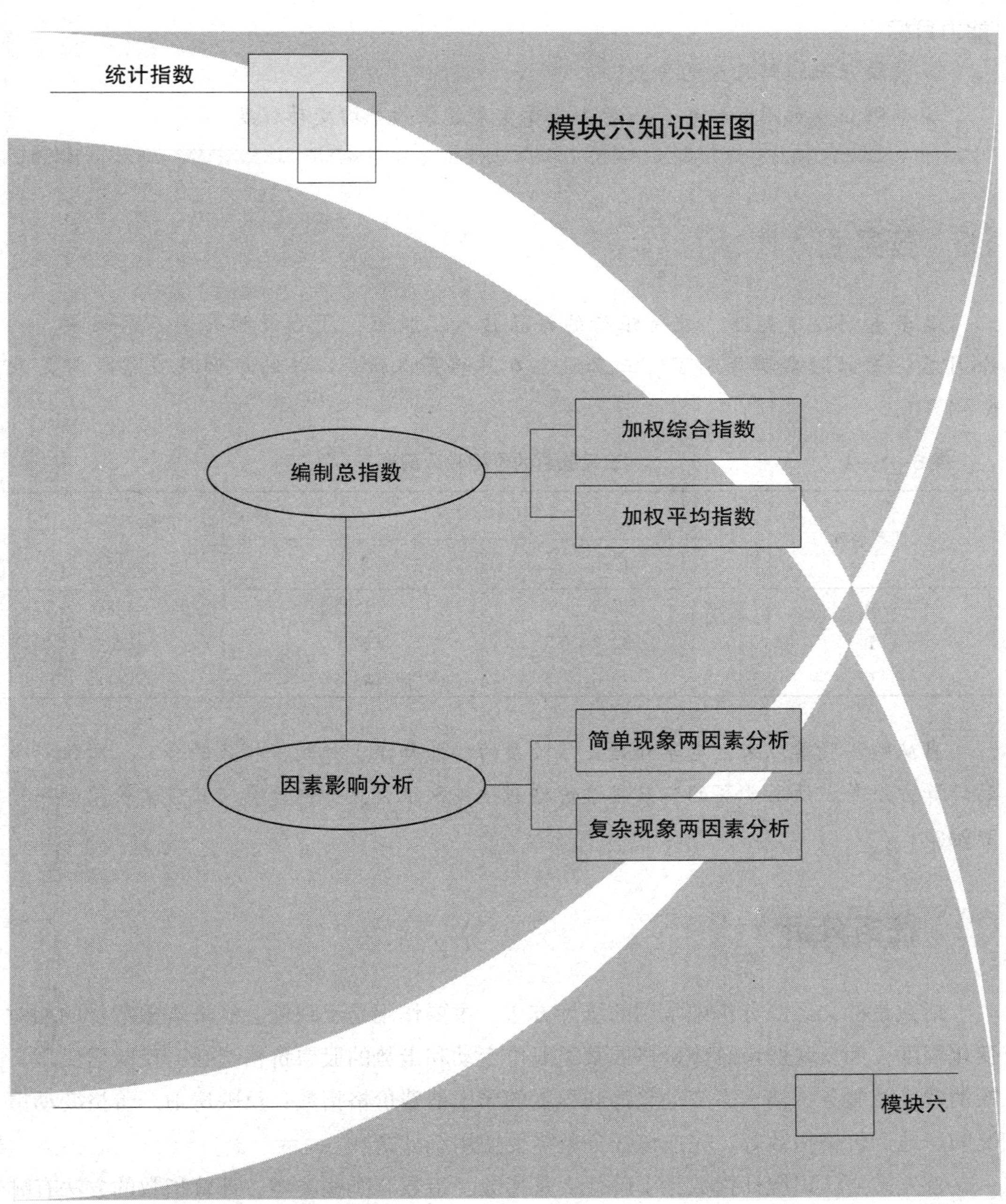

任务 1　编制加权综合指数

知识目标

➢ 了解指数的含义和种类

➢ 掌握加权综合指数的计算方法

能力目标

➢ 能够正确理解指数的含义

➢ 能够正确利用加权综合指数法计算复杂现象的平均变动程度

任务引入

老李看到股市见涨，就将银行的存款转入了股市，于 6 月购买了三只股票。两个月后，三只股票都获利了。三只股票 6 月的买入价、8 月的市价及股票数量见表 6—1—1。

表 6—1—1　　三只股票的价格和购买量

股票名称	股票价格(元)		股票购买量(股)
	6 月	8 月	
A	12.8	15.5	2 000
B	32.2	34.9	1 500
C	23.6	43.6	500

自从购买股票以来，老李开始关注股票的相关知识，如股价指数的含义、股价指数的计算方法等。他所购买的三只股票价格涨幅差别很大，如何计算三只股票价格的平均涨幅？

任务分析

指数是社会经济分析中常用的统计方法，主要作用是反映社会经济现象数量的相对变化程度，如反映股市总体价格或某类股价变动和走势的股票价格指数；反映居民购买的消费品及服务价格水平变动趋势和程度的居民消费价格指数；反映房地产价格变动情况的房地产价格指数等。完成该任务就需要使用统计指数。

首先需要认识统计指数，了解什么是指数、指数有哪些类型、计算指数的方法有哪些等。此外，本任务主要介绍的是计算总指数的方法之一——综合指数法。通过学习了解指数的计算原理和方法，并能够利用选用的指数方法进行计算。

相关知识

一、指数的含义

一般意义上的指数表示一个项目或多个项目从一个时期到另一个时期的数量变动，通常用百分数表示。例如，某地区某月的居民消费价格指数为 103.5%，说明该地区该月居民购买的消费品及服务价格水平总体比上月上涨了 3.5%。

从广义上讲，凡是反映同类现象数量变动的相对数都可以称为指数；从狭义上讲，指数是反映多个项目总体数量变动的相对数。具体来说，广义上的指数包括反映单个项目变动的个体指数和反映多个项目变动的总指数，而狭义上的指数主要是指总指数。

二、指数的种类

指数从不同的角度可以进行不同的分类。

1. 按计算项目的多少，指数可以分为个体指数和总指数。个体指数只反映一个项目的变动；总指数反映两个或两个以上项目的综合变动。

总指数按计算方法不同又可以分为加权综合指数和加权平均指数，加权综合指数和加权平均指数具有不同的计算形式和计算特点，在后面的内容中将主要介绍这两种方法。

2. 按指数计算的内容不同可以分为数量指数和质量指数。数量指数反映的是现象物量的变动，如反映商品销售量变动的销售量指数，反映产品产量变动的产量指数；质量指数反映的是现象内涵数量的变动，如反映商品价格变动的价格指数，反映产品单位成本变动的单位成本指数。

指数的分类如图 6—1—1 所示。

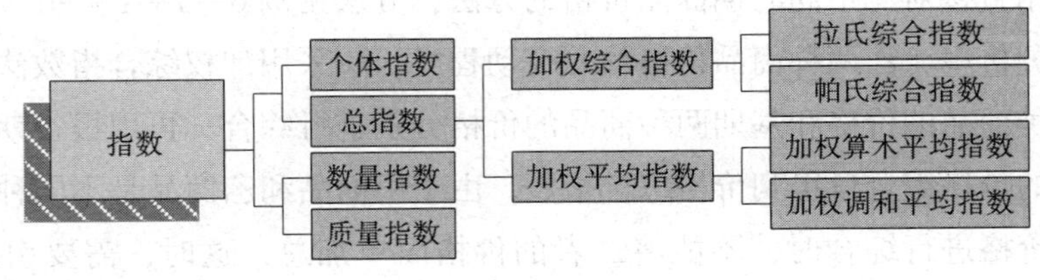

图 6—1—1 指数分类图

三、个体指数

个体指数是反映一个项目变动程度的相对数，如一种商品的价格或物量的相对变动水平。价格或物量个体指数的计算公式为：

$$I_p = \frac{p_1}{p_0} \qquad I_q = \frac{q_1}{q_0} \qquad \text{（式 6—1—1）}$$

式中，I_p 代表个体价格指数，I_q 代表个体物量指数，p 代表物价，q 代表物量，1 代表报告期，0 代表基期。

【例 6—1—1】 表 6—1—2 是某品牌手机专卖店两个年度某款手机的销售量和销售价格资料，试计算该款手机的个体价格指数和个体销售量指数。

表 6—1—2　　手机销售资料

商品	销售量(部)		销售价格(元)	
	2016 年 q_0	2017 年 q_1	2016 年 p_0	2017 年 p_1
手机	8 500	9 200	4 800	4 300

解：手机的个体价格指数　$I_p = \frac{p_1}{p_0} = \frac{4\ 300}{4\ 800} = 89.58\%$

手机的个体销售量指数　$I_q = \frac{q_1}{q_0} = \frac{9\ 200}{8\ 500} = 108.24\%$

计算结果表明，2017 年与 2016 年相比，该款手机的价格下降了 10.42%（100%-89.58%=10.42%），销售量增长了 8.24%（108.24%-100%=8.24%）。

四、加权综合指数

反映多个项目的综合变动程度需要计算总指数。加权综合指数是计算总指数的方法之一，其计算特点是“先综合，后对比”，即通过权数将同一个时期不同项目的变量值进行综合，然后再将两个时期的综合量相除得到各项目的综合变动指数。

1. 价格指数

表 6—1—3 是某商家经销的两种商品的销售资料。对于单一商品价格变动程度分析，可以采用直接对比不同时期商品价格的方法，方法见例 6—1—1。

现在要分析甲、乙两种商品价格的总变动程度，应采用加权综合指数法。首先需要将报告期两种商品的价格和基期两种商品的价格分别进行综合，再用报告期的价格综合量除以基期的价格综合量得到价格综合指数。由于甲商品和乙商品是不同种类的两种商品，在对其价格进行综合时，不能将二者的价格简单加总，这时，需要引进一个媒介（这里引进销售量），将两种商品的价格分别乘以各自的销售量变成销售额，就可以加总了，这个媒介（销售量）使同一时期不同项目的变量值（不同商品的价格）由不能直接加总过渡为可以加总，该媒介称为权数。无论是对基期价格进行综合，还是对报告期价格进行综合，所使用的销售量即权数，必须是同一时期的。

表 6—1—3　　甲、乙商品销售情况

	2016 年	2017 年	同比增长(%)
甲商品销售量(万台)	83.8	326.3	289.38
甲商品销售价格(元)	585	475	-18.80
甲商品销售额(万元)	49 023	154 992.5	216.16
乙商品销售量(万吨)	330.24	361.57	9.49
乙商品销售价格(元)	3 961	2 956	-25.37
乙商品销售额(亿元)	130.81	106.88	-18.00

加权综合价格指数是以商品销售量为权数进行加权计算的，也就是通过不同商品销售量的多少体现不同商品价格变动的相对重要性。其一般形式为：

$$I_p=\frac{\sum p_1q}{\sum p_0q} \quad （式 6—1—2）$$

式中，I_p 是价格指数，p 是价格，q 是商品销售量，1 是报告期，0 是基期，$\sum p_1q$ 是报告期价格的综合量，$\sum p_oq$ 是基期价格的综合量，q 是权数。

理论上，根据权数所属时期的不同，加权综合指数又有拉氏指数（基期权数）与帕氏指数（报告期权数）两种计算形式。$I_p=\frac{\sum p_1q_0}{\sum p_0q_0}$（式 6—1—3）为价格指数的拉氏指数形式，$I_p=\frac{\sum p_1q_1}{\sum p_0q_1}$（式 6—1—4）为价格指数的帕氏指数形式。

（1）拉氏价格指数

拉氏价格指数是 1864 年德国学者 Laspeyres（拉斯贝尔斯）提出的一种价格指数计算方法。其特点是在计算价格指数时，把作为权数的销售量 q 固定在基期。对于价格指数而言，就是在维持基期销售量（q_0）不变的前提下观察价格的变动情况。公式为：

$$I_p=\frac{\sum p_1q_0}{\sum p_0q_0} \quad （式 6—1—3）$$

【例 6—1—2】 利用表 6—1—4 甲、乙两种商品综合变动分析计算表，采用拉氏指数形式计算甲、乙两种商品的价格总指数。

表 6—1—4　　甲、乙商品加权综合指数计算表

	计量单位	价格(元) 2016 年 p_0	价格(元) 2017 年 p_1	销售量 2016 年 q_0	销售量 2017 年 q_1	p_0q_0 (万元)	p_1q_0 (万元)	p_0q_1 (万元)	p_1q_1 (万元)
甲商品	万台	585	475	83.80	326.30	49 023	39 805	190 886	154 993
乙商品	万吨	3 961	2 956	330.24	361.57	1 308 081	976 189	1 432 179	1 068 801
合计	—	—	—	—	—	1 357 104	1 015 994	1 623 064	1 223 793

解：拉氏价格指数 $I_p=\frac{\sum p_1q_0}{\sum p_0q_0}=\frac{1\ 015\ 994}{1\ 357\ 104}=0.748\ 6=74.86\%$

计算结果表明，在维持基期销售量（q_0）的前提下，与 2016 年相比，2017 年甲、乙两种商品的价格总体而言下降了 25.14%（即 100%-74.86%=25.16%）。

拉氏价格指数由于以基期物量为权数，可以消除权数自身变动对指数的影响，从而使不同时期的价格具有可比性。

（2）帕氏价格指数

帕氏价格指数是 1874 年德国学者 Peasche（帕舍）所提出的一种价格指数计算方法，其特点是在计算价格指数时，把作为权数的销售量 q 固定在报告期。对于价格指数而言，就是在报告期销售量（q_1）的水平上观察价格的变动情况。公式为：

$$I_p=\frac{\sum p_1q_1}{\sum p_0q_1} \quad （式 6—1—4）$$

【例 6—1—3】 利用表 6—1—4 甲、乙两种商品综合变动分析计算表，采用帕氏指数形式计算甲、乙两种商品的价格总指数。

解： 帕氏价格指数 $I_p=\frac{\sum p_1q_1}{\sum p_0q_1}=\frac{1\ 223\ 793}{1\ 623\ 064}=0.754\ 0=75.40\%$

计算结果表明，在报告期销售量（q_1）的水平上，与 2016 年相比，2017 年甲、乙两种商品的价格总体而言下降了 24.60%（即 100%-75.40%=24.60%）。

由以上计算与分析可以看出，采用不同时期权数进行计算所得结果是有一定差别的。帕氏价格指数由于以报告期物量为权数，未能消除销售量自身变动（即 $q_1=q_0+\Delta q$ 中的 Δq）对指数的影响，从而使不同时期的价格不具有可比性。但从实际应用角度看，人们更关心在报告期销售量条件下，价格变动对实际生活的影响，所以，通常采用帕氏价格指数计算不同商品价格的综合变动程度。由此，可以总结出采用加权综合指数法计算总指数时确定权数的一般原则：计算质量指数（如价格指数）时，一般将作为权数的数量指标（如销售量）固定在报告期。

2. 物量指数

采用加权综合指数法计算物量指数的原理与价格指数相同。

加权综合物量指数是以商品价格为权数进行加权计算的，也就是通过不同商品价格的高低，体现不同商品物量变动的相对重要性。其一般形式如下：

$$I_q=\frac{\sum pq_1}{\sum pq_0} \quad （式 6—1—5）$$

式中，I_q 是物量指数，其他符号含义同上。

同样的道理，在物量指数中，商品价格作为权数对于商品物量变动具有权衡轻重的作用，通过价格体现不同商品物量变动的相对重要性。

根据权数 p 所属时期不同，综合物量指数也可分为拉氏物量指数（基期加权）和帕氏物量指数（报告期加权）两种计算形式。

（1）拉氏物量指数

拉氏物量指数的特点是在计算物量指数时，把作为权数的价格 p 固定在基期，即在维持基期价格水平（p_0）不变的前提下观察物量的变动情况。公式为：

$$I_q=\frac{\sum p_0q_1}{\sum p_0q_0} \qquad \text{（式 6—1—6）}$$

【例 6—1—4】 利用表 6—1—4 资料，采用拉氏指数形式计算甲、乙两种商品的销售量总指数。

解：　拉氏加权综合物量指数 $I_q=\frac{\sum p_oq_1}{\sum p_0q_0}=\frac{1\ 623\ 064}{1\ 357\ 104}=1.196\ 0=119.60\%$

计算结果表明，在维持基期价格水平（p_0）不变的前提下，与 2016 年相比，2017 年甲、乙两种商品的销售量总体而言增长了 19.6%（即 119.6%-100%=19.6%）。

拉氏物量指数以基期价格为权数，可以消除价格自身变动对指数的影响，从而使不同时期的销售量具有可比性。

（2）帕氏物量指数

帕氏物量指数的特点是，在计算物量指数时，把作为权数的价格 p 固定在报告期，即在报告期价格水平（p_1）上观察销售量的变动情况。公式为：

$$I_q=\frac{\sum p_1q_1}{\sum p_1q_0} \qquad \text{（式 6—1—7）}$$

【例 6—1—5】 利用表 6—1—4 资料，采用帕氏指数形式计算甲、乙两种商品的销售量总指数。

解：　帕氏加权综合物量指数 $I_q=\frac{\sum p_1q_1}{\sum p_1q_0}=\frac{1\ 223\ 793}{1\ 015\ 994}=1.204\ 5=120.45\%$

计算结果表明，在报告期价格水平（p_1）上，与 2016 年相比，2017 年甲、乙两种商品的销售量平均而言增长了 20.45%（即 120.45%-100%=20.45%）。

由以上计算与分析可以看出，帕氏物量指数由于以报告期价格为权数，未能消除价格自身变动（即 $p_1=p_0+\Delta p$ 中的 Δp）对指数的影响，这种做法并不符合计算物量指数的目的，所以，帕氏物量指数在实际中应用较少，而拉氏物量指数在实际中得到较为广泛的应用。由此，可以总结出采用加权综合指数法计算总指数时确定权数的一般原则：计算数量指数（如销售量指数）时，一般将作为权数的质量指标（如价格）固定在基期。

任务实施

一、股价指数概念及其计算方法

1. 股价指数概念

股价指数即股票价格指数，是由证券交易所或金融服务机构编制，表明股票价格平均变动情况的指标。世界上几种著名的股票价格指数是美国的道·琼斯股票指数、纳斯达克指数、标准·普尔股票价格指数，英国的《金融时报》股票价格指数，日本的日经指数等。我国的股票价格指数主要有上证综合指数、深证综合指数、中证指数等。

上证综合指数全称“上海证券交易所综合股价指数”，是国内外普遍采用的反映上海股市总体走势的统计指标。上证综合指数由上海证券交易所编制，以上海证券交易所挂牌上市的全部股票为计算范围，以发行量为权数的加权综合股价指数。该指数于1991年7月15日公开发布，基日定为1990年12月19日，以“点”为单位，基日指数定为100点。

深证综合指数是深圳证券交易所编制的，以深圳证券交易所挂牌上市的全部股票为计算范围，以发行量为权数的加权综合股价指数。该指数以1991年4月3日为基日，基日指数定为100点。

中证指数由2005年9月23日成立的中证指数有限公司编制，中证指数有限公司由上海证券交易所和深圳证券交易所共同出资成立，是一家从事指数编制、运营和服务的专业性公司，编制有中证规模指数、中证行业指数、中证主题指数等系列指数。

2. 股价指数的计算方法

股价指数与股价平均数不同。股价平均数反映某一时期股票价格的一般水平，通常以算术平均数表示。股价指数是反映不同时点上股价变动情况的相对指标，是将第一时期的股价平均数作为另一时期股价平均数基准的百分数。通过股价指数，可以了解计算期的股价比基准股价上升或下降的百分比。

股价指数的计算方法有相对法、综合法、加权法三种。

（1）方法一：相对法

相对法又称平均法，就是先计算各样本股票指数（即样本股的个体股价指数$\frac{p_1}{p_0}$），再对样本股价指数计算简单算术平均数。其计算公式为：

$$股价指数=\frac{\sum_{i=1}^{n}\frac{p_1}{p_0}}{n}$$

例如，有三种股票，报告期收盘价分别是 16 元、23 元和 30 元，基期收盘价分别是 15 元、21 元和 27 元。则这三种股票的股价指数为：

$$股价指数=\frac{\frac{16}{15}+\frac{23}{21}+\frac{30}{27}}{3}=1.0910=109.1\%$$

即报告期的股价比基期平均上升了 9.1%。

（2）方法二：综合法

综合法是先将样本股票的基期和报告期价格分别加总，然后相除求出股票指数。即：

$$股价指数=\frac{\sum_{i=1}^{n}p_{i1}}{\sum_{i=1}^{n}p_{i0}}$$

以上述三种股票的股价为例：

$$股价指数=\frac{16+23+30}{15+21+27}=1.0952=109.52\%$$

即报告期的股价比基期上升了 9.52%。

（3）方法三：加权法

平均法和综合法计算的股价指数，都未考虑样本股的发行量或交易量对整个股市股价的影响，因此，计算出来的指数亦不够准确。为使股价指数计算精确，需要加入权数，这个权数可以是交易量，也可以是发行量。

加权股价指数是通过对样本股票的价格进行加权平均来计算的。权数可以是成交股数，也可以是股票发行量。按时间划分，权数可以是基期权数，也可以是报告期权数。以基期成交量（或发行量）为权数的指数称为拉氏股价指数，以报告期成交量（或发行量）为权数的指数称为帕氏股价指数。拉氏股价指数偏重基期成交量（或发行量），而帕氏股价指数则偏重报告期的成交量（或发行量）。

目前世界上大多数股票价格指数都采用帕氏综合股价指数。

我国上证综合指数与深证综合指数都是以报告期发行量为权数编制的帕氏加权综合股价指数。上证指数的计算公式为：

$$上证指数=\frac{\sum p_1q_1}{\sum p_0q_1}\times100$$

式中，p_0 是基期市价，p_1 是报告期市价，q_1 是报告期股票发行量，$\sum p_1q_1$ 是报告期样本股的市价总值，$\sum p_0q_1$ 是基期样本股的市价总值。

仍以上述三种股票为例，若三种股票报告期的发行量分别是 723 955 万、2 167 561 万、33 302 万，则加权综合股价指数为：

$$股价指数=\frac{\sum p_1q_1}{\sum p_0q_1}=\frac{16\times723\ 955+23\times2\ 167\ 561+30\times33\ 302}{15\times723\ 955+21\times2\ 167\ 561+27\times33\ 302}=1.090\ 1=109.01\%$$

即报告期的股价比基期上升了 9.01%。

二、计算三只股票的价格指数

1. 个体价格指数的 Excel 实现

（1）在 Excel 工作表格中输入三只股票的价格数据，如图 6—1—2 中 B 列和 C 列所示。

	A	B	C	D
1	股票名称	股票价格（元）		个体价格指数%
2		6月 p_0	8月 p_1	p_1/p_0
3	A	12.8	15.5	121.09%
4	B	32.2	34.9	108.39%
5	C	23.6	43.6	184.75%

图 6—1—2　个体价格指数计算

（2）计算个体价格指数。在 D3 单元格输入公式“=C3/B3”，单击计算栏中的 ✓ 按钮，得到 A 股票的价格指数 121.09%；按住 D3 单元格的填充柄拖至 D5 单元格，得到 B 股票和 C 股票的价格指数 108.39% 和 184.75%，如图 6—1—2 中 D 列所示。

计算结果表明，老李购买的三只股票的价格都上涨了，涨幅最高的是 C 股票，上涨了 84.75%，A 股票和 C 股票的价格也分别上涨了 21.09% 和 8.39%。

2. 加权综合股价指数的 Excel 实现

如上所述，计算股价指数通常采用以成交量或发行量为权数的帕氏综合指数形式。这里以三只股票的购买量为权数，采用帕氏加权综合指数法计算三只股票的综合价格指数。

（1）在 Excel 工作表格中输入三只股票的价格、购买量数据，如图 6—1—3 中 B 列、C 列、D 列所示。

（2）计算综合价格指数

对基期价格进行综合：单击 E3 单元格，输入公式“=B3 * D3”，单击计算栏中的 ✓ 按钮，得到 A 股票的基期市值 25 600 元；按住 E3 单元格的填充柄拖至 E5 单元格，

	A	B	C	D	E	F	G
1	股票名称	股票价格（元）		购买量（股）	p_0q_1	p_1q_1	$\frac{\sum p_1q_1}{\sum p_0q_1}$
2		6月 p_0	8月 p_1	q_1			
3	A	12.8	15.5	2000	25600	31000	
4	B	32.2	34.9	1500	48300	52350	
5	C	23.6	43.6	500	11800	21800	
6	合计	—	—	—	85700	105150	1.226954

图 6—1—3 综合价格指数计算

得到 B 股票和 C 股票的基期市值 48 300 元和 11 800 元；单击 E6 单元格，再单击自动求和按钮 Σ，则 E3 至 E5 单元格被光标选中，单击计算栏中的✓按钮，得到三只股票的基期市值总额 85 700 元，如图 6—1—3 中 E 列所示。

对报告期价格进行综合：方法与对基期价格的综合方法相同，如图 6—1—3 中 F 列所示，A、B、C 三只股票的报告期市值分别为 31 000 元、52 350 元和 21 800 元，三只股票的报告期市值总额为 105 150 元。

计算三只股票的价格综合指数。单击 G6 单元格，输入公式“=F6/E6”，单击计算栏中的✓按钮，得到价格综合指数为 122.7%。

计算结果表明，对于涨幅不同的三只股票，以股票的购买量作为权数计算的三种股票的价格平均上涨了 22.7%。

思考与练习

一、选择题

1. 指数根据所包括的项目多少不同，可以分为（　　）。

A. 个体指数和总指数　　B. 综合指数和平均指数

C. 数量指数和质量指数　　D. 动态指数和静态指数

2. 设 p 表示商品的价格，q 表示商品的销售量，$\sum p_1q_1/\sum p_0q_1$ 说明了（　　）。

A. 在报告期销售量条件下，价格综合变动的程度

B. 在基期销售量条件下，价格综合变动的程度

C. 在报告期价格水平下，销售量综合变动的程度

D. 在基期价格水平下，销售量综合变动的程度

3. 总指数的两种计算形式是（　　）。

A. 拉氏指数和帕氏指数　　B. 综合指数和平均指数

C. 数量指数和质量指数　　D. 价格指数和物量指数

4. 下列指数中属于帕氏指数的是（　　）。

A. $\frac{\sum p_0 q_1}{\sum p_0 q_0}$　　B. $\frac{\sum p_1 q_1}{\sum p_1 q_0}$　　C. $\frac{\sum p_1 q_0}{\sum p_0 q_0}$　　D. $\frac{\sum p_1 q_1}{\sum p_0 q_1}$

5. 上证指数是（　　）。

A. 数量指数　　B. 质量指数　　C. 总指数　　D. 个体指数

二、思考题

1. 怎样理解指数的含义？指数有什么作用？

2. 什么是拉氏指数和帕氏指数？

3. 实际经济活动分析中，除了股票价格指数外还有什么指数采用综合指数法计算？

三、综合应用题

1. 现有两只股票的基期与报告期收盘价格与发行数量资料，见表 6—1—5。

表 6—1—5　　发行数量与收盘价格资料

股票名称	发行数量(万股)		收盘价格(元)	
	基期	报告期	基期	报告期
A	9 000	13 000	7	20
B	15 000	20 000	5	9

要求：分别编制拉氏股价综合指数和帕氏股价综合指数。

2. 某公司经销的两种商品基期与报告期的价格与销量资料，见表 6—1—6。

表 6—1—6　　销售量与价格资料

商品名称	销售量(台)		价格(元)	
	基期	报告期	基期	报告期
甲	1 000	3 000	100	80
乙	2 000	1 500	5	10

要求：编制拉氏物量综合指数。

任务 2　编制加权平均指数

知识目标

➢ 了解加权综合指数与加权平均指数的区别

➢ 掌握加权平均指数的计算方法

能力目标

➢ 能够正确理解和应用加权平均指数法

任务引入

居民消费价格指数（简称 CPI），不仅是政府关注的重要经济指标，近年来也成为百姓关注的热点。表 6—2—1 是某市城市抽样调查队抽样调查的结果，表中八大类居民消费品的价格指数是 2017 年该类消费品的价格水平与上年同期对比的结果；权数是各类消费品金额占消费总额的比重，八大类权数之和等于 100%。计算该市居民消费价格总指数，应采用什么方法？怎样计算？

表 6—2—1　　某市 2017 年八大类居民消费品价格指数　　单位:%

	权数	指数
1. 食品烟酒	33. 2	103. 3
2. 服饰	2. 3	101. 4
3. 居住	12. 5	101. 5
4. 生活用品及服务	9. 4	100. 4
5. 交通和通信	7. 8	98. 4
6. 教育文化和娱乐	10. 4	102. 1
7. 医疗保健	14. 9	104. 7
8. 其他用品和服务	9. 5	102. 8

任务分析

模块六任务 1 学习了计算总指数的第一种方法——加权综合指数法，而完成该任务则需要使用计算总指数的另外一种方法，即加权平均指数法。加权综合指数法和加权平均指数法是计算总指数的两种方法，在应用条件和计算形式上均有所不同，本任务的相关知识会介绍两者的不同，并通过相关知识和任务的完成学习加权平均指数法的计算和应用。

相关知识

一、加权综合指数法和加权平均指数法的区别

加权综合指数法和加权平均指数法的区别主要表现在以下几个方面。

1. 计算条件不同

运用加权综合指数法要求掌握计算对象的全面资料，即每一种商品的价格和物量的数据，有多少种商品就需要多少价格和物量的对应数据，当需要计算的商品种

类较多时，收集数据以及数据计算的工作量都比较大。而加权平均指数法既可以根据全面资料计算，也可以根据非全面资料计算，尤其在难以获得全面资料的情况下，更显示出加权平均指数在计算上的灵活性。例如，运用加权平均指数法在分析市场价格变动时，由于商品种类繁多，可以用一种商品代表一组商品，然后用该组商品的总值作为权数进行加权平均，这样就不必收集所有商品的价格与物量数据，节省了时间和工作量，只要所选的代表商品恰当，计算结果仍能较为准确地反映价格水平的变动。有时，新商品不断出现，老商品会被淘汰，期望获得报告期与基期所有商品价格与物量的对应数据是很难实现的，这时反映价格总水平的变动只能采用加权平均指数法。

2. 权数不同

加权综合指数法所使用的权数是某一时期的物量或价格的实际值。加权平均指数法使用的权数是某一时期的价值总量，如果研究对象按价值指标计算的内部构成相对稳定的话，加权平均指数的权数也可以采用比重形式。

3. 计算程序不同

加权综合指数法是先借助于权数对报告期和基期的物量或价格进行综合，然后用报告期的综合量除以基期的综合量。加权平均指数法是先计算各个体指数（或类指数），然后以各个体指数（或类指数）所对应的价值总量为权数加权平均。

4. 计算结果

如果使用全面资料，加权平均指数法和加权综合指数法的计算结果是一样的，而且两种方法都是既可以分析报告期对基期的相对量变动，也可以分析报告期对基期的绝对量变动。如果使用非全面资料采用平均指数法计算，则只能分析相对量变动，而不能分析绝对量变动。

二、加权平均指数

加权平均指数是计算总指数的另一种方法。加权平均指数法的计算特点是“先对比，后平均”，即先计算各变量的个体指数，再以基期或报告期的价值总量为权数对个体指数进行加权平均，从而得到综合变动指数。

1. 价格指数

采用加权平均指数法计算价格指数是以商品销售额为权数对个体价格指数进行加权平均。权数既可以是基期价值总量，也可以是报告期价值总量。

仍以某商家经销的甲、乙两种商品资料为例，说明加权平均指数法的计算。表6—2—2是甲、乙两种商品加权平均价格指数计算表。

表 6—2—2 甲、乙两种商品加权平均价格指数计算表

	价格(元)			p_0q_0 (万元)	$\frac{p_1}{p_0}\cdot p_0q_0$	p_1q_1 (万元)	$\frac{1}{p_1/p_0}\cdot p_1q_1$
	2016 年 p_0	2017 年 p_1	$\frac{p_1}{p_0}$(%)				
甲商品	585	475	81.20	49 023	39 807	154 993	190 874
乙商品	3 961	2 956	74.63	1 308 081	976 221	1 068 801	1 432 086
合计	—	—	—	1 357 104	1 016 028	1 223 793	1 622 960

（1）以基期总量为权数的价格总指数

以基期总量为权数计算的指数采用的是加权算术平均数的计算形式，因此，也称为加权算术平均指数。计算公式为：

$$I_p=\frac{\sum\frac{p_1}{p_0}\cdot p_0q_0}{\sum p_0q_0} \qquad (式 6—2—1)$$

式中，I_p 代表加权平均价格总指数，$\frac{p_1}{p_0}$代表个体指数（或类指数），p_0q_0 代表某种商品（或某类商品）的基期总金额。

【例 6—2—1】 根据表 6—2—2 资料，以基期销售额（p_0q_0）为权数，对个体价格指数（$\frac{p_1}{p_0}$）进行加权平均，求价格总指数。

解：
$$I_p=\frac{\sum\frac{p_1}{p_0}\cdot p_0q_0}{\sum p_0q_0}=\frac{1\ 016\ 028}{1\ 357\ 104}=0.7487=74.87\%$$

计算结果表明，2017 年与 2016 年相比，甲、乙两种商品的价格平均下降了 25.13%（即 100%-74.87%=25.13%）。

（2）以报告期总量为权数的价格指数

以报告期总量为权数计算的指数采用的是加权调和平均数的计算形式，因此，也称为加权调和平均指数。计算公式为：

$$I_p=\frac{\sum p_1q_1}{\sum\frac{1}{p_1/p_0}p_1q_1} \qquad (式 6—2—2)$$

式中，I_p 是加权平均价格总指数，$\frac{p_1}{p_0}$是个体指数（或类指数），p_1q_1 是某种商品（或某类商品）的报告期总金额。

【例 6—2—2】 根据表 6—2—2 资料，以报告期销售额（p_1q_1）为权数，对个体价格指数（$\frac{p_1}{p_0}$）进行加权平均，求价格总指数。

解：
$$I_p=\frac{\sum p_1q_1}{\sum \frac{1}{p_1/p_0}p_1q_1}=\frac{1\ 223\ 793}{1\ 622\ 960}=0.754\ 1=75.41\%$$

计算结果表明，2017 年与 2016 年相比，甲、乙两种商品的价格平均下降了 24.59%（即 100%-75.41%=24.59%）。

将式 6—2—1 和式 6—2—2 加以推导，可以得到价格指数的加权综合指数公式：

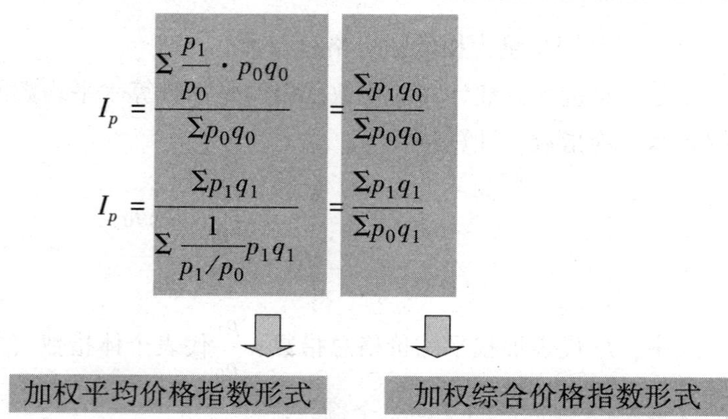

$$I_p=\frac{\sum \frac{p_1}{p_0}\cdot p_0q_0}{\sum p_0q_0}=\frac{\sum p_1q_0}{\sum p_0q_0}$$

$$I_p=\frac{\sum p_1q_1}{\sum \frac{1}{p_1/p_0}p_1q_1}=\frac{\sum p_1q_1}{\sum p_0q_1}$$

加权平均价格指数形式　　加权综合价格指数形式

尽管计算加权平均指数既可以采用基期权数（p_0q_0），也可以采用报告期权数（p_1q_1），但从指数的实际意义和效果来看，报告期总量（p_1q_1）加权多用于计算质量指数（如价格指数 $I_p=\frac{\sum p_1q_1}{\sum \frac{1}{p_1/p_0}p_1q_1}$）。这与加权综合指数确定权数的原则是一致的，即计算质量指数（如价格指数 $I_p=\frac{\sum p_1q_1}{\sum p_0q_1}$），通常把权数确定在报告期（$q_1$）。

2. 物量指数

加权平均物量指数是以商品销售额为权数对个体物量指数进行加权平均，与计算价格指数一样，权数既可以是基期价值总量，也可以是报告期价值总量。

仍以某商家经销的甲、乙两种商品销售资料为例，表 6—2—3 是甲、乙两种商品加权平均物量指数计算表。

表 6—2—3　　甲、乙两种商品加权平均物量指数计算表

	计量单位	销售量			p_0q_0（万元）	$\frac{q_1}{q_0}\cdot p_0q_0$	p_1q_1（万元）	$\frac{1}{q_1/q_0}\cdot p_1q_1$
		2016 年 q_0	2017 年 q_1	$\frac{q_1}{q_0}$(%)				
甲商品	万台	83.80	326.30	389.38	49 023	190 886	154 993	39 802
乙商品	万吨	330.24	361.57	109.49	1 308 081	1 432 218	1 068 801	976 136
合计	—	—	—	—	1 357 104	1 623 104	1 223 793	1 015 938

（1）基期总量权数的物量指数

以基期总量为权数计算的物量指数仍采用加权算术平均指数的形式。计算公式为：

$$I_q=\frac{\sum\frac{q_1}{q_0}\cdot p_0q_0}{\sum p_0q_0} \qquad \text{（式 6—2—3）}$$

【例 6—2—3】 根据表 6—2—3 资料，以基期销售额（p_0q_0）为权数，对个体物量指数（$\frac{q_1}{q_0}$）进行加权平均，求销售量总指数。

解：

$$I_q=\frac{\sum\frac{q_1}{q_0}\cdot p_0q_0}{\sum p_0q_0}=\frac{1\ 623\ 104}{1\ 357\ 104}=1.196\ 0=119.6\%$$

计算结果表明，2017 年与 2016 年相比，甲、乙两种商品的销售量平均增长了 19.6%（119.6%-100%=19.6%）。

（2）报告期总量权数的物量指数

以报告期总量为权数计算的物量指数仍采用加权调和平均指数的形式。计算公式为：

$$I_q=\frac{\sum p_1q_1}{\sum\frac{1}{q_1/q_0}p_1q_1} \qquad \text{（式 6—2—4）}$$

【例 6—2—4】 根据表 6—2—3 资料，以报告期销售额（p_1q_1）为权数，对个体物量指数（$\frac{q_1}{q_0}$）进行加权平均，求销售量总指数。

解：

$$I_p=\frac{\sum p_1q_1}{\sum\frac{1}{q_1/q_0}p_1q_1}=\frac{1\ 223\ 793}{1\ 015\ 938}=1.204\ 6=120.46\%$$

计算结果表明，2017 年与 2016 年相比，甲、乙两种商品的销售量平均增长了 20.46%（120.46%-100%=20.46%）。

将式 6—2—3 和式 6—2—4 加以推导，可以得到加权综合物量指数公式：

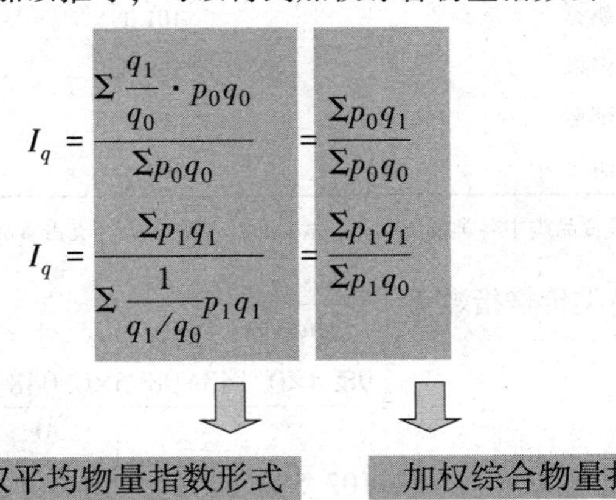

尽管计算加权平均指数既可以采用基期权数（p_0q_0），也可以采用报告期权数（p_1q_1），但从指数的实际意义和效果来看，基期总量（p_0q_0）加权多用于计算数量指数（如物量指数 $I_q=\frac{\sum\frac{q_1}{q_0}\cdot p_0q_0}{\sum p_0q_0}$）。这与加权综合指数确定权数的原则是一致的，即计算数量指数（如物量指数 $I_q=\frac{\sum p_0q_1}{\sum p_0q_0}$）通常把权数确定在基期（$p_o$）。

3. 固定权数的加权平均指数

实际工作中，加权平均指数中的权数经常采用比重的形式，并在一定时期内固定下来，连续使用一段时间，这就是固定权数的加权平均指数。其公式为：

$$I_p=\frac{\sum k\cdot w}{\sum w} \quad (式 6—2—5)$$

式中，k 是个体指数或各类的类指数，w 是比重权数（%）。

我国居民消费价格指数就是采用固定权数的加权算术平均指数计算的。

【例 6—2—5】 某市 2017 年 12 月居民食品烟酒类消费品中各类消费品价格与去年同期对比的价格指数及权数资料见表 6—2—4，试计算食品烟酒类价格总指数。

表 6—2—4　　某市 2017 年 12 月居民食品烟酒类分类价格指数　　单位:%

	价格指数 k	权数 w
食品烟酒类		100.0
其中:粮食	98.4	14.2
食用油	98.5	4.8
鲜菜	106.9	11.6
畜肉类	101.2	21.9
水产品	106.0	6.7
蛋类	96.2	3.5
奶类	101.1	8.2
鲜果	108.6	15.9
烟草	99.2	6.9
酒类	100.7	5.8

注：表中 k 是食品类中各类的类指数，w 是食品类中各类开支占食品开支总额的比重（%）。

解：食品类价格指数 $I_p=\frac{\sum k\cdot w}{\sum w}$

$$=\frac{98.4\times0.143+98.5\times0.048+\cdots+100.7\times0.058}{100}$$

$$=102.5\%$$

链接

居民消费价格指数（Consumer Price Index），英文缩写为 CPI。我国从 1951 年开始编制 CPI，那时叫作“职工生活费用价格指数”，1994 年更名为“居民消费价格指数”。我国目前编制居民消费价格指数的商品和服务项目，按用途划分为食品烟酒、衣着、居住、生活用品及服务、交通和通信、教育文化和娱乐、医疗保健、其他用品和服务八个大类、262 个基本分类，涉及成千上万种具体规格品。CPI 指数权重的确定主要是根据居民家庭用于各种商品或服务的开支在所有消费商品或服务总开支中所占的比重来计算的，权数资料来源于城市住户调查统计中的居民人均消费性支出数据。我国 CPI 权重每年都会做一些小调整，每五年做一次大调整。

任务实施

一、根据任务选定计算方法

已知八大类居民消费品的指数和各类指数的权数，由于这里的权数是比重权数，所以计算该市居民消费价格总指数适合采用固定权数的加权平均指数形式。即：

$$I_p=\frac{\sum k\cdot w}{\sum w}=\frac{0.332\times 103.3+0.023\times 101.4+\cdots+0.095\times 102.8}{1}=102.41\%$$

二、加权平均指数的 Excel 实现

（1）将各类指数及其权数输入 Excel 表格，如图 6—2—1 中 B 列、C 列所示。

（2）单击 D3 单元格，输入公式“=B3 * C3”，得到食品类指数与其权数的乘积 34.30；按住 D3 单元格的填充柄拖至 D10 单元格，得到其他类指数与其权数的乘积；单击 D2 单元格，单击自动求和按钮 Σ，选中 D3 至 D10 单元格，单击计算栏上的 ✓ 按钮，得到 102.41，即 2017 年该市居民消费价格总指数为 102.41%，如图 6—2—1 所示。

	A	B	C	D
1		权数	指数%	
2	居民消费价格总指数	1		102.41
3	1. 食品烟酒	0.332	103.3	34.30
4	2. 衣着	0.023	101.4	2.33
5	3. 居住	0.125	101.5	12.69
6	4. 生活用品及服务	0.094	100.4	9.44
7	5. 交通和通信	0.078	98.4	7.68
8	6. 教育文化和娱乐	0.104	102.1	10.62
9	7. 医疗保健	0.149	104.7	15.60
10	8. 其他用品和服务	0.095	102.8	9.77

图 6—2—1 某市居民消费价格总指数计算

思考与练习

一、选择题

1. 编制综合指数时对资料的要求是必须掌握（　　）。

A. 总体的全面调查资料　　B. 总体的非全面调查资料

C. 代表产品的资料　　D. 权数的资料

2. 加权平均指数平均的对象是（　　）。

A. 数量指数　　B. 质量指数

C. 个体指数　　D. 价值总量

3. 某地区 2017 年 9 月居民消费价格指数同比增长 5.1%，说明（　　）的增长。

A. 社会零售商品价格　　B. 居民购买的生活消费品价格

C. 居民购买的服务项目价格　　D. 居民购买的生活消费品和服务项目价格

二、思考题

1. 加权综合指数和加权平均指数有哪些区别？

2. 除居民消费价格指数外，实际中还有什么指数采用加权平均指数法计算？

三、综合应用题

1. 某公司生产的 A、B 两种产品的产量及产值资料见表 6—2—5。

表 6—2—5　　A、B 两种产品产量及产值资料

产品	总产值(万元)		产量的环比发展速度(%)
	基期	报告期	
A	400	580	110
B	600	760	100

试计算这两种产品的产量总指数。

2. 某公司生产甲、乙、丙三种产品的成本资料见表 6—2—6。

表 6—2—6　　甲、乙、丙三种产品的成本资料

产品名称	总生产成本(万元)		2017 年比 2016 年单位成本增减(%)
	2016 年	2017 年	
甲	3 600	3 750	16
乙	220	360	14
丙	400	600	10

试计算这三种产品的生产成本总指数。

任务3 影响因素分析

知识目标

- 了解指数分析
- 了解因素分析

能力目标

- 能够利用指数体系进行影响因素的分析

任务引入

某商场代理某品牌微波炉的销售。在2017年8月促销活动中通过降低价格扩大销售量，使得8月销售额比7月增长了19.03%。商场经理想了解，在微波炉销售额的增长中，价格和销售量的影响份额分别是多少？销售资料见表6—3—1。

表6—3—1 某商场微波炉销售资料

微波炉型号	销售量(台)		价格(元)	
	7月	8月	7月	8月
A	120	146	780	650
B	150	240	1 250	999
C	90	122	1 800	1 580

任务分析

在任务1和任务2中，介绍了单个指数（如物量指数或价格指数）的编制方法。但是，在对现实经济变量进行数量变动分析时，很多时候不仅需要编制独立的物量指数或价格指数，还需要根据现实生活中各变量之间的经济关系建立指数体系，然后利用指数体系从数量上测算各经济变量之间的关系，分析各影响因素对被影响因素的影响程度，这种分析就是指数因素分析法。通过本任务，我们将学习什么是指数体系以及怎样利用指数体系进行因素分析。

相关知识

一、指数体系

指数体系是指若干个具有内在经济联系、存在数量对等关系的指数构成的整体。各指数之间的数量对等关系来源于经济指标之间的联系。如：

商品销售额=商品销售量×商品单价

产品总成本=产量×产品单位成本

对等式两边的三个变量计算指数后，则指数之间也存在上述对等的关系。即：

商品销售额指数=商品销售量指数×商品单价指数

产品总成本指数=产量指数×产品单位成本指数

用公式表示的指数体系为（以销售额指数体系为例）：

$$\frac{\sum p_1q_1}{\sum p_0q_0} = \frac{\sum p_0q_1}{\sum p_0q_0} \times \frac{\sum p_1q_1}{\sum p_0q_1}$$

↑ 销售额指数　　↑ 销售量指数 ↓（拉氏物量指数形式）　　↑ 单价指数 ↓（帕氏价格指数形式）

在指数体系中，数量指数（如销售量指数）通常采用拉氏指数的形式，而质量指数（如单价指数）通常采用帕氏指数的形式。

指数体系的作用主要有两个方面：一是用于指数之间的推算，如已知销售额指数和销售价格指数，可以推算出销售量指数；二是用于影响因素的分析，如利用指数体系可以从绝对量和相对量两个方面分析销售量和价格对销售额的影响。

二、因素分析

很显然，在上述等式中销售额是一个被影响因素，销售量和价格是两个影响因素。如果报告期的销售额与基期相比有所变化（增加或者减少），应是销售量和价格两个因素变动共同作用的结果。因素分析就是分析一个变量的两个或两个以上影响因素对该变量影响的绝对量和相对量的方法。

因素分析中各指数的计算采用的是加权综合指数的方法。

因素分析的结果表现为，从相对量上，因素指数的乘积等于总变动指数；从绝对量上，各因素的变动差额之和等于总变动差额。

因素分析的类型，从包含的因素多少上分为两因素分析和多因素分析；从包含的项目多少上分为简单现象因素分析和复杂现象因素分析；从被影响因素所属指标类型上分为总量指标因素分析（包括两因素和多因素）和平均指标两因素分析。

三、简单现象两因素分析

对于简单现象因素分析，利用个体指数体系。

1. 总量指标指数体系可表示为：

$$\frac{p_1q_1}{p_0q_0}=\frac{p_1}{p_0}\times\frac{q_1}{q_0} \quad （式 6—3—1）$$

2. 其绝对数量的变动可表示为：

$$p_1q_1-p_0q_0=(p_1-p_0)\cdot q_1+(q_1-q_0)\cdot p_0 \quad （式 6—3—2）$$

【例 6—3—1】 现以表 6—1—4 中甲商品为例说明简单现象两因素分析的过程。甲商品销售额的变化受到其销售量和价格两个因素的影响，试分析甲商品销售量和价格对甲商品销售额的影响。

解：①甲商品销售额指数 $=\frac{p_1q_1}{p_0q_0}=\frac{475\times326.3}{585\times83.8}=\frac{154\ 992.5}{49023}=3.161\ 6=316.16\%$

甲商品销售额变动的绝对量 $=p_1q_1-p_0q_0=154\ 992.5-49\ 023=105\ 969.5$（万元）

② 甲商品价格变动指数 $=\frac{p_1}{p_0}=\frac{475}{585}=0.812=81.2\%$

甲商品价格下降使销售额减少 $=(p_1-p_0)\cdot q_1$

$=(475-585)\times326.3=-35\ 893$（万元）

③ 甲商品销售量变动指数 $=\frac{q_1}{q_0}=\frac{326.3}{83.8}=3.893\ 8=389.38\%$

甲商品销售量增加使销售额增加 $=(q_1-q_0)\cdot p_0$

$=(326.3-83.8)\times585=141\ 862$（万元）

计算结果表明：

从相对量上看，甲商品销售额 2017 年比 2016 年增长了 216.16%，其中，由于销售量增长使销售额增长 289.38%，由于价格下降使销售额减少 18.8%。

从绝对量上看，甲商品销售额 2017 年比 2016 年增加了 105 969.5 万元，其中，由于销售量增长使销售额增加 141 862 万元，由于价格下降使销售额减少 35 893 万元。

用等式表示为：

相对量上：316.16% = 81.2%×389.38%

绝对量上：105 969.5(万元) = −35 893(万元) + 141 862(万元)

四、复杂现象两因素分析

对于复杂现象因素分析，利用综合指数体系。

1. 总量指标指数体系可表示为：

$$\frac{\sum p_1q_1}{\sum p_0q_0}=\frac{\sum p_1q_1}{\sum p_0q_1}\times\frac{\sum p_0q_1}{\sum p_0q_0} \qquad （式 6—3—3）$$

2. 其绝对数量的变动可表示为：

$$\sum p_1q_1-\sum p_0q_0=(\sum p_1q_1-\sum p_0q_1)+(\sum p_0q_1-\sum p_0q_0) \qquad （式 6—3—4）$$

【例 6—3—2】 仍以表 6—1—3 中甲、乙两种商品的销售数据为例说明复杂现象两因素分析过程。利用表 6—1—4 甲、乙两种商品综合指数计算表，分析在两种商品销售额的总变动中，销售量和价格这两个因素影响的绝对量和相对量分别是多少。

解：①销售额总指数 $=\frac{\sum p_1q_1}{\sum p_0q_0}=\frac{1\ 223\ 793}{1\ 357\ 104}=0.901\ 8=90.18\%$

销售额变动的绝对量 $=\sum p_1q_1-\sum p_0q_0$

$=1\ 223\ 793-1\ 357\ 104=-133\ 311$（万元）

② 价格变动指数 $=\frac{\sum p_1q_1}{\sum p_0q_1}=\frac{1\ 223\ 793}{1\ 623\ 064}=0.7\ 540=75.40\%$

两种商品价格下降使销售额减少 $=\sum p_1q_1-\sum p_0q_1$

$=1\ 223\ 793-1\ 623\ 064=-399\ 271$（万元）

③ 销售量变动指数 $=\frac{\sum p_0q_1}{\sum p_0q_0}=\frac{1\ 623\ 064}{1\ 357\ 104}=1.19\ 598\approx119.6\%$

两种商品销售量增长使销售额增加 $=\sum p_0q_1-\sum p_0q_0$

$=1\ 623\ 064-1\ 357\ 104=265\ 960$（万元）

计算结果表明：

从相对量上看，甲、乙两种商品的销售总额 2017 年比 2016 年下降了 9.82%（100%-90.18%），其中，由于两种商品价格的下降使销售额下降了 24.6%（100%-75.4%），由于两种商品销售量的增长使销售额增长了 19.6%（119.6%-100%）。

从绝对量上看，甲、乙两种商品的销售总额 2017 年比 2016 年减少了 133 311 万元，其中，由于两种商品价格的下降使销售额减少了 399 271 万元，由于两种商品销售量的增长使销售额增加了 265 960 万元。

用等式表示为：

相对量上：90.18%=75.4%×119.6%

绝对量上：-133 311(万元)= -399 271(万元) + 265 960(万元)

五、多因素分析

有些变量往往受到不止两个因素的影响，如果一个总量指标可以表示为三个或三个以上因素指标的连乘积时，就可以利用指数法对该总量指标进行多因素影响分析。如原材料支出额可以分解为以下三个影响因素：产量、单位产品原材料消耗量和单位原材料价格，三者之间的关系是：原材料支出额=产量×单位产品原材料消耗量×单位原材料价格，构成的指数体系是：

原材料支出额指数=产量指数×单位产品原材料消耗量指数×单位原材料价格指数。

$$\frac{\sum q_1m_1p_1}{\sum q_0m_0p_0}=\frac{\sum q_1m_0p_0}{\sum q_0m_0p_0}\times\frac{\sum q_1m_1p_0}{\sum q_1m_0p_0}\times\frac{\sum q_1m_1p_1}{\sum q_1m_1p_0} \quad \text{（式 6—3—5）}$$

多因素分析的原理与两因素分析是一样的，主要的区别就是多因素需要进行前后顺序排列，可以是数量指标在前、质量指标在后，也可以是质量指标在前，数量指标在后，相邻指标之间的乘积具有经济意义。如式 6—3—5 中，产量是数量指标，单位产品原材料消耗量和单位原材料价格是质量指标，产量与单位产品原材料消耗量的乘积是原材料消耗量，单位产品原材料消耗量与单位原材料价格的乘积是单位产品原材料消耗额。

六、平均指标两因素分析

现实经济分析中，有时需要对总平均指标的变动进行因素分析。平均指标因素分析的原理与步骤和总量指标因素分析相同，区别是平均指标指数体系中的指数是两个平均数对比的结果，而总量指标指数体系中的指数是两个总量对比的结果。例如，企业报告年度总平均工资（$\bar{x}_1=\frac{\sum x_1f_1}{\sum f_1}$）与基期年度总平均工资（$\bar{x}_0=\frac{\sum x_0f_0}{\sum f_0}$）对比，影响总平均工资变动的因素可以分解为两个，一是对企业内部人员按工资水平分组后的各组工资水平（x），二是不同工资水平组别的人数占总人数的比重（$\frac{f}{\sum f}$）。可建立如下指数体系：

$$\frac{\sum x_1f_1}{\sum f_1}\div\frac{\sum x_0f_0}{\sum f_0}=\left[\frac{\sum x_1f_1}{\sum f_1}\div\frac{\sum x_0f_1}{\sum f_1}\right]\times\left[\frac{\sum x_0f_1}{\sum f_1}\div\frac{\sum x_0f_0}{\sum f_0}\right] \quad \text{（式 6—3—6）}$$

可变构成指数 = 固定构成指数 × 结构影响指数

任务实施

一、微波炉销售额增长的因素分析

根据表 6—3—1 提供的数据计算个体指数得表 6—3—2，从中得知，三种型号的微波炉在 8 月普遍降价，降价幅度最高的是型号 B，达到 20.08%（100%-79.92%）；降价带来了销售量的增长，三种型号的销售量均有不同程度的增长，增长幅度最高的是型号 B，达到 60%（160%-100%）。

表 6—3—2　　某商场微波炉销售资料

微波炉型号	销售量（台）			价格（元）		
	7 月	8 月	指数（%）	7 月	8 月	指数（%）
A	120	146	121.67	780	650	83.33
B	150	240	160.00	1 250	999	79.92
C	90	122	135.56	1 800	1 580	87.78

从总体上了解三种型号微波炉的变动则需要计算综合指数。要了解三种型号微波炉价格和销售量综合变动对微波炉销售总额的影响，需要利用综合指数体系，并从相对量和绝对量两个方面进行。数据计算通过 Excel 来实现，如图 6—3—1 所示。

1. 从相对量上看

微波炉销售额指数=销售价格指数×销售量指数

即：$$\frac{\sum p_1q_1}{\sum p_0q_0}=\frac{\sum p_1q_1}{\sum p_0q_1}\times\frac{\sum p_0q_1}{\sum p_0q_0} \Rightarrow \frac{527\ 420}{443\ 100}=\frac{527\ 420}{633\ 480}\times\frac{633\ 480}{443\ 100}$$

得：119.03%=82.36% × 142.97%

计算结果表明：三种型号微波炉的销售总额 8 月比 7 月增长了 19.03%，这是价格下降和销售量增长共同作用的结果，其中，由于价格下降使销售额减少了 17.64%，但销售量的增加使销售额增长了 42.97%，实现了薄利多销。

2. 从绝对量上看

$$\sum p_1q_1-\sum p_0q_0=(\sum p_1q_1-\sum p_0q_1)+(\sum p_0q_1-\sum p_0q_0)$$

$$527\ 420-443\ 100=(527\ 420-633\ 480)+(633\ 480-443\ 100)$$

即：84 320=（-106 060）+190 380

计算结果表明：三种型号微波炉销售总额 8 月比 7 月增加了 84 320 元，其中，由于销售量增长使销售额增加了 190 380 元，由于价格下降使销售额减少了 106 060 元。

二、销售额影响因素分析的 Excel 实现

在 Excel 中进行总指数的运算均需要单元格操作，有关单元格操作的问题，在前面的模块中已作过讲解，在此不再多述，这里只举例说明。例如，在图 6—3—1 中，单击 F3 单元格，输入公式“=B3 * D3”，单击“Enter”键或✓按钮确认，即得到“93 600”；单击 B8 单元格，输入公式“= G6/F6”，单击“确认”，就得到 1. 190 3，即销售额指数 119. 03%。

尽管指数计算没有现成的函数可以使用，但使用 Excel 操作可以大大节省时间且确保计算准确。

	A	B	C	D	E	F	G	H
1	微波炉型号	销售量（台）		价格（元）		p_0q_0	p_1q_1	p_0q_1
2		7月 q_0	8月 q_1	7月 p_0	8月 p_1			
3	A	120	146	780	650	93 600	94900	113 880
4	B	150	240	1 250	999	187 500	239 760	300 000
5	C	90	122	1 800	1 580	162 000	192 760	219 600
6	合计	—	—	—	—	443 100	527 420	633 480
7								
8	销售额指数	1.190 3		销售额变动绝对额				84 320
9	销售量指数	1.4297		销售量增加使销售额增加的绝对量				190 380
10	价格指数	0.8326		价格下降使销售额减少的绝对量				106 060

图 6—3—1 销售额因素分析计算

思考与练习

一、选择题

1. 某公司职工工资水平本年比上年提高了 5%，职工人数增加了 2%，则工资总额增加了（ ）。

A. 7%　　B. 7. 1%　　C. 10%　　D. 11%

2. 某公司今年与去年相比，产品销售价格平均下降 6%，产品销售量平均增长 6%，则产品零售额（ ）。

A. 保持不变　　B. 平均下降 0. 36%

C. 平均下降 0%　　D. 平均下降 0. 996 4%

3. 某地区居民以同样多的人民币，今年比去年少购买 5%的商品，则该地的物价

（　　）。

A. 上涨了 5%　　B. 下降了 5%　　C. 上涨了 5.3%　　D. 下降了 5.3%

4. 下列总量指标指数体系中较常用的是（　　）。

A. $\frac{\sum p_1q_1}{\sum p_0q_0}=\frac{\sum p_1q_1}{\sum p_1q_0}\times\frac{\sum p_1q_0}{\sum p_0q_0}$　　B. $\frac{\sum p_1q_1}{\sum p_0q_0}=\frac{\sum p_1q_1}{\sum p_0q_0}\times\frac{\sum p_0q_0}{\sum p_0q_0}$

C. $\frac{\sum p_1q_1}{\sum p_0q_0}=\frac{\sum p_1q_1}{\sum p_0q_1}\times\frac{\sum p_0q_1}{\sum p_0q_0}$　　D. $\frac{\sum p_1q_1}{\sum p_0q_0}=\frac{\sum p_0q_0}{\sum p_0q_0}\times\frac{\sum p_1q_1}{\sum p_0q_0}$

5. 在因素分析中，各影响因素指数的（　　）等于被影响指数。

A. 和　　B. 商　　C. 积　　D. 差

二、思考题

1. 什么是指数体系？建立指数体系有什么作用？

2. 什么是因素分析？怎样表现因素分析的结果？

三、综合应用题

1. 某公司的商品销售数据见表 6—3—3。

表 6—3—3　　某公司商品销售数据

商品名称	计量单位	销售量		销售价格(元)	
		基期	报告期	基期	报告期
甲	千克	1 000	1 200	50	60
乙	米	2 000	1 800	10	11
丙	升	700	700	60	55
丁	件	500	750	32	30

试对该公司商品销售额的影响因素进行分析。

2. 某公司 2017 年和 2016 年职工人数及年工资水平资料见表 6—3—4。

表 6—3—4　　某公司职工人数及年工资水平资料

	职工人数(人)		平均工资(万元)	
	2016 年	2017 年	2016 年	2017 年
部门经理	16	10	2.0	2.4
一般职员	100	150	1.2	1.4

试对该公司工资总额的变动进行因素分析。

3. 我国 2010—2016 年现行价格国内生产总值（GDP）和居民消费价格指数数据见表 6—3—5，试根据表中数据，利用所学的指数原理计算各年度的名义经济增长率和实际经济增长率。

表 6—3—5　　国内生产总值和居民消费价格指数数据

年份	国内生产总值(亿元)	居民消费价格指数(%)
2011	489 301	105.4
2012	540 367	102.6
2013	595 244	102.6
2014	643 974	102.0
2015	685 506	101.4
2016	744 127	102.0
2017	827 122	101.6

模块七　相关与回归分析

相关与回归分析
模块七知识框图
相关分析
相关关系的含义
相关关系的种类
相关关系的判断方法
回归分析
一元回归
多元回归
回归分析解决的问题
一元线性回归方程
拟合优度与显著性检验
一元线性回归预测
模块七

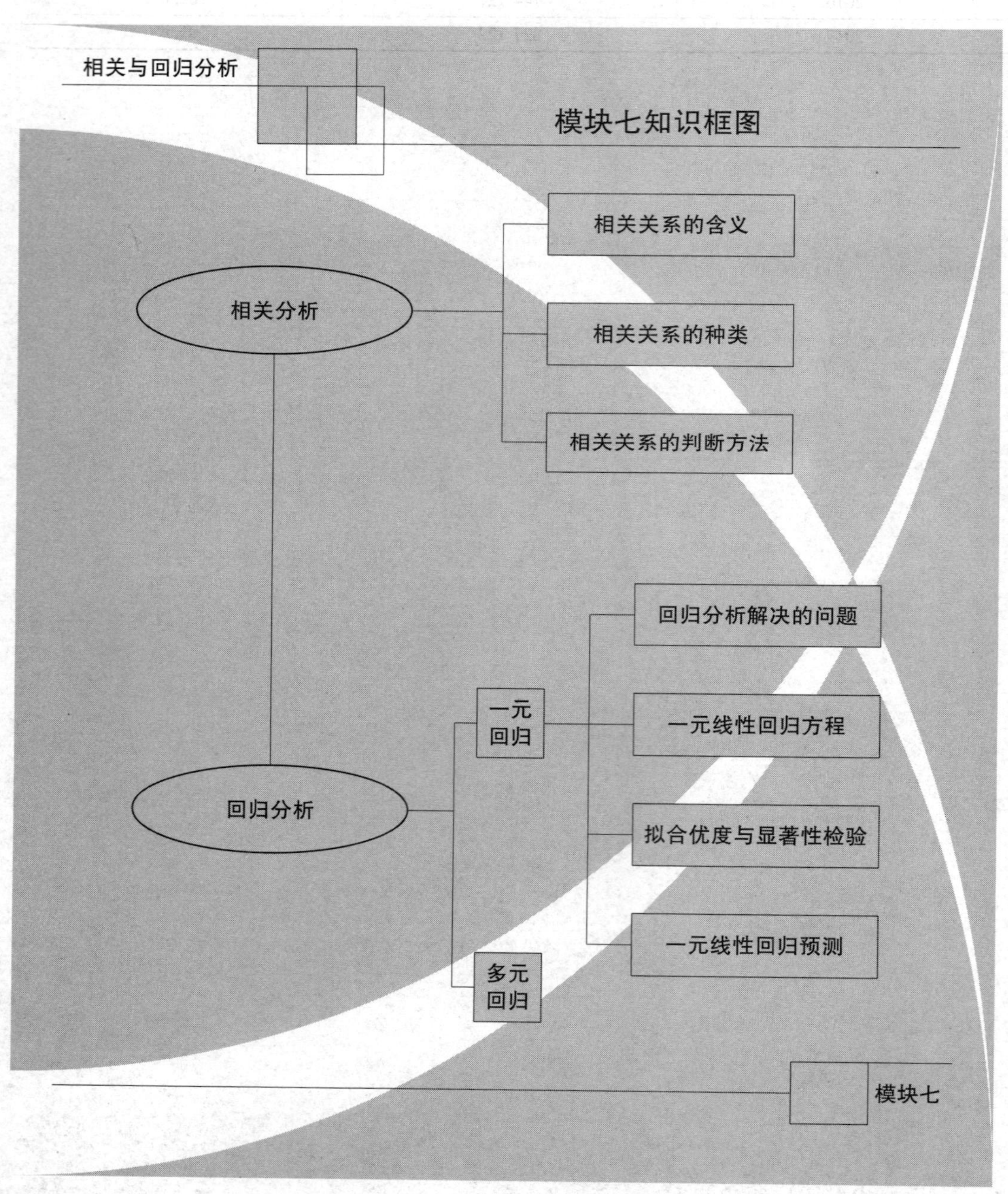

任务1 相关关系及相关程度的确定

知识目标

- 了解相关关系的含义
- 了解相关关系的类型
- 掌握相关类型及相关程度的判断方法

能力目标

- 能够正确理解相关关系
- 能够利用 Excel 绘制散点图、计算相关系数，并正确判断相关关系的类型

任务引入

一家电器销售公司的管理人员认为，每月的销售收入与广告费用有直接关系。公司将近 12 个月的月销售收入与广告费用（包括电视广告费用和报纸广告费用）数据收集起来，形成了表 7—1—1，试图通过数据的分析认识它们之间的关系。

表 7—1—1　　月销售收入与广告费用资料　　单位：万元

月份	月销售收入 y	电视广告费用 x_1	报纸广告费用 x_2
1	650	35	20
2	591	30	14
3	570	28	12
4	540	18	10
5	570	21	23
6	564	24	16
7	520	17	20
8	565	21	18
9	595	32	20
10	610	30	16
11	560	25	12
12	570	25	11

那么，广告投入费用对月销售收入的影响程度如何呢？到底是电视广告投入对销售收入的影响大，还是报纸广告投入对销售收入的影响大呢？

任务分析

在该任务中，管理人员希望了解广告费用投入与销售收入之间存在怎样的数量依存关系，广告费用与销售收入之间的关系程度是强还是弱，以及电视广告和报纸广告哪一个对销售收入的影响更大等问题，这就是统计学中的“相关分析”要解决的问题。相关分析主要涉及以下三个问题：什么是相关关系；相关关系有哪些表现形态；用什么方法来判断相关关系的形态以及相关关系的强弱程度。明确了这几个知识点，管理人员的问题也就迎刃而解了。

相关知识

一、相关关系的含义

变量之间的关系可以分为两种类型，即函数关系和相关关系。

函数关系是指变量之间存在的一种一一对应的确定性关系。例如，当某种商品销售价格一定时，销售额的变化只受销售量一个因素的影响，销售量每增加一个单位，销售额就增加一个固定的量，这种关系就是函数关系。再如，圆面积的大小只取决于圆半径的大小，两者之间也是数量上一一对应的函数关系。

相关关系是指变量之间存在的一种不确定的数量关系。在现实中，一个变量的变化往往受到不止一个变量的影响，而是同时受到两个或两个以上因素的影响。在考察该变量与其中一个影响变量之间的关系时，由于其他因素的存在，两者之间的量化关系就不是完全确定的，而是带有随机的成分，这种关系属于相关关系。例如，广告是很多企业提高销售量的重要手段，但广告投入不是销售量变动的唯一影响因素，产品的质量、价格、销售方式等都会对销售量产生影响。在研究广告投入与销售量的关系时，发现广告投入的增加一般会带来销售量的增长，但广告投入每增加一个固定的量，销售量并不是以确定的量增加，而是表现为一个随机变量。统计研究的就是这种因随机因素影响而不能唯一确定的变量关系，即相关关系。

相关关系在现实生活中非常普遍，如利率变动与居民储蓄存款额的关系是在其他条件不变的情况下，提高利率一般会带来居民储蓄存款额的增加，但利率提高一个百分点所增加的居民储蓄存款额是不确定的。再如，一个人的收入水平与消费水平之间的关系、一个人的收入水平与受教育程度之间的关系等都是这种不确定的量变关系。

二、相关关系的种类

相关关系的种类很多，主要分类如图 7—1—1 所示。

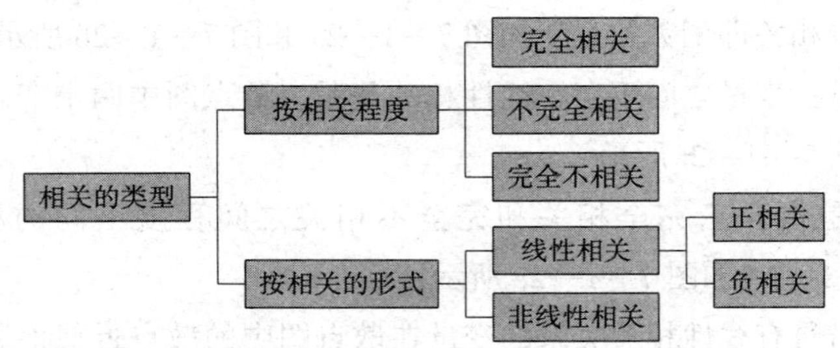

图 7—1—1　相关关系的种类

下面结合散点图（见图 7—1—2）理解上述概念的含义。

完全相关是指一个变量的取值完全依赖于另一个变量，散点图中表现为各散点落在

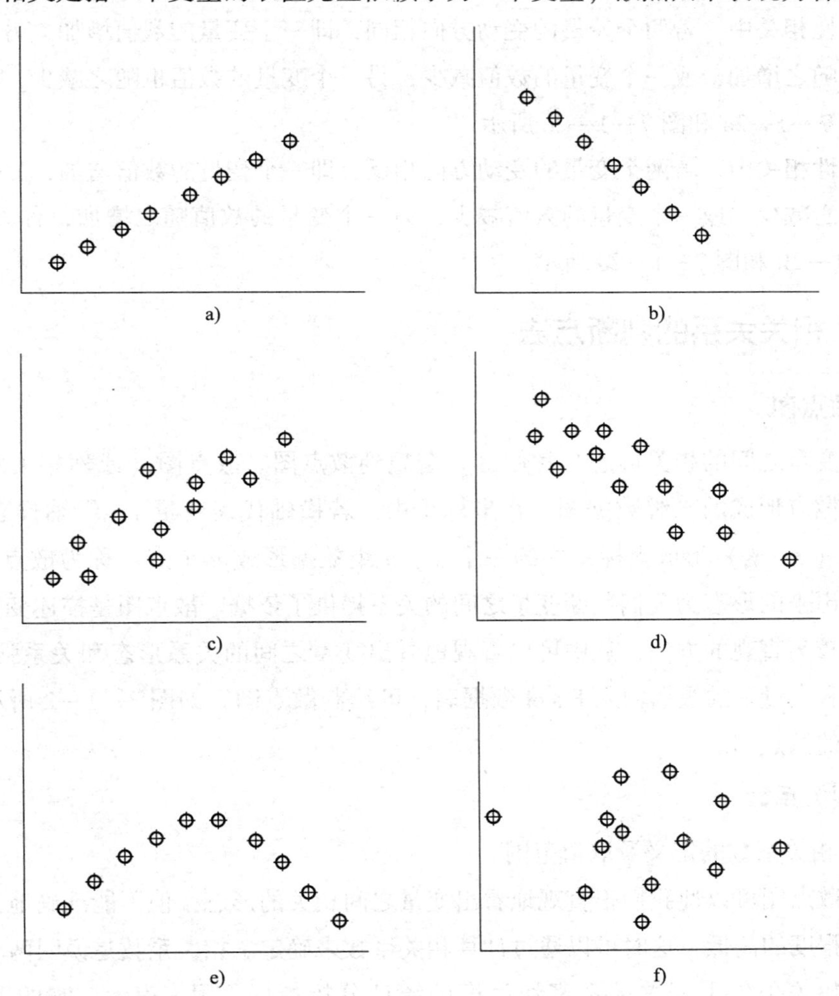

图 7—1—2　不同类型的散点图

a）完全线性正相关　b）完全线性负相关　c）不完全线性正相关

d）不完全线性负相关　e）曲线相关　f）不存在线性相关

一条直线上，完全相关即函数关系，如图 7—1—2a 和图 7—1—2b 所示。

完全不相关是指变量之间不存在线性相关关系，散点图中两个变量的散点很分散，无规律可循，如图 7—1—2f 所示。

不完全相关是指介于完全相关和完全不相关之间程度不同的相关关系，如图 7—1—2c、图 7—1—2d 和图 7—1—2e 所示。

线性相关是指具有线性相关关系的变量在散点图中的散点近似地表现为一条直线，如图 7—1—2a、图 7—1—2b、图 7—1—2c 和图 7—1—2d 所示。

非线性相关是指散点图中各散点近似地表现为一条曲线的相关关系，如图 7—1—2e 所示。

在线性相关中，若两个变量的变动方向相同，即一个变量的数值增加，另一个变量的数值也随之增加，或一个变量的数值减少，另一个变量的数值也随之减少，称为正相关，如图 7—1—2a 和图 7—1—2c 所示。

在线性相关中，若两个变量的变动方向相反，即一个变量的数值增加，另一个变量的数值随之减少，或一个变量的数值减少，另一个变量的数值随之增加，称为负相关，如图 7—1—2b 和图 7—1—2d 所示。

三、相关关系的判断方法

1. 散点图

描述变量之间的相关形态，我们首先会想到散点图。散点图（或称相关图）是由坐标及其散点形成的二维数据图。在坐标系中，若横轴代表变量 x，纵轴代表变量 y，每组数据（$x_i \cdot y_i$）形成坐标系中的一个点，n 组数据形成 n 个点，称为散点。n 个散点所呈现出来的形态为我们判断变量之间的关系提供了依据。散点图是描述变量之间关系的一种较为直观的方法，从中可以直观地看出变量之间的关系形态和关系强弱程度。将变量 x 和变量 y 的数据输入 Excel 数据表，可绘制散点图。如图 7—1—2 所示是一组不同类型的散点图。

2. 相关系数

（1）相关系数的定义及取值范围

尽管散点图可以使我们很直观地看出变量之间相关的形态，但不能准确地说明变量之间相关程度的高低，这时可以通过计算相关系数来确定。相关系数是说明两个变量之间在线性相关条件下相关关系密切程度的统计分析指标，用 r 表示，它的取值范围是 $0 \leqslant |r| \leqslant 1$。

当 $r>0$ 时，x 与 y 正相关；

当 $r<0$ 时，x 与 y 负相关；

当 $r=0$ 时，x 与 y 之间不存在线性相关关系；

当 $|r|=1$ 时，x 与 y 完全相关，其中，$r=1$，表示 x 与 y 完全正线性相关，$r=-1$，表示 x 与 y 完全负线性相关。

在判断变量之间的相关程度时，可参照如下标准：

$0<|r|<0.3$，x 与 y 弱线性相关；

$0.3\leqslant|r|<0.5$，x 与 y 低度线性相关；

$0.5\leqslant|r|<0.8$，x 与 y 显著线性相关；

$0.8\leqslant|r|<1$，x 与 y 高度线性相关。

相关类型及相关程度的关系如图 7—1—3 所示。

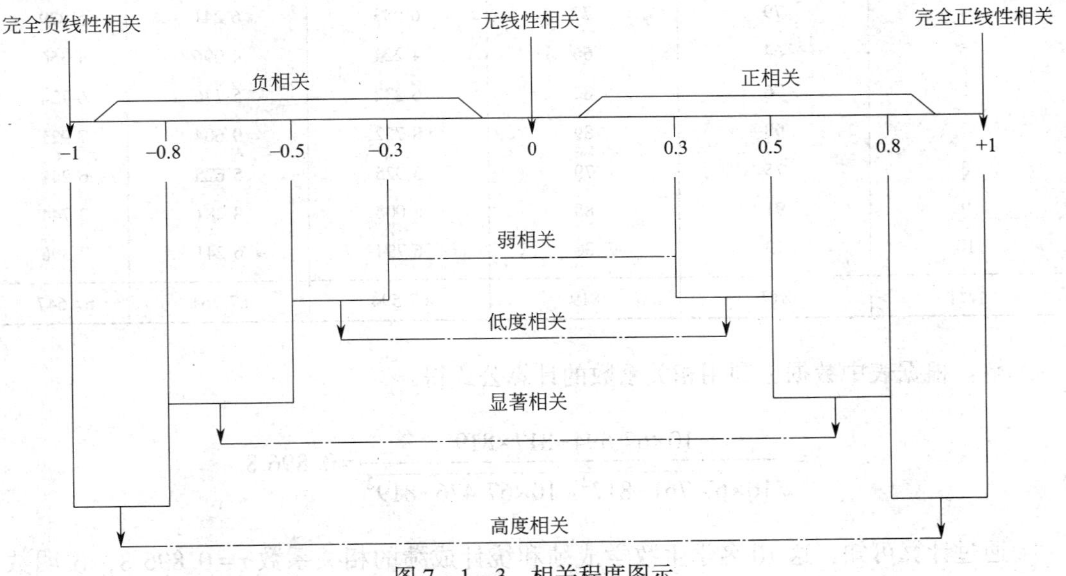

图 7—1—3　相关程度图示

（2）相关系数 r 的计算

定义公式为：

$$r=\frac{\frac{1}{n}\sum(x-\bar{x})\sum(y-\bar{y})}{\sqrt{\frac{1}{n}\sum(x-\bar{x})^2}\sqrt{\frac{1}{n}\sum(y-\bar{y})^2}} \quad \text{（式 7—1—1）}$$

实际计算时也可采用公式：

$$r=\frac{n\cdot\sum x\cdot y-\sum x\cdot\sum y}{\sqrt{n\cdot\sum x^2-(\sum x)^2}\sqrt{n\cdot\sum y^2-(\sum y)^2}} \quad \text{（式 7—1—2）}$$

式中，n 为变量 x 和 y 的个数，x 为变量 x 的实际观察值，y 为变量 y 的实际观察值。

【例 7—1—1】 研究者想了解数学学习与统计学习之间是否存在一定的关系。现随机抽取 10 名学生，数据见表 7—1—2。计算数学成绩与统计成绩之间的相关系数。

表 7—1—2　　　　　　　　　　　　相关系数计算表

学生编号	数学成绩 x	统计成绩 y	$x \cdot y$	x^2	y^2
1	86	82	7 052	7 396	6 724
2	74	76	5 624	5 476	5 776
3	95	94	8 930	9 025	8 836
4	79	77	6 083	6 241	5 929
5	64	66	4 224	4 096	4 356
6	76	82	6 232	5 776	6 724
7	98	89	8 722	9 604	7 921
8	75	79	5 925	5 625	6 241
9	91	88	8 008	8 281	7 744
10	79	86	6 794	6 241	7 396
合计	817	819	67 594	67 761	67 647

解：根据表中数据，利用相关系数的计算公式得：

$$r=\frac{10\times 67\ 594-817\times 819}{\sqrt{10\times 67\ 761-817^2}\sqrt{10\times 67\ 476-819^2}}=0.896\ 8$$

通过计算可知，这 10 名学生数学成绩和统计成绩的相关系数 $r=0.896\ 8$，说明数学成绩与统计成绩存在数量上的依存关系，且表现为高度的正相关关系，即数学成绩高的学生统计成绩一般也比较高。

实际中，计算相关系数的样本数据应尽可能多，如果观察数据太少，就不能准确地反映变量之间的相关程度。在数据量比较大时，利用 Excel 等数据处理软件可以轻松地计算出相关系数。

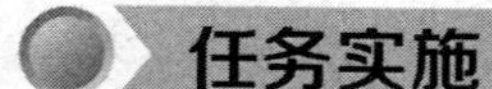

一、数据准备

新建 Excel 表格，将公司 12 个月的销售额（万元）与电视广告费用、报纸广告费用（万元）资料输入单元格“A1:C13”区域中，一个变量一列。

二、利用 Excel 绘制散点图

1. 利用 Excel 绘制月销售收入 y 与电视广告费用 x_1 的散点图

利用“图表导向”绘制散点图的路径：“插入”→“图表”→“散点图”。

选择“散点图”对话框，如图 7—1—4 所示。首先选择 A、B 列的数据，绘制成的散点图如图 7—1—5 所示。

	A	B	C
1	月销售收入 y	电视广告费用 x_1	报纸广告费用 x_2
2	650	35	20
3	591	30	14
4	570	28	12
5	540	18	10
6	570	21	23
7	564	24	16
8	520	17	20
9	565	21	18
10	595	32	20
11	610	30	16
12	560	25	12
13	570	25	11

图表向导 － 4 步骤之 1 － 图表类型

标准类型　自定义类型

图表类型(C)：柱形图　条形图　折线图　饼图　XY 散点图　面积图　圆环图　雷达图　曲面图　气泡图

子图表类型(T)：

散点图。比较成对的数值

按下不放可查看示例(V)

取消　< 上一步(B)　下一步 >　完成(F)

图 7—1—4　选择图表类型

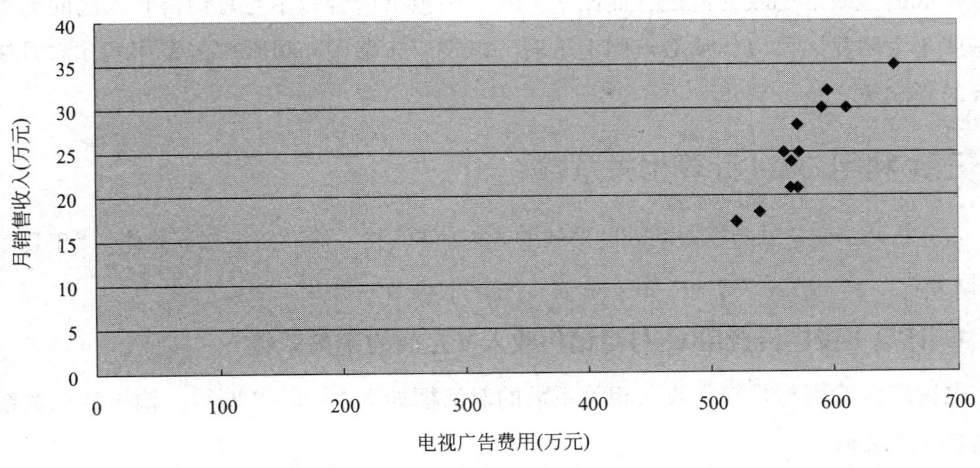

图 7—1—5　月销售收入与电视广告费用散点图

从图 7—1—5 可以看出，电视广告费用 y 与月销售收入 x_1 在坐标上的散点大致呈现出直线的形状。这说明：随着电视广告费用的增长，月销售收入也在增长，二者表现为线性的、正相关的关系，但散点图并不能准确告诉我们两者相关程度的高低，还需要通过计算相关系数来确定两者的相关程度。

2. 利用 Excel 绘制月销售收入 y 与报纸广告费用 x_2 的散点图

按同样的步骤可以绘制出月销售收入与报纸广告费用之间的散点图，如图 7—1—6 所示。

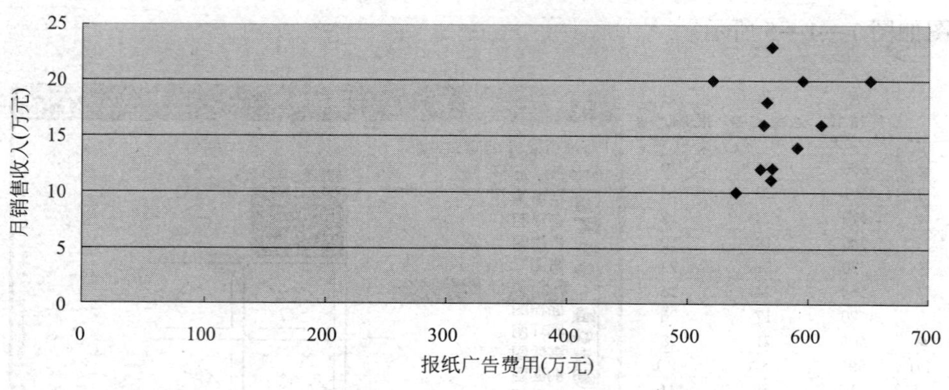

图 7—1—6　月销售收入与报纸广告费用散点图

图 7—1—6 所表达的关系比较模糊，说明报纸广告费用的增长对月销售收入的影响不明显，可以说，根据样本数据来判断，报纸广告费用对月销售收入没有影响。

对比图 7—1—5 和图 7—1—6，可知图 7—1—5 中电视广告费用与月销售收入的数据点构成的直线形态较为清楚，而图 7—1—6 中报纸广告费用与月销售收入之间的关系形态就不太明显。所以，从散点图上来看，电视广告费用与报纸广告费用相比对月销售收入的影响更大。

三、利用 Excel 计算相关系数

首先将两个变量的数据以两列的形式输入 Excel 表格，然后执行如下操作："工具"→"数据分析"→"相关系数"→"相关系数" 对话框设置→输出 "相关系数"。

1. 计算电视广告费用 x_1 与月销售收入 y 之间的相关系数

电视广告费用与月销售收入相关系数的对话框如图 7—1—7 所示，输出的相关系数如图 7—1—8 所示。

因为相关系数的取值在 0.8~1，属于高度线性相关，因此，电视广告费用与月销售收入的相关系数为 0.907 408，表明该公司电视广告费用与月销售收入的相关程度很高，电视广告费用对销售额的影响程度比较大；相关系数为正值，表明随着电视广告费用的增长，月销售收入也呈现出增长的趋势。

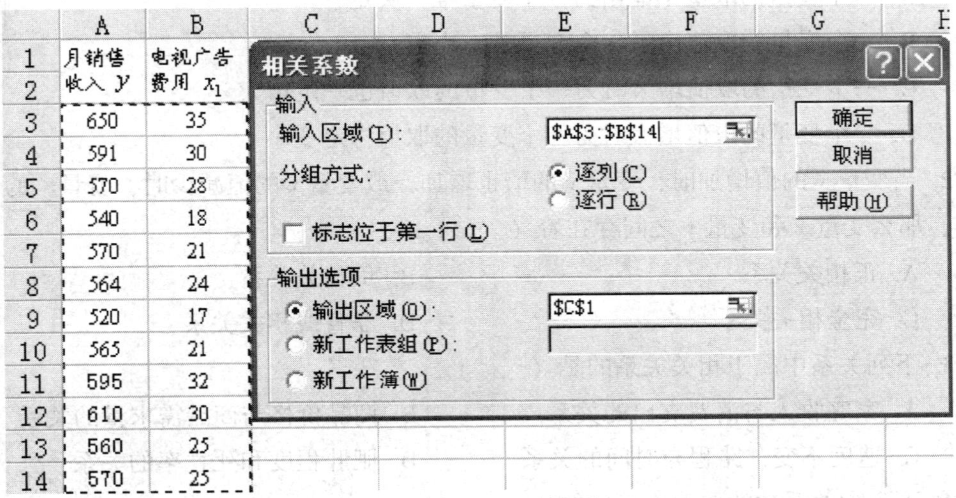

	A	B
1	月销售	电视广告
2	收入 y	费用 x_1
3	650	35
4	591	30
5	570	28
6	540	18
7	570	21
8	564	24
9	520	17
10	565	21
11	595	32
12	610	30
13	560	25
14	570	25

相关系数

输入

输入区域(I): $A$3:$B$14

分组方式: ⊙ 逐列(C)　○ 逐行(R)

□ 标志位于第一行(L)

输出选项

⊙ 输出区域(O): $C$1

○ 新工作表组(P):

○ 新工作簿(W)

确定　取消　帮助(H)

图 7—1—7　相关系数对话框设置

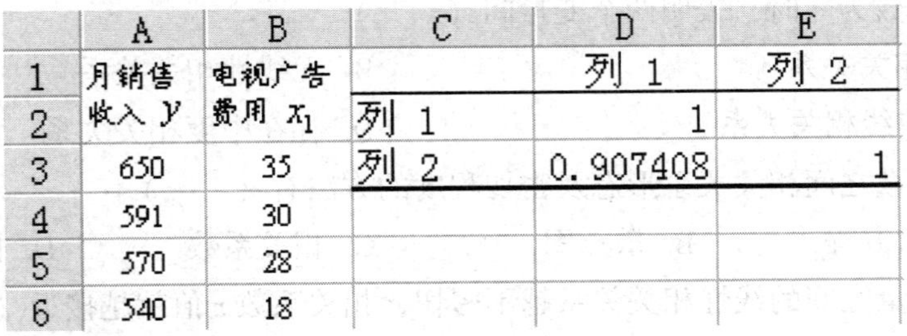

	A	B	C	D	E
1	月销售	电视广告		列 1	列 2
2	收入 y	费用 x_1	列 1	1	
3	650	35	列 2	0.907408	1
4	591	30			
5	570	28			
6	540	18			

图 7—1—8　相关系数计算结果

2. 计算报纸广告费用 x_2 与月销售收入 y 之间的相关系数

用同样的方法可以计算出报纸广告费用与月销售收入的相关系数是 0.248 88。由于相关系数的取值在 0～0.3，属于弱相关，所以，可以认为该公司报纸广告费用对月销售收入的影响程度是很低的；相关系数为正值，表明报纸广告费用与月销售收入之间仍存在一定正相关的关系，即报纸广告费用的增长在较低程度上能够引起月销售收入的增长。

基于上述分析得出本任务的结论是：报纸广告费用与月销售收入的相关程度较弱；而电视广告费用与月销售收入之间具有高度的正相关关系。

思考与练习

一、选择题

1. 具有相关关系的两个变量的关系是（　　）。

A. 一个变量的取值不能由另一个变量唯一决定

B. 一个变量的取值由另一个变量唯一决定

C. 一个变量的取值增大时另一个变量的取值也一定增大

D. 一个变量的取值增大时另一个变量的取值肯定变小

2. 当变量 x 的值增加时，变量 y 的值也增加，或变量 x 的值减少时，变量 y 的值也减少，那么变量 x 和变量 y 之间存在着（　　）。

A. 正相关关系　　B. 负相关关系

C. 完全相关关系　　D. 非直线相关关系

3. 下列关系中属于相关关系的是（　　）。

A. 家庭收入与消费支出的关系　　B. 商品价格与商品需求量的关系

C. 速度不变，路程与时间的关系　　D. 肥胖程度和死亡率的关系

4. 下列相关系数的取值不正确的是（　　）。

A. 0　　B. −0.96　　C. 0.87　　D. 1.06

5. 相关系数为零时，表明两个变量间（　　）。

A. 无相关关系　　B. 无线性相关关系

C. 无曲线相关关系　　D. 存在中度相关关系

6. 判断变量之间相关关系形态及密切程度的方法有（　　）。

A. 回归方程　　B. 散点图　　C. 相关系数　　D. 回归系数

7. 两个变量之间的线性相关关系越不密切，相关系数 r 值就越接近（　　）。

A. −1　　B. +1　　C. 0　　D. −1 或+1

8. 相关系数的值越接近-1，表明两个变量间（　　）。

A. 正线性相关关系越弱　　B. 负线性相关关系越强

C. 负线性相关关系越弱　　D. 正线性相关关系越强

二、思考题

1. 简述相关关系的含义。

2. 怎样判断现象之间相关的形态及相关的程度?

3. 简述相关系数及其取值的意义。

三、综合应用题

1. 某公司销售经理随机抽取了本公司 12 名员工构成一个样本，每人填写一张标准的多项目工作满意度量表。他把每人的满意度分数同销售人员的就学年限进行了相关分析。结果满意度与就学年限之间的相关系数为 0.15。于是，这位销售经理得出结论：一个销售人员的受教育程度与他的工作满意度几乎无关。你是否同意他的结论？请解释。

2. 某公司所属 10 个企业的产品销售资料见表 7—1—3。

表 7—1—3　产品销售资料

企业编号	产品销售额（万元）	销售利润（万元）	企业编号	产品销售额（万元）	销售利润（万元）
1	140	8.1	6	620	40.0
2	190	12.5	7	930	64.0
3	360	18.0	8	970	69.0
4	390	22.0	9	1 050	72.2
5	450	26.5	10	1 230	77.6

试利用 Excel 绘制散点图并计算相关系数，并说明该公司 10 个企业产品销售额与销售利润之间的关系形态和关系程度。

实训

采集具有相关关系的数据。通过绘制散点图及计算相关系数，分析说明变量之间的相关关系。

任务 2　一元线性回归分析

知识目标

- 了解回归分析解决的问题
- 掌握一元线性回归模型的配合与检验
- 掌握一元线性回归方程的预测

能力目标

- 能够利用 Excel 完成一元线性回归过程
- 能够准确解释一元线性回归的结果

任务引入

Sdop'N GO 公司试图测算特殊地段车流量对坐落在此地商店的年销售额的影响。为此，该公司选定了公司内 20 家分店，这些商店的共同之处是，能显著影响商店销售额的其他因素（如面积、停车量、周围居民区的人口统计特征等）是相同的。20 个店址确定后，Sdop'N GO 公司在一个月的时间内，对每个地点每日的车流量进行记录，而且，通过公司自己的内部记录获得了这 20 家店 12 个月的销售总额数据，见表 7—2—1。公司希望建立一个模型来评估这些店址，从中选出能够为公司带来最多销售额的地段。

表 7—2—1　　20 家商店的年销售额与每天车流量数据

商店编号	平均每天车流量 x（千辆）	年销售额 y（千元）	商店编号	平均每天车流量 x（千辆）	年销售额 y（千元）
1	62	1 121	11	35	893
2	35	766	12	27	588
3	36	701	13	55	957
4	72	1 304	14	38	703
5	41	832	15	24	497
6	39	782	16	28	657
7	49	977	17	53	1 209
8	25	503	18	55	997
9	41	773	19	33	844
10	39	839	20	29	883

试建立年销售额与每天车流量之间的一元线性方程，并解释变量之间的数量依存关系。

任务分析

在模块七任务 1 中，通过绘制散点图和计算相关系数可以确定两个变量之间是否具有相关关系以及相关程度的强弱。而对于具有高度相关关系的变量，我们还需要进一步了解变量之间的数量依存关系，即一个变量取值的变化对另一个变量数值的影响，这就是回归分析解决的问题。具体到本任务就是研究商店周围车流量与商店年销售额之间的数量依存关系，即车流量的增减对商店销售额的数量影响是多少。

相关知识

一、回归分析的含义

相关分析与回归分析从不同的角度描述变量之间的关系。相关分析主要是测定变量之间是否具有相关关系以及相关关系的强弱程度。回归分析是对具有相关关系的变量，根据其相关形式，选择一个合适的回归方程来近似地表现变量之间平均变化程度的一种统计分析方法。它将具有相关关系的现象之间不确定的数量关系通过函数表达式表现出来，用以说明现象之间的一般数量关系。

回归分析解决的问题，简单地说就是解释、预测和控制。所谓“解释”，就是建立回归方程，精确地解释变量之间的数量依存关系。例如，模块七任务 1 的相关系数告诉我们电视广告费用与月销售收入之间高度相关，而回归分析可以进一步告诉我们电视广告每增加 1 000 元，销售收入将增加多少元，这是相关分析做不到的。所谓“预测”，就是通过控制自变量 x 的取值范围相应地得到因变量 y 的上下限。所谓“控制”，正好相反，是通过限制因变量 y 的取值范围得到自变量 x 的上下限。仍以任务 1 为例，既然电视广告对提高销售收入有这么大的影响，企业必然希望进一步了解增加一定量的广告投入能带来多少销售收入，这就是“预测”要解决的问题。或者确定了销售计划之后，企业想知道为完成销售目标需要投入多少广告费用，这就是“控制”要解决的问题。

二、一元线性回归方程

根据两个相关变量配合的线性回归方程称为一元线性回归方程，也称简单线性回归方程。其中，一个称为因变量，是被解释的变量，一般用 y 表示；另一个称为自变量，是用来解释因变量的变量，用 x 表示。一元线性回归方程的表达式为：

$$\hat{y}=a+bx \qquad \text{（式 7—2—1）}$$

式中，x、y 为自变量和因变量的实际观察值；$\hat{y}$ 为因变量的估计值；a 为常数项，是回归直线在 y 轴上的截距，即 x 为零时 $\hat{y}$ 的平均估计值；b 为回归系数，是回归直线的斜率，表示 x 每变动一个单位 $\hat{y}$ 的平均变动量。

配合一元线性回归方程的前提是两个变量之间应确实存在线性相关关系，且两个变量之间应存在显著或显著以上程度的相关关系。

三、参数的最小二乘估计

参数 a 和 b 的估计，通常采用最小二乘法。最小二乘法（或称最小平方法）是使因变量的所有实际观察值 y 与估计值 $\hat{y}$ 之差的离差平方和达到最小来估计 a 和 b 的方法。下面用图 7—2—1 来表达最小二乘法的思想。其意义是，用最小二乘法估计的直线比其他直线能更好地拟合实际观察结果，换句话说，散点图中的点与该直线之间距离的平方和，小于散点图中的点与任何其他拟合直线之间距离的平方和。

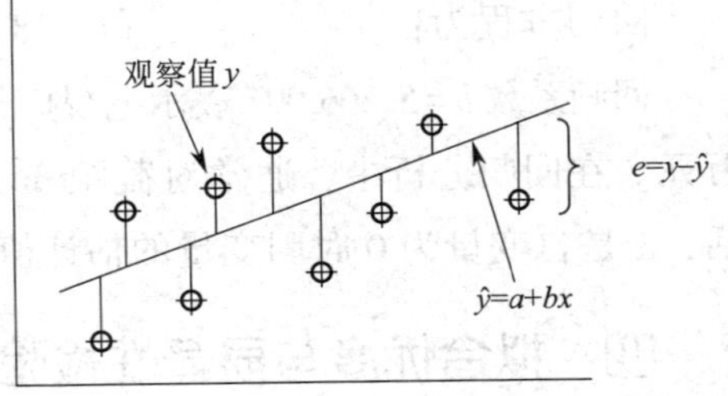

图 7—2—1　最小二乘法示意图

令 $\sum(y-\hat{y})^2=\sum(y-a-bx)^2=$最小，可推出

a、b 的计算公式（过程略）：

$$b=\frac{n\sum xy-\sum x\sum y}{n\sum x^2-(\sum x)^2} \qquad a=\bar{y}-b\bar{x} \qquad \text{（式 7—2—2）}$$

【例 7—2—1】 以模块七任务 1 中表 7—1—1 资料为例，建立电视广告 x 与月销售收入 y 的回归方程。

解：任务 1 的计算结果显示，电视广告费用与月销售收入的相关系数是 0.907，说明二者存在高度线性相关关系，由此建立月销售收入对电视广告费用的估计方程可以进一步探索两者之间的数量依存关系。数据计算见表 7—2—2。

表 7—2—2　　月销售收入与电视广告费用回归方程计算表

月份	月销售收入 y（万元）	电视广告费用 x（万元）	$x\cdot y$	x^2
1	650	35	22 750	1 225
2	591	30	17 730	900
3	570	28	15 960	784
4	540	18	9 720	324
5	570	21	11 970	441
6	564	24	13 536	576
7	520	17	8 840	289
8	565	21	11 865	441
9	595	32	19 040	1 024
10	610	30	18 300	900
11	560	25	14 000	625
12	570	25	14 250	625
合计	6 905	306	177 961	8 154

$$\begin{cases} b=\frac{n\sum xy-\sum x\sum y}{n\sum x^2-(\sum x)^2}=\frac{12\times 177\ 961-306\times 6\ 905}{12\times 8\ 154-306^2}=5.366\ 097 \\ a=\bar{y}-b\bar{x}=\frac{6\ 905}{12}-5.366\times\frac{306}{12}=438.581\ 2 \end{cases}$$

回归方程为：　　$\hat{y}=438.581\ 2+5.366\ 097x$

回归系数 $b=5.366\ 097$ 表示电视广告费用每投入 1 万元，销售收入平均增加 5.366 097 万元。在回归分析中，通常对截距 a 不作实际意义上的解释，如果从技术上来解释的话，a 是自变量为 0 时因变量的估计值。

四、拟合优度与显著性检验

回归方程能否用于解释变量之间的关系，能否用于预测与控制，除了从定性的角度对变量之间的依存关系进行分析确认外，还需要通过统计学意义上的检验与判断，包括回归直线对观测值拟合程度的判断（使用判定系数和估计标准误差）、变量之间线性关系是否显著的检验（使用F检验）和回归方程中回归系数是否显著的检验（使用t检验）。

1. 拟合优度

回归直线与各观测点的接近程度称为回归直线对数据的拟合优度。从图7—2—1中可以直观地看出，各观测点越靠近直线，说明直线对数据的拟合度越好，反之则越差。判定系数和估计标准误差是反映拟合优度的两个指标。

（1）判定系数

判定系数是回归方程拟合优度的测量指标之一，用 R^2 表示。

$$R^2=\frac{SSR}{SST}=\frac{\sum(\hat{y}-\bar{y})^2}{\sum(y-\bar{y})^2}$$

$$=1-\frac{SSE}{SST}=1-\frac{\sum(y-\hat{y})^2}{\sum(y-\bar{y})^2} \qquad \text{（式 7—2—3）}$$

$$\sum(y-\bar{y})^2=\sum(y-\hat{y})^2+\sum(\hat{y}-\bar{y})^2$$

↑　　　↑　　　↑

总变差平方和=残差平方和+回归平方和

判定系数的含义是通过因变量 y 的变差来解释的。对于某一个观察值来说，其变差的大小可以用实际观察值 y 与其均值 $\bar{y}$ 的离差（$y-\bar{y}$）来表示；对于 n 个观察值来说，其变差的总和应由这些变差的平方和 $\sum(y-\bar{y})^2$ 来表示。实际观察值 y 的变动，一方面是由自变量 x 的变动引起的，另一方面是由自变量 x 之外的其他因素引起的。这样，我们把实际观察值 y 的总变差 $\sum(y-\bar{y})^2$ 分为两部分，一是由 x 和 y 的线性关系引起的 y 的变化部分，即由自变量 x 的变化引起的 y 的变化，该部分变差称为回归变差，是回归值 $\hat{y}$ 与均值 $\bar{y}$ 的离差平方和 $\sum(\hat{y}-\bar{y})^2$，称为回归平方和，记为SSR；二是由 x 和 y 的线性影响之外的其他因素引起的 y 的变化部分，即不能由自变量 x 解释的 y 的变化，该部分变差称为残差，是各实际观察值 y 与回归值 $\hat{y}$ 的离差平方和 $\sum(y-\hat{y})^2$，称为残差平方和，记为SSE。

R^2 的取值范围是[0，1]。R^2 越接近于1，表明回归平方和占总平方和的比例越大，回归直线与各观测点越近，用自变量 x 解释因变量 y 变差的部分越多，回归直线拟合程度越好；反之，R^2 越接近于0，说明用自变量 x 以外的随机因素解释因变量 y 变差的部分越多，用 x 对 y 拟合的回归直线拟合程度越差。

在一元线性回归中，判定系数 R^2 实际上是相关系数 r 的平方，相关系数 r 与回归系数 b 的正负号相同。相关系数从另一个角度说明了回归直线的拟合程度，即 $|r|$ 越接近1，说明回归直线对观测数据的拟合程度越高。但利用相关系数说明回归

直线的拟合程度时须谨慎，因为相关系数的值总是大于判定系数的值，如当 $r=0.5$ 时，回归变差只能解释总变差的25%（$R^2=0.25$）；当 $r=0.7$ 时，回归变差只能解释接近50%的总变差（$R^2=0.49$）。

（2）估计标准误差

估计标准误差是反映实际观测值 y 与估计值 $\hat{y}$ 之间偏离程度的测量指标，是对回归方程中误差项 ε 的方差的一个估计值，是残差平方和 $\sum(y-\hat{y})^2$ 除以自由度（$n-k-1$）后的平方根。用 S_e 表示，其计算公式为：

$$S_e=\sqrt{\frac{\sum(y-\hat{y})^2}{n-k-1}} \quad \text{（式 7—2—4）}$$

式中，k 为自变量的个数，一元线性回归方程中的 $k=1$。

最小二乘法拟合回归直线，只是确保比用其他方法配合回归直线所造成的总误差小，并没有消除估计值与实际值之间的误差，估计标准误差正是从这一角度说明回归直线的拟合优度，S_e 越大，说明实际观测值 y 与估计值 $\hat{y}$ 之间偏离程度越大，回归效果就越差，相应地，R^2 越小；反之，S_e 越小，则 R^2 越大，回归直线拟合程度越好。另外，在用回归方程进行预测时，S_e 越小，预测的精确度越高，反之则预测的精确度越低。

【例 7—2—2】 在例 7—2—1 的基础上，计算判定系数和估计标准误差，说明回归方程的拟合程度（已知：$\hat{y}=438.5812+5.366097x$）。

解：计算判定系数和估计标准误差的数据见表 7—2—3。

表 7—2—3 **判定系数和估计标准误差计算表**

月份	月销售收入 y（万元）	电视广告费用 x（万元）	$\hat{y}$	$(\hat{y}-\bar{y})^2$	$(y-\bar{y})^2$	$(y-\hat{y})^2$
1	650	35	626	2 641	5 625	557
2	591	30	600	603	256	73
3	570	28	589	191	25	355
4	540	18	535	1 586	1 225	23
5	570	21	551	563	25	351
6	564	24	567	58	121	11
7	520	17	530	2 043	3 025	96
8	565	21	551	563	100	189
9	595	32	610	1 246	400	234
10	610	30	600	603	1 225	109
11	560	25	573	5	225	162
12	570	25	573	5	25	7
合计	6 905	306	6 905	10 109	12 277	2 168

注：①$\bar{y}=\frac{\sum y}{n}=\frac{6905}{12}=575.4166667\approx575$（万元）；②表中计算是通过 Excel 完成的，包含了小数的运算。但表中列出的是整数，故用整数计算的结果与 Excel 计算结果不一致。

判定系数为：　$R^2=\dfrac{SSR}{SST}=\dfrac{\sum(\hat{y}-\bar{y})^2}{\sum(y-\bar{y})^2}=\dfrac{10\ 109}{12\ 277}=0.823\ 4=82.34\%$

估计标准误差为：$S_e=\sqrt{\dfrac{\sum(y-\hat{y})^2}{n-k-1}}=\sqrt{\dfrac{2\ 168}{12-1-1}}=14.72$（万元）

计算结果表明：判定系数 0.823 4 的意义是，在月销售收入的总变差中，有 82.34% 可由月销售收入与电视广告费用之间的线性关系来解释；或者说，在月销售收入的变动中，有 82.34%是由电视广告费用所决定的。说明月销售收入与电视广告费用之间有较强的线性关系。

估计标准误差 14.72 万元的意义是：根据电视广告费用来估计月销售收入时，平均的估计误差是 14.72 万元。

判定系数 R^2 和估计标准误差 S_e 的计算都可以在 Excel 中轻松实现，不必花时间进行手工计算，但需要理解这两个指标表达的意义并能正确解读 Excel 的输出结果。

2. 显著性检验

回归方程是根据样本数据配合的，它是否真实地反映了变量 x 和 y 之间的关系，需要经过统计学上的检验来证实，未通过检验的方程，则不能正确解释变量 x 和 y 之间的关系，也不能用该方程进行预测。

一元线性回归方程的显著性检验包括回归方程的 F 检验和回归系数的 t 检验。

F 检验是通过构建 F 统计量，检验变量 x 和 y 之间的线性关系是否显著，线性关系显著意味着通过了检验。F 统计量的计算公式为：$F=\dfrac{SSR/1}{SSE/(n-2)}$。

t 检验是通过构建 t 统计量，检验自变量 x 对因变量 y 的影响是否显著，如果通过了 t 检验，则说明自变量 x 对因变量 y 的影响显著，可以用自变量 x 来解释因变量 y 的变化。

F 检验和 t 检验的原理和计算都比较复杂，本教材省略检验原理的介绍，只给出判断的方法。在 Excel 的输出结果中，给出了回归结果及检验结果，作为初学者，建议只需将输出表格中用于检验的 P 值与给定的显著性水平 α 对比进行判断即可。判断方法如下：

F 检验：Significance F<α，表明自变量 x 与因变量 y 之间有显著的线性关系；

Significance F>α，没有证据表明自变量 x 与因变量 y 之间有显著的线性关系。

t 检验：P-value<α，表明自变量 x 对因变量 y 的影响是显著的；

P-value>α，没有证据表明自变量 x 对因变量 y 的影响是显著的。

【例 7—2—3】　接例 7—2—1，①检验月销售额与电视广告费用之间线性关系的显著性；②检验电视广告费用对月销售额影响的显著性（显著性水平 $\alpha=0.05$）。

解：①线性关系的显著性检验（F 检验）

表 7—2—4 是 Excel 输出的方差分析表。表中给出了线性关系显著性检验的结果，我们利用检验的显著性 F，即“Significance F”进行决策。因为 Significance F = 4.580 18E-05<α=0.05，所以月销售额与电视广告费用之间存在着显著的线性关系。

表 7—2—4　　Excel 输出的方差分析表

	df（自由度）	SS（回归平方和与残差平方和）	MS（回归平方和与残差平方和的均方）	F（F 检验）	Significance F（F 检验的显著水平）
回归分析	1	10 107.043	10 107.043	46.621 93	4.580 18E-05
残　差	10	2 167.873	216.787		
总　计	11	12 274.917			

②回归系数的显著性检验（t 检验）

表 7—2—5 是 Excel 输出的参数估计表。表中给出了用于检验的 P 值（P-value），我们利用 P 值与给定显著性水平 α 的比较进行决策。因为回归系数 b 的 P-value = 4.580 18E-05<α = 0.05，所以从统计学的意义上看，电视广告费用对月销售额的影响是显著的。

表 7—2—5　　Excel 输出的参数估计表

	Coefficients（回归方程的估计值）	标准误差	t Stat（t 统计量）	P-value（P 值）
Intercept（截距）	438.581 196 6	20.486 045	21.408 778 83	1.102 08E-09
X Variable 1（x 变量）	5.366 096 9	0.785 893	6.828 025 37	4.580 18E-05

五、一元线性回归预测

对因变量进行估计是线性回归的重要应用之一。如果一元线性回归方程所反映的线性关系存在的话，就可以利用回归方程对因变量 y 随自变量的变化做出估计。例如，一旦电视广告与月销售收入的回归方程通过了检验，就可以利用方程 $\hat{y}=a+bx$ 进行预测：如果广告投入 x 增长 2%，销售收入 y 将增长百分之几。另外，利用回归方程还可以对已知结果是否合理进行考察。例如，将某一个实际销售收入带入电视广告与月销售收入的回归方程 $\hat{y}=a+bx$ 中，得到一个电视广告投入理论值，可将实际投入与理论值对比考察广告实际投入的合理性。

预测方法分为点估计和区间估计两种。

1. 点估计

点估计是利用估计的回归方程，给 x 一个特定值 x_0，求出 y 的一个估计值 $\hat{y}_0$。

【例 7—2—4】 根据例 7—2—1 所建立的回归方程，当广告费用为 40 万元时，计算月销售收入的点估计值。

解：将 $x_0=40$ 带入方程，得销售收入为：

$$\hat{y}_0=438.5812+5.366097\times40=653.23(万元)$$

2. 区间估计

区间估计是利用回归方程，给 x 一个特定值 x_0，求出 y 的一个估计值区间。区间估计有两种类型：一是置信区间估计，即对 x 的给定值 x_0，求 y 的平均值的估计区间；二是预测区间估计，即对 x 的给定值 x_0，求 y 的一个个别值的估计区间。估计区间的计算公式为：

置信区间：

$$\hat{y}_0 \pm t_{\alpha/2}(n-2)\cdot S_e\cdot\sqrt{\frac{1}{n}+\frac{(x_0-\bar{x})^2}{\sum(x-\bar{x})^2}} \qquad (式 7—2—5)$$

预测区间：

$$\hat{y}_0 \pm t_{\alpha/2}(n-2)\cdot S_e\cdot\sqrt{1+\frac{1}{n}+\frac{(x_0-\bar{x})^2}{\sum(x-\bar{x})^2}} \qquad (式 7—2—6)$$

式中，x_0 是 x 的给定值，$\hat{y}_0$ 是将 x_0 带入回归方程得出的 y 的估计值，n 是变量 x 和 y 实际观察值的个数，$\bar{x}$ 是观察值 x 的平均数，S_e 是 y 的估计标准误差，$t_{\alpha/2}(n-2)$ 是置信度为（$1-\alpha$）、自由度为（$n-2$）的 t 分布的临界值。

【例 7—2—5】 根据例 7—2—1 所建立的回归方程，估计广告费用为 40 万元时月销售收入的置信区间；对广告费用为 30 万元的月份估计其销售收入的预测区间，已知置信水平为 95%。

解：已知 $\hat{y}_0=653.23$（见例 7—2—4），$n=12$，$x_0=40$，$S_e=14.72$（见例 7—2—2），$\bar{x}=25.5$，通过列表得出，$\sum(x-\bar{x})^2=351$。

$1-\alpha=95\%$，查表得 $t_{\alpha/2}(n-2)=t_{0.025}(12-2)=2.2281$。

根据式 7—2—5，广告费用为 40 万元时，月销售收入的置信区间为：

$$653.23\pm2.2281\times14.72\times\sqrt{\frac{1}{12}+\frac{(40-25.5)^2}{351}}=653.23\pm27.09$$

即月销售收入的置信区间是 626.14 万～680.32 万元。

广告费用为 30 万元时，月销售收入的点估计值为：

$$\hat{y}_0=438.5812+5.366097\times30=599.56(万元)$$

根据式7—2—6，广告费用为30万元时，月销售收入的预测区间为：

$$599.56 \pm 2.2281 \times 14.72 \times \sqrt{1+\frac{1}{12}+\frac{(30-25.5)^2}{351}} = 599.56 \pm 35.03$$

即月销售收入的预测区间为564.53万~634.59万元。

需要说明的是，第一，回归关系是不能随意外延的。一个线性关系对一定范围的观测值来说可能是真实的或相当好的一个近似值，但对此范围之外的观测值来说就可能有较大误差。第二，预测应考虑未纳入方程中的其他因素。能纳入方程中的因素都是可以量化的，而那些不能量化、不能纳入方程的因素有时会对因变量产生重大影响。因此，应慎重使用回归方程的预测结果。

任务实施

一、回归分析的准备工作

1. 将20家商店12个月的总销售额和每个商店所在地每日的车流量数据（见表7—2—1）录入Excel表格，每个指标一列。

2. 首先通过散点图了解相关关系的形态（操作方法见模块七任务1）。从图7—2—2可以看出每日车流量与年销售额的线性关系还是很明显的，因此可进一步进行回归分析。

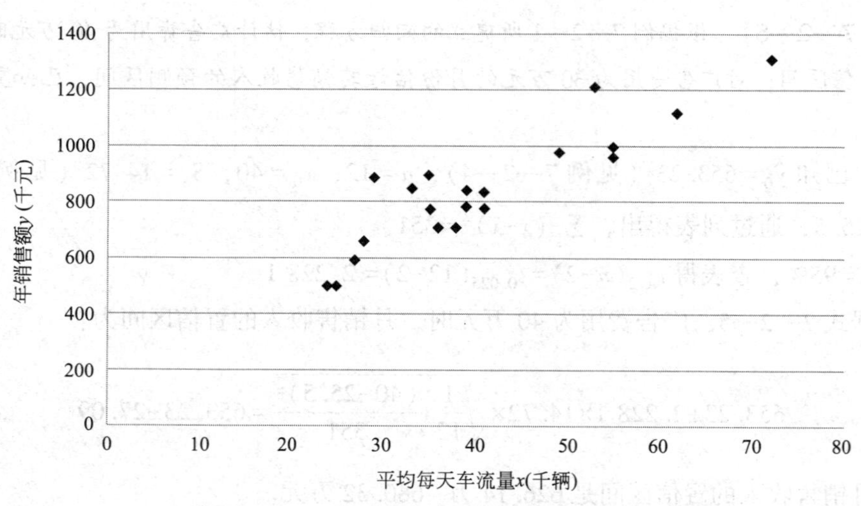

图7—2—2 车流量与年销售额的散点图

3. 选择回归分析操作方法。利用Excel进行回归分析有三种可供选择的操作：一是直接在单元格中输入计算公式完成所需计算；二是使用 Excel 中的“LINEST”函数；三是使用“数据分析”工具。这里使用的是“数据分析”工具。

二、使用“数据分析”工具进行回归分析的 Excel 操作

使用“数据分析”工具进行回归分析的 Excel 操作步骤如图 7—2—3 所示。

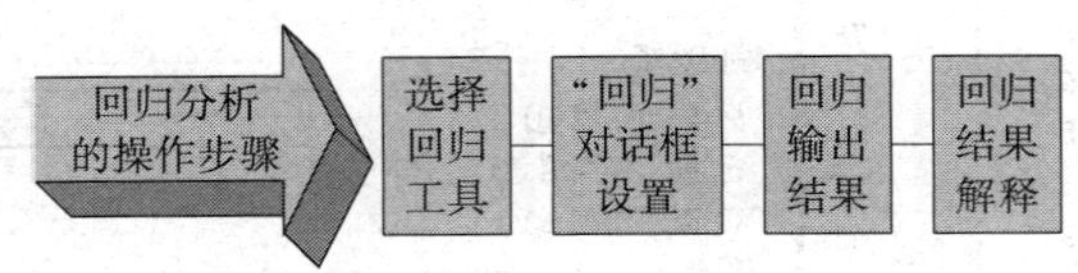

图 7—2—3　回归分析的操作步骤

1. 选择回归分析工具

选择“工具”→“数据分析”→“回归”→“确定”，如图 7—2—4 所示。

	A	B	C	D	E	F
1	商店编号	平均每天车流量（千辆）x	年销售额（千元）y			
2	1	62	1 121			
3	2					
4	3					
5	4					
6	5					
7	6					
8	7					
9	8					
10	9					
11	10					
12	11					

数据分析

分析工具(A)

协方差
描述统计
指数平滑
F-检验 双样本方差
傅立叶分析
直方图
移动平均
随机数发生器
排位与百分比排位
回归

确定
取消
帮助(H)

图 7—2—4　选择回归分析工具

2. “回归”对话框设置

如图 7—2—5 所示，在“Y 值输入区域”输入变量 y 的单元格区域“$C$2:$C$21”（或鼠标选中“C2:C21”）；

在“X 值输入区域”输入变量 x 的单元格区域“$B$2:$B$21”（或鼠标选中“B2:B21”）；

在“标志”前不打钩（因为未选中变量 x、y 的变量名）；

在“置信度”前不打钩，系统默认“95%”，若要改变置信度则输入置信水平；

在“输出选项”选择“新工作表组”（系统默认）；

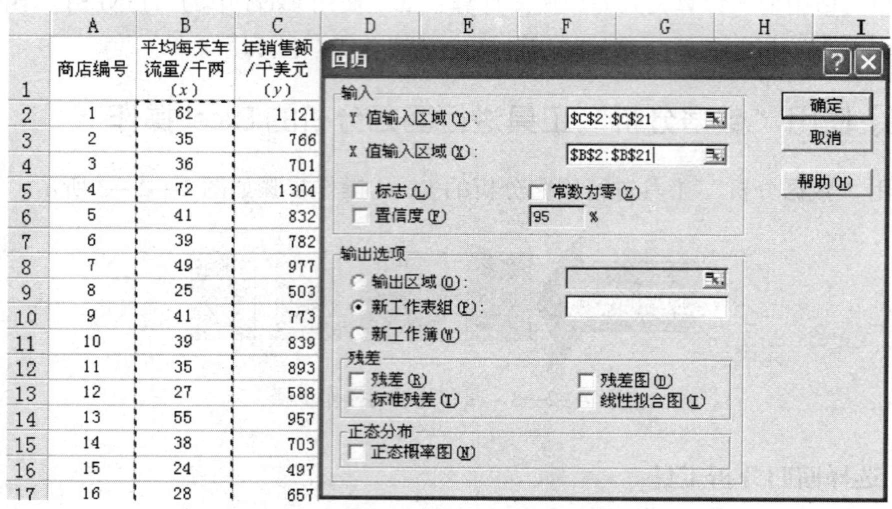

	A	B	C
1	商店编号	平均每天车流量/千两 (x)	年销售额/千美元 (y)
2	1	62	1 121
3	2	35	766
4	3	36	701
5	4	72	1 304
6	5	41	832
7	6	39	782
8	7	49	977
9	8	25	503
10	9	41	773
11	10	39	839
12	11	35	893
13	12	27	588
14	13	55	957
15	14	38	703
16	15	24	497
17	16	28	657

图 7—2—5 “回归”对话框设置

在“残差”部分，根据需要打钩，本例不选；

“正态分布”选项，本例不选；

单击“确定”按钮，可得到回归结果。

3. 回归结果输出

按设置输出了回归结果的“摘要”部分，如图 7—2—6 所示。

	A	B	C	D	E	F	G	H	I
1	SUMMARY OUTPUT								
2									
3	回归统计								
4	Multiple	0.8962							
5	R Square	0.803174							
6	Adjusted	0.792239							
7	标准误差	97.64016							
8	观测值	20							
9									
10	方差分析								
11		df	SS	MS	F	gnificance F			
12	回归分析	1	700255.4	700255.4	73.45131	9.07E-08			
13	残差	18	171604.8	9533.6					
14	总计	19	871860.2						
15									
16		Coefficien	标准误差	t Stat	P-value	Lower 95%	Upper 95%	下限 95.0%	上限 95.0%
17	Intercept	240.8566	73.38347	3.282164	0.004141	86.68348	395.0296	86.68348	395.0296
18	X Variabl	14.71675	1.717166	8.570374	9.07E-08	11.10912	18.32439	11.10912	18.32439

图 7—2—6 回归分析输出结果 1—输出摘要

在“回归统计”中，有“Multiple R”（相关系数）、“R Square”（判定系数）、“Adjusted R Square”（经过调整的判定系数），还有标准误差和观测值的个数。

在“方差分析”中，有“df”（自由度）、“SS”（回归平方和与残差平方和）、“MS”（回归平方和与残差平方和的均方）、“F”（F 检验）、“Significance F”（F 检验的显著水平）。

最下面是参数估计的有关内容，“Coefficients”列是回归方程的截距的估计值和斜率的估计值，“标准误差”是截距和斜率的标准误差，“t Stat”是 t 检验中的 t 统计量，“P-value”是 P 值，右面几列是截距和斜率 95%的置信区间。

4. 回归结果解释

包括回归方程拟合程度的解释、回归方程与回归系数的检验解释。

第一，从参数输出部分可以得到每天车流量 x 与年销售额 y 的回归直线为：

$$\hat{y}=240.8566+14.71675x$$

回归系数 $b=14.71675$ 表示，商店周围每天的车流量每增加 1 000 辆，商店的年销售额平均增加 14.716 75 千元。

第二，回归直线的拟合程度较高，每天的车流量 x 可以很好地解释年销售额 y 的变动。判断指标如下：

“回归统计”表明，变量之间的相关系数达到 0.896 2，属于高度线性相关；经过调整的判定系数达 0.792 239，说明在销售额的变动中有 79.223 9%的部分可由商店所在位置的车流量决定。

第三，通过回归方程和回归系数的显著性检验可知：

在回归方程的显著性检验中，“方差分析”表明 F 检验的 Significance F 仅为 9.07E-08，小于 0.05 的显著性水平，根据小概率原理和假设检验决策规则，可以认为变量之间的线性关系是显著的。即回归方程通过了显著性检验，根据样本数据建立的回归模型整体上可以用来说明每天的车流量 x 与年销售额 y 之间的实际关系。

在回归系数的显著性检验中，参数估计部分给出了截距 a 和回归系数 b 的 t 检验结果，a 和 b 的 P-value 值分别是 0.004 141 和 9.07E-08，均小于 0.05 的显著性水平，根据小概率原理和假设检验决策规则，可以认为这些回归系数在模型中都是显著的，即每天的车流量 x 对年销售额 y 的影响是显著的。

思考与练习

一、选择题

1. 回归方程可用于（　　）。

A. 根据自变量预测因变量　　B. 根据给定因变量推算自变量

C. 推算时间数列中缺失的数据　　D. 解释自变量与因变量的数量依存关系

2. 在回归分析中要建立有意义的直线回归方程，应满足的条件是（　　）。

A. 现象间存在着显著性的线性相关关系

B. 相关系数必须等于 1

C. 按最小平方法配合线性回归方程

D. 相关数列的项数应足够多

3. 回归分析中，被解释的变量称为（　　）。

A. 自变量　　B. 因变量　　C. 随机变量　　D. 非随机变量

4. 根据最小二乘法配合直线回归方程是使（　　）。

A. $\sum(y-\hat{y})^2$ = 最小　　B. $\sum(y-\hat{y})$ = 最小

C. $\sum(y-\bar{y})^2$ = 最小　　D. $\sum(y-\bar{y})$ = 最小

5. 回归方程 $\hat{y}=123+1.5x$ 中的回归系数数值表明：当自变量每增加一个单位时，因变量（　　）。

A. 增加 1.5 个单位　　B. 平均增加 1.5 个单位

C. 增加 123 个单位　　D. 平均增加 123 个单位

6. 若回归系数 b 大于 0，表明回归直线是上升的，此时相关系数 r 的值（　　）。

A. 一定大于 0　　B. 一定小于 0　　C. 等于 0　　D. 无法判断

7. 对于简单线性回归方程的回归系数 b，下列说法正确的是（　　）。

A. b 是回归直线的斜率　　B. b 的绝对值介于 0~1

C. b 接近 0 表明自变量对因变量的影响不大

D. b 与 r 有相同的符号　　E. b 一般通过最小平方法求出

8. 在回归分析中，F 检验主要用来检验（　　）。

A. 相关系数的显著性　　B. 回归系数的显著性

C. 线性关系的显著性　　D. 估计标准误差的显著性

二、思考题

1. 简述回归分析解决的问题。

2. 解释一元线性回归模型 $\hat{y}=a+bx$ 中参数 a、b 的意义，解释回归系数 b 和相关系数 r 的联系。

3. 简述一元线性回归分析中判定系数的意义。

4. 简述一元线性回归分析中 F 检验和 t 检验的作用。

三、综合应用题

1. 某公司对其销售代表进行了一次资质测试。管理层感兴趣的是这种测试能在多大程度上预测销售人员的业绩，于是随机抽取了 8 位员工构成样本，整理出他们的周平均销售额和资质测试得分，见表 7—2—6。

表 7—2—6　　周平均销售额与测试得分

周平均销售额（万元）	1.0	1.2	2.8	2.4	1.8	1.6	1.5	1.2
测试得分（分）	55	60	85	75	80	85	65	60

根据以上统计资料，回答下列问题：

（1）周平均销售额和资质测试得分的关系程度如何？

（2）用最小二乘法建立周平均销售额和资质测试得分的回归方程，并对回归系数 b 做出恰当的解释。

（3）在 0.05 的显著性水平上，变量之间的线性关系是否显著？回归方程能否代表变量之间的实际关系？

（4）销售量中有多大比例是由资质之外的因素来解释？

（5）对于一个测试得分为 44 分的员工，估计他的周平均销售量。

2. 一家家具连锁店的总经理认为经验是决定一个销售人员成功与否的关键因素，为了验证自己的想法，他随机抽取了 10 名销售人员并记录下他们上个月的销售额数据和工作的年限，见表 7—2—7。

表 7—2—7　　工作年限与销售额数据

销售人员编号	1	2	3	4	5	6	7	8	9	10
工作年限（年）	0	2	10	3	8	5	12	7	20	15
销售额（千元）	7	9	20	15	18	14	20	17	30	25

根据以上统计资料，回答下列问题：

（1）判断销售人员的销售额与工作年限之间的关系程度。

（2）假设销售额与工作年限有关，拟合销售额与工作年限的最优回归方程，并解释回归系数 b 的意义。

（3）在销售人员销售额的变化中有多大比例是由其工作年限来解释的？

（4）在 0.05 的显著性水平上，能否认为拟合的回归方程真实地反映了销售额和工作年限之间的关系？

3. 我国 2002—2017 年城镇居民人均可支配收入与城镇居民家庭恩格尔系数资料见表 7—2—8。

表 7—2—8　　我国城镇居民人均可支配收入与恩格尔系数资料

年份	城镇居民人均可支配收入（元）	城镇居民家庭恩格尔系数（%）	年份	城镇居民人均可支配收入（元）	城镇居民家庭恩格尔系数（%）
2002	7 703	37.7	2010	19 109	35.7
2003	8 472	37.1	2011	21 810	36.3
2004	9 422	37.7	2012	24 565	36.2
2005	10 493	36.7	2013	26 955	30.1
2006	11 760	35.8	2014	29 381	30.0
2007	13 786	36.3	2015	31 790	29.7
2008	15 781	37.9	2016	33 616	29.3
2009	17 175	36.5	2017	36 396	28.6

根据以上统计资料，回答下列问题：

（1）绘制我国城镇居民人均可支配收入与城镇居民家庭恩格尔系数关系的散点图，计算二者之间的相关系数，并对相关关系的形态及相关关系的程度做出判断。

（2）建立直线回归方程，并解释回归系数 b 的经济意义。

实训

对模块七任务 1 采集到的相关数据，采用最小二乘法配合线性方程，说明变量之间的数量依存关系并写一篇分析报告。

任务 3　多元线性回归分析

知识目标

- 掌握多元线性回归模型的配合与检验

能力目标

- 能够利用 Excel 完成多元回归过程
- 能够对多元回归结果进行解释

任务引入

在模块七任务 2 中考察影响公司 20 家分店销售额的因素时，主要分析了平均每天的车流量，实际上，除了车流量这个因素外，其他的因素也会对销售额产生影响。因此，只有综合考虑各种因素才能为公司开店选址提供更多有价值的信息。经过二手资料的收集，获得了 20 家分店所在地 2 平方千米内的人口数以及 2 平方千米内住户的年平均家庭收入资料，见表 7—3—1，销售额是上一年的年销售额，平均每天经过分店的车辆数目根据 1 个月的实际车流量计算。

表 7—3—1　　20 家分店年销售额及影响因素资料

商店编号	年销售额 y（千元）	平均每天车流量 x_1（千辆）	2 平方千米内的人口数 x_2（人）	2 平方千米内住户的平均家庭收入 x_3（元）
1	1 121	62	17 880	28 991
2	766	35	13 742	14 731
3	701	36	19 741	8 114

续表

商店编号	年销售额 y（千元）	平均每天车流量 x_1（千辆）	2 平方千米内的人口数 x_2（人）	2 平方千米内住户的平均家庭收入 x_3（元）
4	1 304	72	23 246	15 324
5	832	41	24 485	11 438
6	782	39	20 410	11 730
7	977	49	28 997	10 589
8	503	25	9 981	10 706
9	773	41	8 982	23 591
10	839	39	18 814	15 703
11	893	35	16 941	9 015
12	588	27	13 319	10 065
13	957	55	21 482	17 365
14	703	38	26 524	7 532
15	497	24	14 412	6 950
16	657	28	13 896	9 855
17	1 209	53	22 444	21 589
18	997	55	18 096	22 659
19	844	33	16 458	12 660
20	883	29	16 609	11 618

任务分析

本任务的实质仍然是研究变量之间的数量依存关系。任务 2 用一元线性回归的方法描述了一个自变量与一个因变量之间的数量关系。实际应用中，很多情况下需要用多元回归的方法描述多个自变量与一个因变量之间的关系，因此，有必要对多元线性回归做简单介绍。就方法的原理来说，多元线性回归与一元线性回归基本相同，只是多元线性回归更复杂，计算量也更大，往往使初学者望而生畏。实际计算时，无论是一元线性回归分析还是多元线性回归分析，一般都借助于软件完成。初学者完全可以跨越原理论证及复杂计算的障碍，通过了解回归原理和解读计算机的输出结果轻松地学习多元线性回归。

相关知识

一、多元线性回归模型

现实中大量的现象往往是多个因素共同作用的结果，只分析一个因素的影响难免有失偏颇。一个因变量与多个自变量的回归问题属于多元线性回归，当因变量与各个自变量之间呈线性关系时，称为多元线性回归。

多元线性回归模型的一般表达式为：

$$\hat{y}=b_0+b_1x_1+b_2x_2+\cdots+b_kx_k \quad （式 7—3—1）$$

式中，$\hat{y}$ 为因变量的估计值；x_1、x_2、…、x_k 为 k 个自变量；b_0 为常数项，是回归直线在 y 轴上的截距；b_1、b_2、…、b_k 为 k 个偏回归系数，是回归直线的斜率，表示当其他自变量取值不变时，自变量 x_i（$i=1$、2、…、k）每改变一个单位，$\hat{y}$ 的平均变动量。

多元线性回归模型中的偏回归系数 b_1、b_2、…、b_k，与一元线性回归系数 b 不同。多元线性回归模型中的回归系数反映的是在假定其他自变量不变的情况下，该自变量对因变量的平均影响量。而一元线性回归中只有一个自变量，不存在对其他变量假定的问题。

回归系数 b_k 的求解仍然遵循最小二乘法原理，在此不再多述。至于计算，手工几乎不能完成，需要借助计算机，通过相应统计应用软件的操作可以迅速得出结果，我们只需将注意力放在结果的解读上就可以了。

拟合的多元线性回归方程是否能够反映变量之间真实的关系，同样需要通过理论上的分析和统计学意义上的评价与检验。评价与检验的内容仍包括回归方程的拟合优度、回归系数 b_k 的显著性检验（t 检验）和整个回归模型的显著性检验（F 检验）。

二、回归方程的拟合优度

1. 多元判定系数 R^2

在多元回归分析中，需要用多元判定系数 R^2 来判断回归方程的拟合程度。一元线性回归分析中因变量 y 的变差分解原理同样适用于多元回归分析。

多元判定系数 R^2 反映了在因变量 y 的变差中由多元回归方程来解释的比例，其计算公式为：

$$R^2=\frac{SSR}{SST}=1-\frac{SSE}{SST} \quad （式 7—3—2）$$

R^2 的取值在 0~1，表示在 y 的变化中有多大比例是由所有自变量的联合变动来解释的，与一元线性回归中判定系数 R^2 的原理相同。在多元回归模型中，增加解释变量一般会使预测误差变小，从而减少残差平方和 SSE，进而使回归平方和 SSR 变大，这样，多元判定系数 R^2 的值变大。为避免因自变量增加而高估自变量对因变量变化的影响，可使用修正的多元判定系数 R_a^2。

$$R_a^2=1-(1-R^2)\times\frac{n-1}{n-k-1} \quad （式 7—3—3）$$

式中，n 是样本容量，k 是自变量个数，($n-1$）和（$n-k-1$）分别是总离差平方和与残差平方和的自由度。

2. 估计标准误差

多元线性回归方程中，估计标准误差的含义与一元线性回归方程中估计标准误差的含义相似。由于自变量的增多，多元线性回归方程中的估计标准误差反映的是在方程中所有自变量影响下，实际观测值 y 与估计值 $\hat{y}$ 之间的平均偏离程度。其计算公式为：

$$S_e=\sqrt{\frac{\sum(y-\hat{y})^2}{n-k-1}} \quad （式 7—3—4）$$

三、回归方程的显著性检验

在一元线性回归分析中，回归系数 b 的显著性检验（即 t 检验）与回归方程的线性关系检验（即 F 检验）是一致的。回归系数 b 通过了检验，是显著的，则回归方程也就通过了检验，回归方程的线性关系也是显著的。

在多元线性回归分析中，不能将回归系数 b 的显著性检验与回归方程的线性关系检验等同看待。多元回归系数检验是对每个回归系数单独进行检验，如果某个回归系数没有通过检验，就意味着这个自变量对因变量的影响不显著，该自变量也许就不能进入回归模型中。在进行多元线性回归方程的线性关系检验时，如果 k 个自变量中有一个自变量与因变量的线性关系显著，F 检验就能通过，但这并不意味着每个自变量与因变量的线性关系都显著。

多元线性回归分析中的 F 检验和 t 检验的原理与计算较一元线性回归分析更为复杂，这里仍将省略检验的原理和计算的公式，只给出解读 Excel 输出结果的方法。作为初学者，建议只需将输出表格中用于检验的 P 值与给定的显著性水平 α 对比进行判断即可。判断方法如下：

首先，对回归方程线性关系的检验（即 F 检验）结果进行判断。

F 检验：

若 Significance F<α，表明 k 个自变量 x_i 与因变量 y 之间有显著的线性关系；

若 Significance F>α，没有证据表明 k 个自变量 x_i 与因变量 y 之间有显著的线性关系。

其次，对 k 个回归系数的检验结果进行判断。

t 检验：

若某自变量的 P-value 值<α，表明该自变量 x_i 对因变量 y 的影响是显著的；

若某自变量的 P-value 值>α，没有证据表明该自变量 x_i 对因变量 y 的影响是显著的。

多元回归分析会遇到应用条件的限制，本教材不涉及这部分内容。

任务实施

一、准备工作

将 20 家商店 12 个月的总销售额、每日车流量、2 平方千米内的人口数、2 平方千米内住户的年平均家庭收入数据录入 Excel 表格，每个指标一列。

二、使用“数据分析”工具进行多元线性回归分析的 Excel 操作

多元线性回归分析的 Excel 操作与一元线性回归分析的操作基本相同，其操作步骤如图 7—3—1 所示。

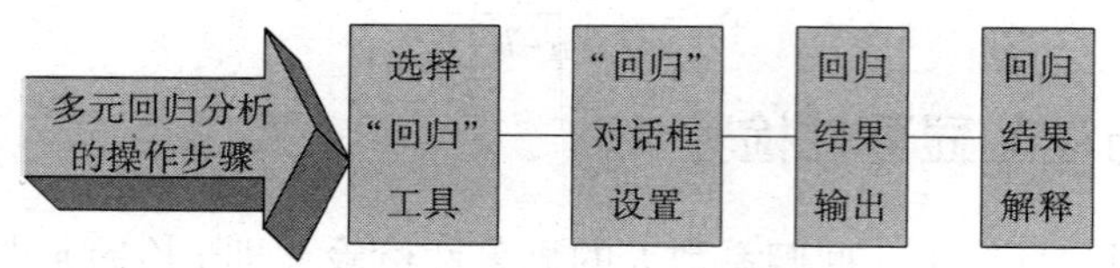

图 7—3—1　多元回归分析的操作步骤

这里只列出“回归”对话框设置（见图 7—3—2）、回归输出结果（见图 7—3—3）和回归结果的解释。

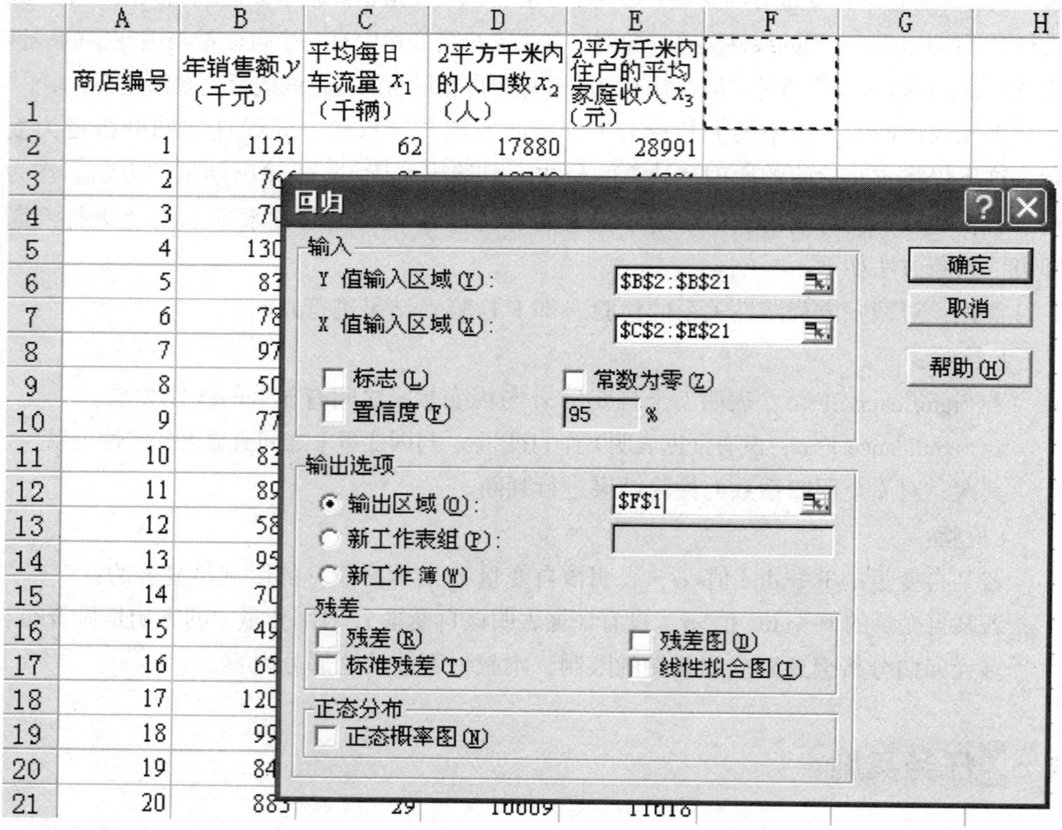

	A	B	C	D	E	F	G	H
1	商店编号	年销售额 y（千元）	平均每日车流量 x_1（千辆）	2平方千米内的人口数 x_2（人）	2平方千米内住户的平均家庭收入 x_3（元）			
2	1	1121	62	17880	28991			
3	2	76						
4	3	70						
5	4	130						
6	5	83						
7	6	78						
8	7	97						
9	8	50						
10	9	77						
11	10	83						
12	11	89						
13	12	58						
14	13	95						
15	14	70						
16	15	49						
17	16	65						
18	17	120						
19	18	99						
20	19	84						
21	20	883	29	10009	11018			

回归
输入
Y 值输入区域(Y)：$B$2:$B$21
X 值输入区域(X)：$C$2:$E$21
标志(L)　常数为零(Z)
置信度(F) 95 %
确定　取消　帮助(H)
输出选项
输出区域(O)：$F$1
新工作表组(P)：
新工作簿(W)
残差
残差(R)　残差图(D)
标准残差(T)　线性拟合图(I)
正态分布
正态概率图(N)

图 7—3—2　“回归”对话框设置

SUMMARY OUTPUT

回归统计	
Multiple R	0.9025244
R Square	0.8145502
Adjusted R	0.7797784
标准误差	100.52558
观测值	20

方差分析

	df	SS	MS	F	gnificance F
回归分析	3	710173.92	236724.64	23.425575	4.268E-06
残差	16	161686.28	10105.393		
总计	19	871860.2			

	Coefficient	标准误差	t Stat	P-value	Lower 95%	Upper 95%	下限 95.0%	上限 95.0%
Intercept	163.40206	109.35644	1.4942153	0.1545787	-68.42318	395.22729	-68.42318	395.22729
X Variable	11.396034	3.8601456	2.952229	0.009367	3.2128927	19.579175	3.2128927	19.579175
X Variable	0.0069683	0.0072625	0.9594835	0.3515912	-0.008428	0.0223641	-0.008428	0.0223641
X Variable	0.0060852	0.0071532	0.8506919	0.4074917	-0.009079	0.0212492	-0.009079	0.0212492

图 7—3—3　回归输出结果

多元回归结果解释：

第一，回归直线的拟合度。“回归分析”中的复相关系数很高，达 0.902 524，属于高度线性相关，说明销售额与三个自变量的联合作用存在很好的线性关系；经过调整的判定系数为 0.779 778，说明在销售额的变动中有 77.977 8%的部分可由三个自变量的联合作用来解释，方程拟合程度较高。

第二，回归模型线性关系的显著性检验。“方差分析”中的 Significance F 值为 4.27E-06，小于 0.05 的显著性水平，根据小概率原理和假设检验决策规则，可以认为销售额与三个自变量的联合作用之间的线性关系是显著的。

第三，回归系数。由该部分输出结果可以得到年销售额 y（千元）与平均每天车流量 x_1（千辆）、2 平方千米内的人口数 x_2（人）、2 平方千米内住户的年平均家庭收入 x_3（元）的线性回归方程为：

$$\hat{y}=163.402+11.396x_1+0.007x_2+0.006x_3$$

回归系数 $b_1=11.396$、$b_2=0.007$、$b_3=0.006$，分别表示假设其他因素不变，平均每天的车流量 x_1 每增加 1 千辆，年销售额平均增加 11.396 千元；2 平方千米内的人口数 x_2 每增加 1 人，年销售额平均增加 0.007 千元；2 平方千米内住户的年平均家庭收入 x_3 每增加 1 元，年销售额平均增加 0.006 千元。可以看出，车流量是年销售额的主要影响因素。

第四，回归系数检验结果。$b_1=11.396$ 的 P－value＝0.009 367，小于显著性水平 0.05，通过了 t 检验，说明每日车流量对年销售额的影响是显著的；$b_2=0.007$ 的 P－value＝0.351 591，大于显著性水平 0.05，未通过 t 检验，没有理由证明 2 平方千米内的人口数对年销售额的影响显著；$b_3=0.006$ 的 P－value＝0.407 492，也大于显著性水平 0.05，同样未通过 t 检验，即没有理由证明该地区平均家庭收入对年销售额有显著影响。所以，2 平方千米内的人口数和该地区平均家庭收入不能纳入方程。

结论：以上分析表明，虽然整个回归方程通过了 F 检验，表明销售额与三个自变量的联合作用之间的线性关系是显著的。但有两个回归系数未通过 t 检验，说明回归系数所对应的两个自变量对年销售额的影响不显著，最终通过了 t 检验可以进入方程的只有平均每日车流量。2 平方千米内的人口数和年平均家庭收入两个因素的回归系数虽然未通过显著性检验，但并不意味着它们对销售额没有影响。多个自变量的回归系数不能同时通过检验的原因有可能是自变量之间存在着多重共线性，而解决这个问题的方法已超出了本教材所讲的范围，对此问题感兴趣的读者可参阅相关书籍。

思考与练习

一、选择题

1. 在多元线性回归方程 $\hat{y}=b_0+b_1x_1+b_2x_2+\cdots+b_kx_k$ 中，回归系数 b_i 表示（　　）。

   A. 自变量 x_i 每变动一个单位因变量 y 的平均变动额

   B. 自变量 x_i 每变动一个单位因变量 y 的变动总额

   C. 在其他条件不变的情况下，自变量 x_i 每变动一个单位因变量 y 的平均变动额

   D. 在其他条件不变的情况下，自变量 x_i 每变动一个单位因变量 y 的变动总额

2. 在多元线性回归分析中，t 检验是用来检验（　　）。

   A. 总体线性关系的显著性　　B. 各回归系数的显著性

   C. 样本线性关系的显著性　　D. 各相关系数的显著性

3. 在多元线性回归分析中，如果 F 检验表明线性关系显著，则意味着（　　）。

   A. 至少有一个自变量与因变量之间的线性关系是显著的

   B. 所有自变量与因变量之间的线性关系都是显著的

   C. 至少有一个自变量与因变量之间的线性关系是不显著的

   D. 所有自变量与因变量之间的线性关系都是不显著的

4. 在多元线性回归分析中，若自变量 x_i 对因变量 y 的影响不显著，则回归系数 b_i（　　）。

   A. 可能接近 0　　B. 可能接近 1　　C. 可能小于 0　　D. 可能大于 1

二、思考题

1. 解释多元回归分析中回归系数的含义。

2. 解释多元回归分析中多元判定系数 R^2 的含义和作用。

三、综合应用题

1. 某公司在 12 个城市销售一种化妆品，并计划在更多的城市进行该化妆品的销售。收集了 12 个城市的化妆品销售量（万盒）、成年女性人口（万人）、人均可支配收入（元）的数据资料，见表 7—3—2。

表 7—3—2　　某公司化妆品统计资料

城市编号	化妆品销售量 y（万盒）	成年女性人口 x_1（万人）	人均可支配收入 x_2（元）
1	16	27	2 500
2	12	18	3 300
3	22	37	3 800
4	13	20	2 800
5	7	8	2 300
6	17	26	3 800
7	8	10	3 000
8	19	33	2 500
9	12	19	2 100
10	6	5	2 600
11	25	43	4 000
12	23	37	4 400

根据上表的统计资料，回答下列问题：

（1）建立化妆品销售量与成年女性人口、人均可支配收入的回归方程，解释回归系数的意义，判断回归系数是否显著。

（2）回归方程所体现的化妆品销售量与成年女性人口和人均可支配收入的线性关系是否显著？

2. 表 7—3—3 是某公司在过去 12 个月太阳镜的销售量、平均价格、广告费用和平均日照小时数。

表 7—3—3　　某公司太阳镜销售统计资料

月份	销售量 y（副）	价格 x_1（元）	广告费用 x_2（元）	平均日照小时数 x_3（小时）
1	750	68	20	2.4
2	900	65	50	4.0
3	1 480	60	60	5.2

续表

月份	销售量 y（副）	价格 x_1（元）	广告费用 x_2（元）	平均日照小时数 x_3（小时）
4	1 830	35	70	6.8
5	2 420	30	220	8.0
6	2 630	29	250	8.4
7	2 780	26	280	10.4
8	3 180	21	300	11.5
9	2 560	31	220	9.6
10	2 000	36	180	6.1
11	1 400	42	100	3.4
12	800	52	20	2.0

根据上表的统计资料，回答下列问题：

（1）建立多元回归方程，通过回归系数解释平均价格、广告费用和平均日照小时数三个变量对太阳镜销售量的影响，并判断各个因素的影响是否显著。

（2）回归方程中的自变量整体上能解释太阳镜销售量变动的百分比是多少？

（3）在价格为 25 元、广告费用为 250 元、平均日照小时为 5 小时的情况下，利用回归方程预测太阳镜的销售量。

模块八　时间序列分析与预测

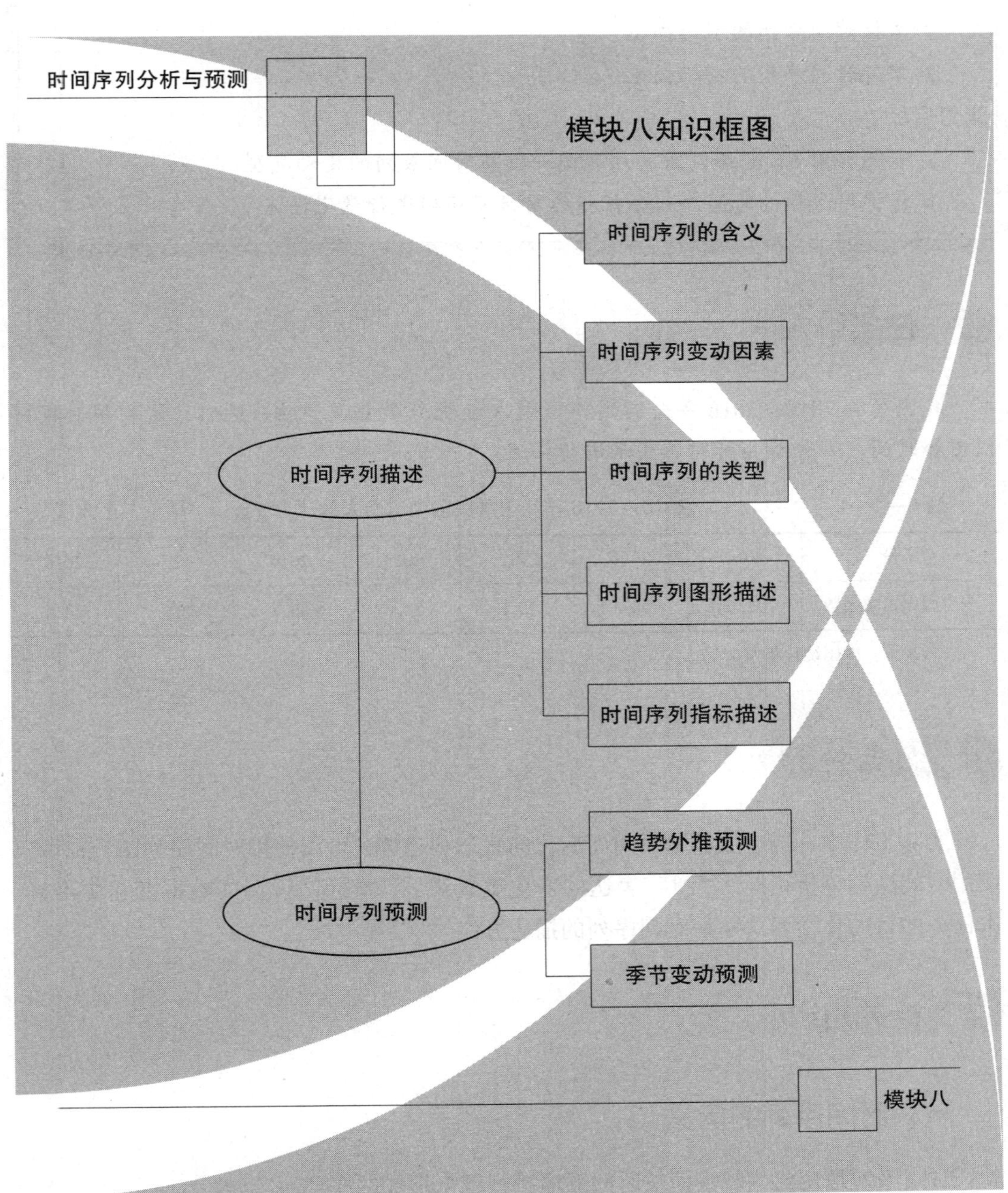

任务1　时间序列的描述

知识目标

- 了解时间序列的含义
- 了解时间序列的四个变动因素
- 掌握时间序列的图形描述
- 掌握时间序列的指标描述

能力目标

- 能够和用Excel绘制时间序列图并判断时间数列的变动类型
- 能够用常用的时间序列分析指标对时间序列进行量化描述

任务引入

我国居民2010—2016年全国国内出游人数统计数据见表8—1—1，试利用时间序列图和时间序列分析指标对其变动进行描述。

表8—1—1　　2010—2016年我国居民国内出游人数　　单位：亿人次

年份	2010	2011	2012	2013	2014	2015	2016
全国国内出游人数	21.0	26.4	29.6	32.6	36.1	40.0	44.4

资料来源：中国统计年鉴2017。

任务分析

实际工作中，描述数据随时间而变化的状态和趋势，可以使用时间序列图，也可以使用时间序列分析指标。“图”表达的变化更直观，“指标”说明的数据变化更准确。本任务的目的是学习这两种时间序列的描述方法。

相关知识

一、时间序列的含义

时间序列是现象的观察值按时间顺序排列起来形成的序列。

时间序列由两个基本要素构成：现象所属的时间和不同时间上的指标数值。时间序列中的时间可以是年份、季度、月份或其他的时间单位。序列中不同时间单位上的指标口径必须一致，具体来说，就是在经济内容、总体范围、时期长短、计算方法、计量单位等方面保持一致，从而保证不同时间上的数据具有可比性。

二、时间序列的变动因素

任何现象的观察值都会随时间的推移而发生变化，影响观察值变化的因素是错综复杂的，归纳起来是以下四种变动因素的综合作用，如图 8—1—1 所示。

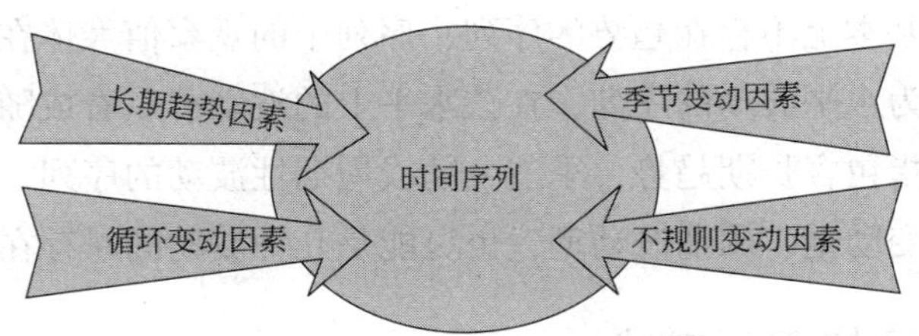

图 8—1—1　时间序列的影响因素

1. 长期趋势 T

长期趋势是现象在较长时间内呈现出来的某种持续发展的趋势或状态。长期趋势是某种固定性因素作用于序列形成的，这种趋势可能是线性的（即不断增长或不断下降的直线形态），也可能是非线性的（即观察点呈现出曲线形态）。例如，中国的 GDP 在改革开放以后呈现出来的增长趋势、居民可支配收入的增长趋势、企业单位成本下降的趋势等。

2. 季节变动 S

季节变动是现象观察值在一年之内随季节变化呈现出来的周期性波动。一般意义上的季节变动是由自然因素影响产生的，从更广泛的意义上来讲，由社会、政治、经济、自然等因素引起的现象在一年之内有规律的重复变动都可以称为季节变动。受季节性因素影响的现象非常多，如农产品收购、冰淇淋销售、服装销售和旅游等。研究现象在一年内的季节变动规律，至少需要三个周期的资料，而以年度为单位的数据则不能观察季节变动。

3. 循环波动 C

循环波动是现象在较长时间内（通常在一年以上）呈现出的波浪式的起伏变动。与趋势变动不同的是，循环波动不是朝着一个方向的持续运动，而是涨落相间的交替变动，如经济周期波动不断重复着上升、顶峰、下降、低谷的过程。与季节变动不同的是，循环波动的周期不是一年，而是一年以上并且无固定的周期长度。

4. 不规则变动 I

不规则变动是一种随机波动，是由偶然因素引起的时间序列波动。这些偶然因素有自然灾害、战争、流行病、政治事件等。不规则变动往往是不可预测的、不重复的，在短时期内发挥影响。

对某一个时间序列来说，这四个因素可能单独存在，也可能同时存在。

三、时间序列的类型

时间序列按包含的影响因素不同可以分为平稳序列和非平稳序列两大类型。

平稳序列是指基本上不存在趋势的序列，序列中的观察值大体在某个固定的水平上波动，因此也可称为水平波动的序列，在该水平上的波动可以看成随机波动。

非平稳序列是指包含长期趋势、季节变动或周期性波动的序列。非平稳序列可能是长期趋势型、季节变动型、周期波动型，也可能是几种波动同时存在的混合型。

四、时间序列的图形描述

将时间序列绘制成图形是描述时间序列的常用方法。时间序列图一方面可以使我们直观地观察数据的变动模式，另一方面还有助于我们在预测时选择合适的预测方法。

【例 8—1—1】 根据表 8—1—2 的资料绘制时间序列折线图。

如图 8—1—2 和图 8—1—3 所示为根据表 8—1—2 的数据绘制出的时间序列图。图 8—1—2 是我国 2000—2016 年人均 GDP 折线图，呈现出随时间变动不断增长的态势，属于长期趋势型时间序列。如图 8—1—3 所示是我国居民消费价格指数折线图，呈现出水平波动态势，属于平稳型时间序列。

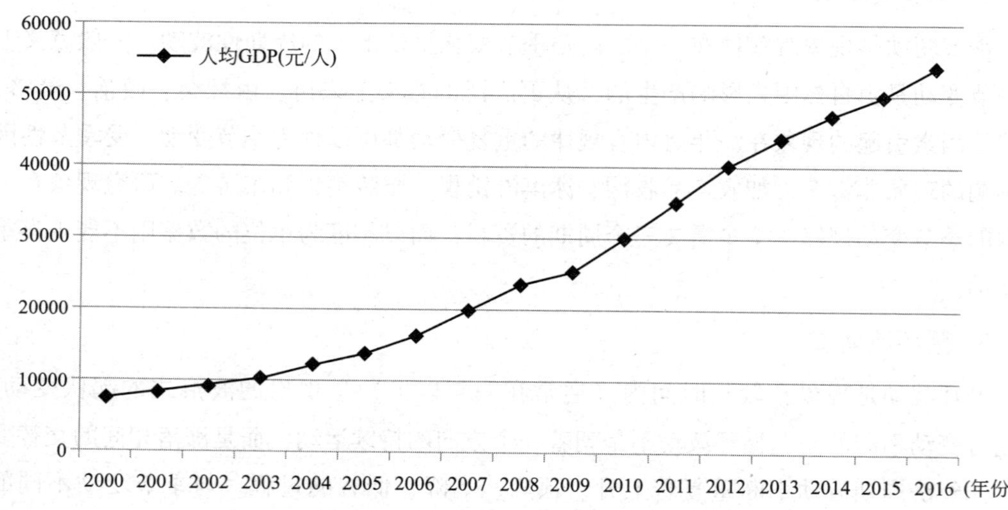

图 8—1—2　人均 GDP 折线图

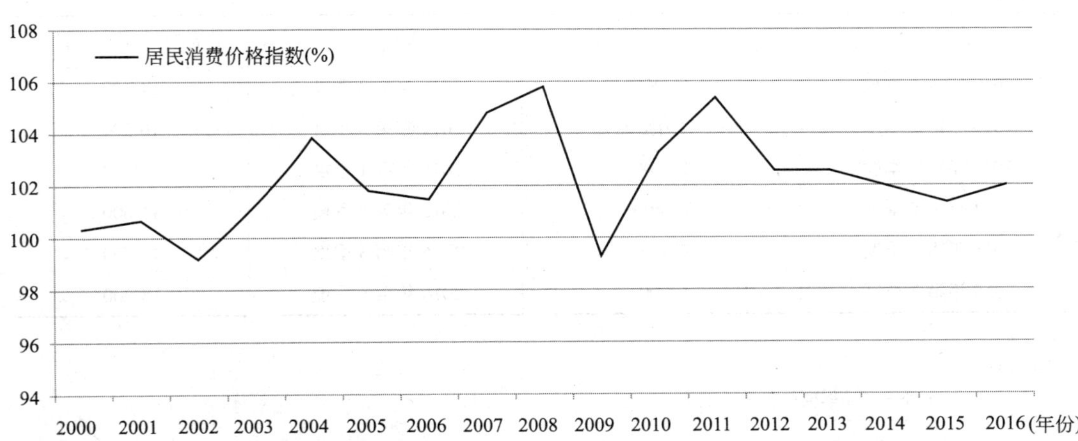

图 8—1—3　居民消费价格指数折线图

表 8—1—2　　我国 2000—2016 年主要经济指标

年份	人均 GDP（元/人）	居民消费价格指数（%）	年份	人均 GDP（元/人）	居民消费价格指数（%）
2000	7 942	100. 4	2009	26 222	99. 3
2001	8 717	100. 7	2010	30 876	103. 3
2002	9 506	99. 2	2011	36 403	105. 4
2003	10 666	101. 2	2012	40 007	102. 6
2004	12 487	103. 9	2013	43 852	102. 6
2005	14 368	101. 8	2014	47 203	102. 0
2006	16 738	101. 5	2015	50 251	101. 4
2007	20 505	104. 8	2016	53 980	102. 0
2008	24 121	105. 9			

资料来源：中国统计年鉴 2017。

【例 8—1—2】　绘制季节性波动和周期性波动时间序列图。

表 8—1—3 是某公司 2014—2016 年的季度产品销售量数据，据此绘制出图 8—1—4，图 8—1—4 显示出该产品的销售具有明显的季节变动特征，同时，三个年度的数据又呈现出逐年递增态势，属于季节变动和长期趋势同时存在的序列。

如图 8—1—5 所示是在 1979—2016 年我国宏观经济波动所呈现出来的周期性特征，属于周期性波动。

表 8—1—3　　某公司 2014—2016 年季度产品销售量

季　度	产品销售量（万件）	季　度	产品销售量（万件）
2014 年第 1 季度	11 800	2015 年第 3 季度	14 100
2014 年第 2 季度	8 000	2015 年第 4 季度	16 500
2014 年第 3 季度	12 700	2016 年第 1 季度	14 300
2014 年第 4 季度	14 800	2016 年第 2 季度	11 600
2015 年第 1 季度	12 400	2016 年第 3 季度	14 700
2015 年第 2 季度	9 800	2016 年第 4 季度	18 200

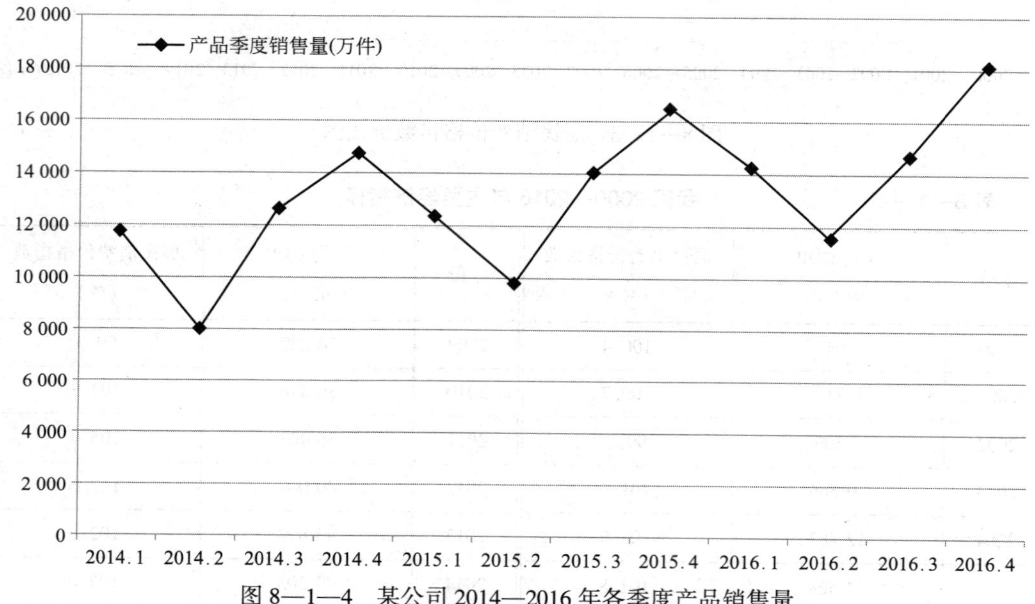

图 8—1—4　某公司 2014—2016 年各季度产品销售量

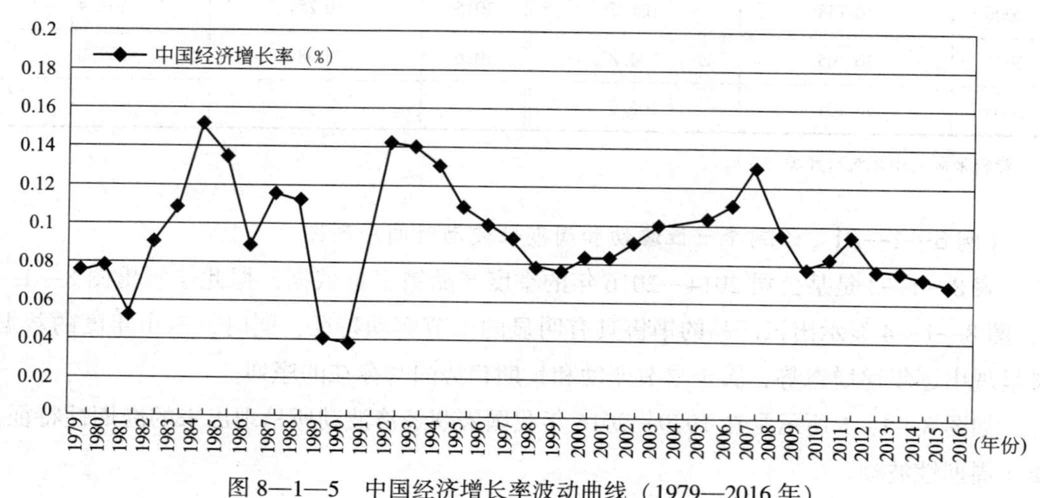

图 8—1—5　中国经济增长率波动曲线（1979—2016 年）

五、时间序列的指标描述

时间序列描述性指标可分为两类：一是水平指标，包括发展水平、增长量、平均发展水平和平均增长量；二是速度指标，包括发展速度、增长速度、平均发展速度和平均增长速度。

1. 发展水平和平均发展水平

（1）发展水平

发展水平是指时间序列中不同时间上的观察值。若用 y 表示发展水平，则 n 个观察期的发展水平可表示为 y_1、y_2、…、y_n。

（2）平均发展水平

平均发展水平是时间序列中不同时间观察值的平均数，概括性地描述了现象在观察期内所达到的一般水平，用 $\bar{y}$ 表示。计算平均发展水平需要根据数据特点及数据登记方法的不同选择公式。

时间序列中的指标可以分为总量指标（或称绝对数）、相对指标（或称相对数）和平均指标（或称平均数）三种类型，总量指标又分为时期指标和时点指标，下面介绍不同情况下的计算方法。

1）根据绝对数时间序列计算平均发展水平。

公式为：

$$\bar{y}=\frac{\sum y}{n} \qquad \text{（式 8—1—1）}$$

式中，n 是时期数，也是观察值个数。

【例 8—1—3】 某市 2002—2017 年全市实现的地区生产总值分别为 2 304 亿元、2 500 亿元、2 791 亿元、3 002 亿元、3 158 亿元、3 317 亿元，试计算各年度的平均值。

解：地区生产总值数列是一个绝对数时间序列，地区生产总值是一个时期指标，计算平均每年的地区生产总值，可以进行简单平均，即将所有年度的地区生产总值相加再除以年数，使用式 8—1—1。

$$\bar{y}=\frac{\sum y}{n}=\frac{2\,304+2\,500+2\,791+3\,002+3\,158+3\,317}{6}=\frac{17\,072}{6}=2\,845\text{（亿元）}$$

时点序列由于时点指标的登记方法不同，平均发展水平的计算分为以下四种情况，见表 8—1—4。

表 8—1—4　　时点序列平均发展水平计算公式

<table>
<tr><td rowspan="2">按日登记</td><td>间隔相等</td><td>$\bar{y}=\frac{\sum y}{n}$　（n 是日期数，也是观察值个数）　（式 8—1—2）</td></tr>
<tr><td>间隔不等</td><td>$\bar{y}=\frac{\sum y\cdot f}{\sum f}$　（f 是权数，即间隔的日期数）　（式 8—1—3）</td></tr>
<tr><td rowspan="2">按月（或季、年）初或月末登记</td><td>间隔相等</td><td>$\bar{y}=\frac{\frac{y_1}{2}+y_2+\cdots+y_{n-1}+\frac{y_n}{2}}{n-1}$　（式 8—1—4）
（n 是观察值个数也是观察点个数，$n-1$ 是时期数）</td></tr>
<tr><td>间隔不等</td><td>$\bar{y}=\frac{\frac{(y_1+y_2)}{2}\cdot f_1+\frac{(y_2+y_3)}{2}\cdot f_2+\cdots+\frac{(y_{n-1}+y_n)}{2}\cdot f_{n-1}}{\sum_{i=1}^{n-1}f_i}$　（式 8—1—5）
[f_i 是观察值 y_i 和 y_{i-1} 之间间隔的月（季、年）数]</td></tr>
</table>

如果时点序列是按“日”登记的，有两种情况：一是天天登记，如企业的出勤人数需要天天记录，如果计算某月平均每天的出勤人数，可用式 8—1—2 对每天的出勤人数进行简单平均；二是在现象发生变动时登记，如企业原材料库存量如果不是天天变动的话，则只需要在变化时进行记录，这时，计算平均每天的库存量是以每个库存量持续的天数为权数对库存量进行加权平均，使用式 8—1—3。

如果时点序列是在月度（或季度、年度）的期初或期末这两个时点上登记的，也有两种情况：一是数据间隔完全相等，计算方法是先计算出各期的平均数，采用期初加期末除以 2 的方法，再对各期的平均数进行简单平均，如例 8—1—4；二是数据间隔不相等，计算方法是先计算相邻两个数据的简单算术平均数，再以两个数据之间的间隔为权数对其加权平均，使用式 8—1—5，如例 8—1—5。

【例 8—1—4】 某市 2012—2017 年各年末常住人口分别为 179.6 万人、180.7 万人、183.9 万人、185.4 万人、188.5 万人、190.2 万人，试计算年平均人口数。

解：各年末常住人口数均在年底登记，序列中两个数据之间的间隔都是一年，这时计算平均每年的人口数可以使用式 8—1—4。设 2012 年初至 2017 年末的人口数为 y_1、y_2、…、y_6，利用式 8—1—4 得该市 2012—2017 年间的年平均常住人口数为：

$$\bar{y}=\frac{\frac{y_1+y_2}{2}+\frac{y_2+y_3}{2}+\cdots+\frac{y_5+y_6}{2}}{6-1}=\frac{\frac{y_1}{2}+y_2+\cdots+\frac{y_6}{2}}{6-1}$$

$$=\frac{\frac{179.6}{2}+180.7+183.9+185.4+188.5+\frac{190.2}{2}}{5}$$

$$=184.7(\text{万人})$$

【例 8—1—5】 银行某储蓄所 2017 年储蓄存款余额资料见表 8—1—5，已知上年

12 月 31 日的储蓄存款余额为 206 百万元，试计算该储蓄所本年度平均储蓄存款余额。

表 8—1—5　　某储蓄所 2016 年储蓄存款余额　　单位：百万元

日期	1 月 31 日	5 月 31 日	8 月 31 日	10 月 31 日	12 月 31 日
月末储蓄存款余额	195	217	229	233	248

解：设上年 12 月 31 日至 2017 年 12 月 31 日的储蓄存款余额为 y_1、y_2、…、y_6，数据间隔分别为 f_1、f_2、…、f_5，利用式 8—1—5 得该储蓄所 2017 年度的平均存款余额为：

$$\bar{y}=\frac{\frac{(y_1+y_2)}{2}\cdot f_1+\frac{(y_2+y_3)}{2}\cdot f_2+\cdots+\frac{(y_5+y_6)}{2}\cdot f_5}{f_1+f_2+f_3+f_4+f_5}$$

$$=\frac{\frac{(206+195)}{2}\times1+\frac{(195+217)}{2}\times4+\frac{(217+229)}{2}\times3+\frac{(229+233)}{2}\times2+\frac{(233+248)}{2}\times2}{1+4+3+2+2}$$

$=220$（百万元）

2）根据相对数或平均数时间序列计算平均发展水平。

公式为：

$$\bar{y}=\frac{\bar{a}}{\bar{b}} \qquad \text{（式 8—1—6）}$$

式中，a 和 b 都是绝对数，分别是计算 y 的分子和分母；$\bar{y}$ 是时间序列中相对数或平均数 y 的平均发展水平；$\bar{a}$ 和 $\bar{b}$ 是 y 的分子及分母序列的平均发展水平，可根据绝对数时间序列的相应公式计算。

【例 8—1—6】 某公司 2017 年第二季度各月销售收入和流动资金占用数据见表 8—1—6。

表 8—1—6　　某公司 2017 年第二季度各月销售收入和流动资金占用数据

月份	3	4	5	6
销售收入（万元）	—	178	218	205
月末流动资金占用（万元）	135	146	126	118
流动资金周转次数	—	1.267	1.603	1.680

试计算该公司二季度平均每月流动资金周转次数。

解：流动资金周转次数是一个相对数，其计算公式是：

$$\text{流动资金周转次数}=\frac{\text{销售收入}}{\text{流动资金平均占用额}}$$

根据式 8—1—6，该公司二季度平均每月流动资金周转次数为：

$$\bar{y}=\frac{\bar{a}}{\bar{b}}=\frac{\sum a/n}{\left(\frac{b_1}{2}+b_2+\cdots+\frac{b_n}{2}\right)/(n-1)}$$

$$=\frac{(178+218+205)/3}{\left(\frac{135}{2}+146+126+\frac{118}{2}\right)/(4-1)}=1.508(\text{次})$$

2. 增长量和平均增长量

（1）增长量

增长量是两个时期发展水平相减的差额，表示报告期水平与基期水平相比增加的绝对量。计算公式为：

增长量＝报告期水平－基期水平

报告期水平，也称为计算期水平，是所要研究的时期的发展水平；基期水平是作为对比基础的时期的发展水平。一般将发生在前面时期的发展水平称为基期水平，发生在后面时期的发展水平称为报告期水平。

根据采用的基期不同，增长量分为逐期增长量和累计增长量。逐期增长量是报告期水平与前一个时期水平相减；累计增长量是报告期水平与固定基期水平相减。若用 Δ_i 表示增长量，y_1、y_2、…、y_n 表示 n 个时期的观察值，y_0 为最初水平，则，

逐期增长量：

$$\Delta_i=y_i-y_{i-1} \qquad (\text{式 8—1—7})$$

累计增长量：

$$\Delta_i=y_i-y_0 \qquad (\text{式 8—1—8})$$

逐期增长量和累计增长量的关系是：各期逐期增长量之和等于累计增长量。

公式表示为：

$$\sum(y_i-y_{i-1})=1/n-y_0 \qquad (\text{式 8—1—9})$$

实际分析中还常用到同比增长，同比增长是本年度某月或某季的水平与上一年同月份或同季度水平相减。

【例 8—1—7】 根据表 8—1—2 我国 2010—2016 年人均 GDP 资料计算增长量。

解：逐期增长量和累计增长量的计算见表 8—1—7。

表 8—1—7　　我国 2010—2016 年人均 GDP 增长量计算表　　单位：元/人

年　份	2010	2011	2012	2013	2014	2015	2016
人均 GDP	30 876	36 403	40 007	43 852	47 203	50 251	53 980
逐期增长量	—	5 527	3 604	3 845	3 351	3 048	3 729
累计增长量	—	5 527	9 131	12 976	16 327	19 375	23 104

资料来源：中国统计年鉴 2017。

（2）平均增长量

平均增长量是各期增长量的平均数。计算公式如下：

$$平均增长量=\frac{逐期增长量之和}{增长量个数}=\frac{\sum(y_i-y_{i-1})}{n} \quad （式 8—1—10）$$

或

$$平均增长量=\frac{累计增长量}{时期项数}=\frac{y_n-y_0}{n} \quad （式 8—1—11）$$

【例 8—1—8】 根据表 8—1—7 数据计算我国 2010—2016 年人均 GDP 的年均增长量。

解：采用式 8—1—11 计算 2010—2016 年我国人均 GDP 的年均增长量：

$$年均增长量=\frac{53\ 980-30\ 876}{6}=3\ 851(元)$$

3. 发展速度和增长速度

（1）发展速度

发展速度是报告期水平与基期水平之比，反映现象在观察期内的相对发展变化程度，表示为报告期水平是基期水平的百分之几或若干倍，一般用百分数表示。计算公式为：

$$发展速度=\frac{报告期水平}{基期水平}\times 100\%$$

根据对比基期不同，发展速度分为环比发展速度和定基发展速度。环比发展速度是报告期水平与前一期水平之比，说明相邻两个观察期内的发展变化程度；定基发展速度是报告期水平与固定基期水平相比，说明若干个观察期内总的发展变化程度。若用 r_i 表示发展速度，则有：

环比发展速度：

$$r_i=\frac{y_i}{y_{i-1}} \quad （式 8—1—12）$$

定基发展速度：

$$r_i=\frac{y_i}{y_0} \quad （式 8—1—13）$$

二者的关系是：观察期内各环比发展速度的连乘积等于最末期的定基发展速度；相邻两个时期定基发展速度的比值等于后一个时期的环比发展速度。公式表示为：

$$\frac{y_1}{y_0}\times\frac{y_2}{y_1}\times\cdots\times\frac{y_n}{y_{n-1}}=\frac{y_n}{y_0} \quad （式 8—1—14）$$

$$\frac{y_i}{y_0}\div\frac{y_{i-1}}{y_0}=\frac{y_i}{y_{i-1}} \quad （式 8—1—15）$$

如果本年度某月或某季的发展水平与上年同月或同季发展水平对比称为“同比”，则表示今年是去年同期的百分之几。

（2）增长速度

增长速度也称增长率，是发展速度减 1，或增长量与基期水平之比，一般用百分数表示。公式为：

$$增长速度=\frac{报告期水平-基期水平}{基期水平}=发展速度-1$$

增长速度表示报告期水平比基期水平增长了百分之几或若干倍，如果发展速度大于 1 表示正增长，发展速度小于 1 表示负增长。增长速度也分为环比增长速度和定基增长速度，若用 G_i 表示增长速度，则有：

环比增长速度：

$$G_i=\frac{y_i-y_{i-1}}{y_{i-1}}=\frac{y_i}{y_{i-1}}-1 \qquad （式 8—1—16）$$

定基增长速度：

$$G_i=\frac{y_i-y_0}{y_0}=\frac{y_i}{y_0}-1 \qquad （式 8—1—17）$$

增长速度虽然也可以分为环比增长速度和定基增长速度，但二者并不存在直接的换算关系。需要推算时应利用环比发展速度和定基发展速度之间的关系求出发展速度再减 1。

实际分析中经常计算同比增长率，即用本年发展水平与去年同期发展水平相除后，再减去基数 1，表示今年比去年同期增长（或下降）了百分之几。

【例 8—1—9】 以表 8—1—7 中我国 2010—2016 年人均 GDP 资料为例，计算各年度的发展速度和增长速度。

解：发展速度和增长速度的计算见表 8—1—8。

表 8—1—8　我国 2010—2016 年人均 GDP 发展速度和增长速度计算表

年　份	2010	2011	2012	2013	2014	2015	2016
人均 GDP（元/人）	30 876	36 403	40 007	43 852	47 203	50 251	53 980
环比发展速度（%）	—	117.90	109.90	109.61	107.64	106.46	107.42
定基发展速度（%）	—	117.90	129.57	142.03	152.88	162.75	174.83
环比增长速度（%）	—	7.90	9.90	9.61	7.64	6.46	7.42
定基增长速度（%）	—	7.90	9.57	42.03	52.88	62.75	74.83

资料来源：中国统计年鉴 2017。

4. 平均发展速度和平均增长速度

（1）平均发展速度

平均发展速度是时间序列中各期环比发展速度的平均数，反映现象在观察期内平均发展的程度。一般采用水平法（几何平均法）计算，公式为：

$$\bar{r}=\sqrt[n]{\frac{y_1}{y_0}\times\frac{y_2}{y_1}\cdots\frac{y_n}{y_{n-1}}}=\sqrt[n]{\Pi\frac{y_i}{y_{i-1}}} \qquad （式 8—1—18）$$

即 $$\bar{r}=\sqrt[n]{\frac{y_n}{y_0}}$$ （式 8—1—19）

式中，$\bar{r}$ 为平均发展水平，y_i/y_{i-1} 为各期环比发展速度，Π 为连乘的符号，y_n/y_0 为定基发展速度。

将式 8—1—19 进行变换可得到预测公式：

$$\hat{y}_n=y_0\times\bar{r}^n$$ （式 8—1—20）

【例 8—1—10】 以表 8—1—7 中我国 2010—2016 年人均 GDP 资料为例，计算我国人均 GDP 在 2010—2016 年的平均发展速度。

解：将 2010 年和 2016 年的人均 GDP 代入式 8—1—19 中得：

$$\bar{r}=\sqrt[6]{\frac{53\ 980}{30\ 876}}=1.097\ 6=109.76$$

则我国人均 GDP 在 2010—2016 年的平均发展速度为 109.76%。

（2）平均增长速度

平均增长速度也称平均增长率，反映现象在观察期内平均每期增长的程度，一般采用下式计算：

平均增长速度=平均发展速度-1

若平均发展速度大于 1，说明现象在观察期内平均来看是增长的；若平均发展速度小于 1，说明现象在观察期内平均来看是下降（或负增长）的。

【例 8—1—11】 以表 8—1—7 中我国 2010—2016 年人均 GDP 资料为例，计算我国人均 GDP 的平均增长幅度。

解：从例 8—1—10 的计算结果来看，我国人均 GDP 在 2010—2016 年平均每年增长 9.76%。

【例 8—1—12】 如果以 2016 年的人均 GDP 为起点，每年按 9.76%的速度递增，预测 2020 年中国的人均 GDP。

解：将数据代入式 8—1—20，得：

$$\begin{aligned}\hat{y}_{2020}&=y_{2016}\times(1+\text{年平均增长率})^4\\&=53\ 980\times(1+0.097\ 6)^4=78\ 345(\text{元/人})\end{aligned}$$

5. 使用增长率分析应注意的问题

应用增长率指标应注意，当时间序列中的观察值出现 0 或负值时，不适宜计算增长率；当将不同研究对象进行对比时，宜将增长率与增长量结合使用，计算增长 1%的绝对值。

现象在动态变化过程中，随时间的延续，数据可能增加也可能减少，但是，当数据出现 0 或负值时，如企业出现了亏损，利润就是负的，这时就不能计算增长率指标，而应直接用绝对数进行对比来计算亏损额。

另外，增长率将数据的绝对量抽象掉了，同样的增长率背后可能是不同的绝对量，比如，甲、乙两家企业产值都比去年增长了10%，但去年两家企业的产值水平却有很大不同，甲企业去年产值是2亿元，乙企业去年产值只有600万元。这时，应将增长的百分数与增长的绝对量结合起来进行分析，可计算增长1%的绝对值。

$$\text{增长 1\% 的绝对值} = \frac{\text{前期水平}}{100}$$

增长1%的绝对值表示增长率每增长一个百分点所对应的增长量。甲企业增长1%对应的绝对值是200万元，乙企业增长1%对应的绝对值只有6万元。

任务实施

一、用图形描述时间序列

1. 数据准备

将表8—1—1的数据输入到Excel表格，年份和全国国内出游人数各占一列。

2. 绘制时间序列折线图

选择“插入”→“折线图”，如图8—1—6和图8—1—7所示。

图8—1—6　选择“折线图”

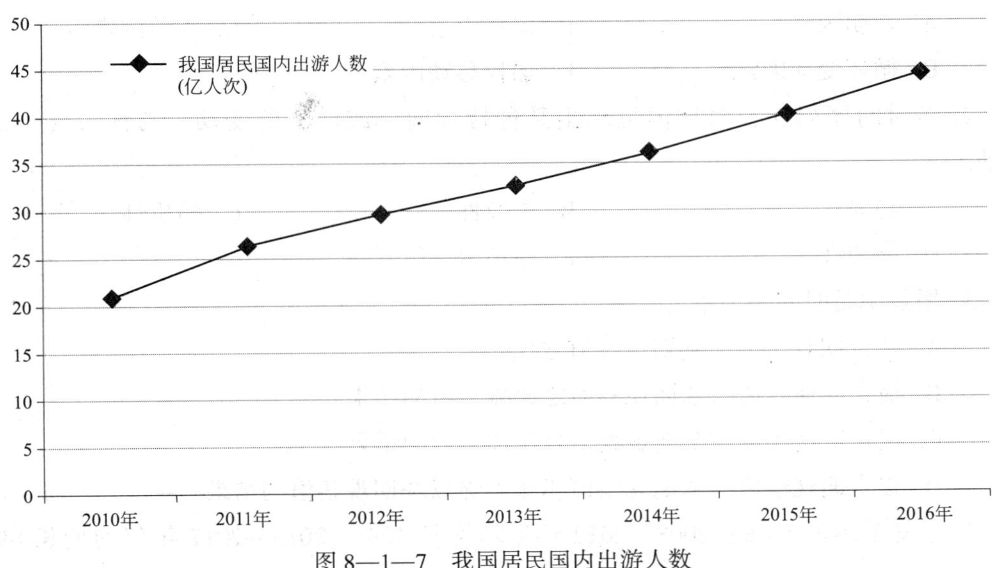

图 8—1—7　我国居民国内出游人数

二、用指标描述时间序列

进行时间序列分析时，可根据需要选择适当的分析指标，针对我国居民国内出游人数进行动态分析可选择以下分析指标。

1. 增长量

我国居民国内出游人数 2016 年与 2010 年相比，增加了 23.4 亿人次（44.4−21）。

2. 平均增长量

2010—2016 年，出游人数平均每年增加 3.9 亿人次（$\frac{44.4-21}{6}$）。

3. 增长率

2016 年与 2010 年相比，出游人数增长了 111.43%（$\frac{44.4-21}{21}$）。

或 2016 年的出游人数是 2010 年的 2.114 3 倍（$\frac{44.4}{21}$）。

4. 平均增长率

2010—2016 年，出游人数平均每年增长 13.29%（$\sqrt[6]{\frac{44.4}{21}}-1$）。

思考与练习

一、选择题

1. 影响时间序列指标值大小的因素主要有（　　）。

A. 长期因素　　B. 偶然因素　　C. 季节因素
D. 循环变动因素　　E. 加权移动因素

2. 若时间序列在长时期内呈现出某种持续向上或向下的变动，则称为（　　）变动。

A. 趋势　　B. 季节性　　C. 随机性
D. 周期性　　E. 循环变动因素

3. 增长率是时间序列中（　　）。

A. 报告期观察值与基期观察值之比
B. 报告期观察值与基期观察值之比减 1 后的结果
C. 报告期观察值与基期观察值之比加 1 后的结果
D. 报告期观察值与基期观察值相减后除以基期观察值的结果

4. 已知某地的 GDP，2008—2012 年年均增长 10%，2013—2017 年年均增长 8%，则 2008—2017 年的平均增长速度为（　　）。

A. $\sqrt[10]{0.1\times0.08}$　　B. $\sqrt[10]{1.1\times08}-1$
C. $\sqrt[10]{(0.1)^5\times(0.08)^5}$　　D. $\sqrt[10]{(1.1)^5\times(1.08)^5}-1$

5. 增长一个百分点对应增加的绝对量称为（　　）。

A. 平均增长率　　B. 环比增长率
C. 增长 1%对应的绝对值　　D. 定基增长率

6. 同一个时间序列中的指标应满足的要求是（　　）。

A. 时间长短要统一　　B. 指标的计算价格和计量单位要统一
C. 指标的经济内容要统一　　D. 指标的计算方法要一致

二、思考题

1. 简述时间序列的四个变动因素。
2. 使用增长率指标应注意的问题是什么？

三、综合应用题

1. 某市 2008—2017 年的汽车销售量资料见表 8—1—9。

表 8—1—9　　某市 2008—2016 年汽车销售量资料

年份	汽车销售量（辆）	年份	汽车销售量（辆）
2008	23 100	2013	41 600
2009	27 500	2014	45 000
2010	26 400	2015	57 200
2011	31 800	2016	69 500
2012	38 400	2017	70 200

要求：(1) 用图形描述汽车销售量在2008—2017年的变化。

(2) 用时间序列分析指标描述汽车销售量在2008—2017年的变化。

2. 我国2017年的人均国内生产总值是59 660元/人，在此基础上，若每年以7%的速度递增，2020年我国的人均国内生产总值将达到多少？

实训

收集国民经济统计指标的时间序列数据，或你感兴趣的时间序列数据，利用Excel绘制时间序列图，计算时间序列分析指标，说明时间序列指标的动态变化。

任务2　趋势外推预测

知识目标

- 了解时间序列外推预测的前提条件和预测程序
- 掌握移动平均预测
- 掌握指数平滑预测
- 掌握线性趋势预测

能力目标

- 能够按照正确程序进行时间序列预测
- 能够利用移动平均法、指数平滑法和线性趋势预测法进行预测

任务引入

对模块八任务1表8—1—2中我国2000—2016年人均GDP（元/人）和居民消费价格指数（%）的变动形态进行判断，选择合适的方法预测2020年的人均GDP和2017年的居民消费价格指数。

任务分析

时间序列分析的主要目的是进行预测。该任务就是学习时间序列的预测方法和基本程序。重点学习移动平均预测法、指数平滑预测法和线性趋势预测法及其应用条件。

相关知识

一、时间序列外推预测的前提条件

统计数据表明，大量社会经济现象的观察值会随时间变化呈现出某种规律和趋势。假设这种趋势会延伸到未来，我们就可以利用一定的预测方法得到未来某个时间的估计值，这就是时间序列外推预测。利用时间序列进行外推预测需要具备以下条件，如图8—2—1所示。

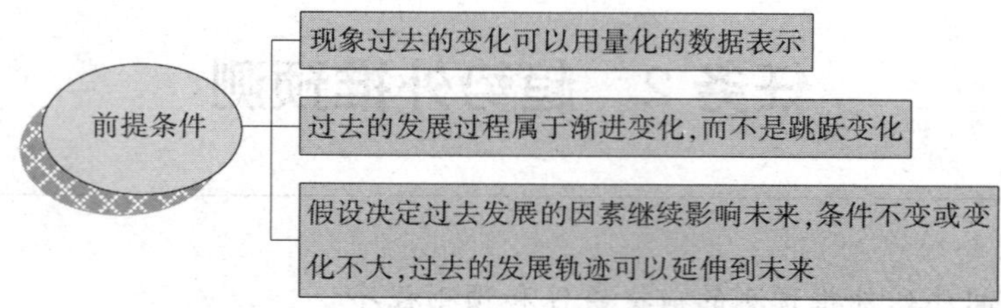

图 8—2—1　时间序列外推预测的条件

二、时间序列预测方法

统计预测方法一般分为定性预测和定量预测两大类。定量预测又可分为时间序列预测和回归预测两大类。

时间序列预测是基于现象随时间推移的变化规律，利用现象过去的统计资料预测未来的一类预测方法。由于时间序列预测所依赖的数据资料只是现象本身的历史数据，所以，这类方法得到了广泛的应用。具体的时间序列预测方法很多，本模块主要介绍四种常用的预测方法，即移动平均预测法、指数平滑预测法、线性趋势外推法和季节变动预测法，这些方法及其适用的时间序列类型如图8—2—2所示。本任务主要介绍三种预测方法：移动平均法、指数平滑法和线性趋势外推法，季节变动预测法将在任务3中介绍。

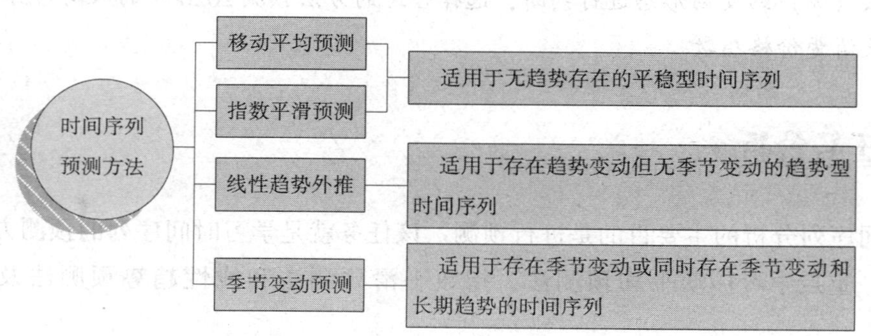

图 8—2—2　时间序列预测方法及其适用的时间序列类型

在选择预测方法时，主要应考虑现象过去发展的形态，比如，是否有长期趋势存在、是否有周期性的循环波动、是否存在季节变动、是否有明显的不规则变动等，不同的时间序列变动形态有不同的适用条件。一般的商业数据管理中通常不考虑周期性因素，而且任何时间序列都有不规则因素的存在，因此，通常主要关注序列是否有趋势变动和季节变动的存在。当有两种以上预测方法可供选择时，通常选择预测误差较小的一种。

三、时间序列预测的程序

利用时间序列进行预测的步骤可归纳为以下 4 步，如图 8—2—3 所示。

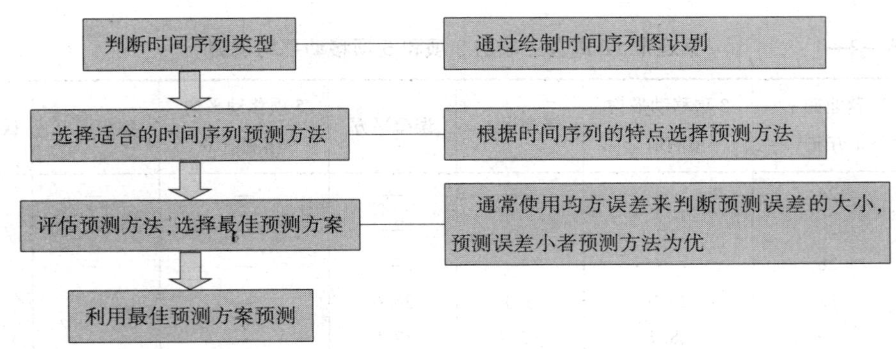

图 8—2—3　时间序列预测的步骤

判断时间序列的类型，也就是确定时间序列所包含的因素，这可以从绘制时间序列图入手进行直观的观察。在选择预测方法时，如果主观上难以确定最佳预测方法，可以同时选择两种以上的方法进行预测，计算不同预测方法的均方误差，用预测误差的大小来决定预测方法的取舍，预测误差最小的预测方法可以认为是最佳预测方法。

四、移动平均预测

移动平均法是将时间序列中最近 k 期观察值的数据进行平均，随着观察期的推移，每当得到一个新的观察值时，就去掉最早期的一个数据，加上一个最新观察值，计算移动平均数，每次平均的数据都包含 k 个时期。

移动平均的作用主要有两个：一是用于消除时间序列中的随机波动，突出长期趋势；二是用于对平稳序列进行外推预测，其用途如图 8—2—4 所示。

移动平均预测又分为简单移动平均预测和加权移动平均预测两种。

图 8—2—4　移动平均的主要用途

1. 简单移动平均预测

简单移动平均预测就是将时间序列中最近 k 期数据的简单算术平均数作为下一期的预测值。企业常用该方法来预测其销售量、库存量等。计算公式为：

$$\hat{y}_{t+1}=(y_t+y_{t-1}+\cdots+y_{t-k+1})/n=\frac{1}{n}\cdot\sum_{t-k+1}^{t}y \qquad (式 8—2—1)$$

式中，$\hat{y}_{t+1}$ 是 $t+1$ 期（即下一期）的预测值，y_t、y_{t-1}、…、y_{t-k+1} 是最近 k 个时期的实际观察值，k 是移动平均的项数，t 是最新观察期。

【例 8—2—1】 利用简单移动平均法预测某超市第 13 周的营业额，数据见表 8—2—1。

表 8—2—1 某超市 12 周营业额的 3 项和 5 项移动平均预测

周次	营业额 y（万元）	3 项移动平均预测值 $\hat{y}$	预测误差	误差平方	5 项移动平均预测值 $\hat{y}$	预测误差	误差平方
1	24	—	—	—	—	—	—
2	28	—	—	—	—	—	—
3	26	—	—	—	—	—	—
4	32	26.0	6.0	36.0	—	—	—
5	23	28.7	−5.7	32.5	—	—	—
6	30	27.0	3.0	9.0	26.6	3.4	11.56
7	31	28.3	2.7	7.3	27.8	3.2	10.24
8	23	28.0	−5.0	25.0	28.4	−5.4	29.16
9	25	28.0	−3.0	9.0	27.8	−2.8	7.84
10	29	26.3	2.7	7.3	26.4	2.6	6.76
11	31	25.7	5.3	28.1	27.6	3.4	11.58
12	29	28.3	−0.7	0.5	27.8	1.2	1.44
13	—	29.7	—	—	27.4	—	—
合计	—	—	—	154.7	—	—	78.56
平均	—	—	—	17.2	—	—	11.20

表中：y 是营业额的实际观察值，$\hat{y}$ 是营业额的移动平均预测值。

解：分别进行 3 项移动平均和 5 项移动平均，计算结果见表 8—2—1。

若采用 3 项移动平均预测，第 1、2、3 周营业额的平均数 26 万元就是第 4 周的预测值，第 2、3、4 周营业额的平均数 28.7 万元就是第 5 周的预测值，以此类推。若采用 5 项移动平均预测，第 1、2、3、4、5 周营业额的平均数 26.6 万元就是第 6 周的预测值，第 2、3、4、5、6 周营业额的平均数 27.8 万元就是第 7 周的预测值，以此类推。

若根据现有数据外推预测第 13 周的营业额，采用 3 项移动平均的预测值是 29.7 万元（第 10、11、12 周的简单平均数）；采用 5 项移动平均的预测值是 28 万元（第 8、9、10、11、12 周的简单平均数）。

移动平均法应用的关键是移动平均间隔长度 k 的确定。对于同一个时间序列，采用不同的移动平均项数，预测的准确性是不同的。通常选择预测误差最小的移动平均项数 k。一般用均方误差（MSE），即预测误差平方和的平均数反映预测误差的大小。

计算公式为：

$$均方误差(MSE)=\frac{\sum(y-\hat{y})^2}{n} \quad （式 8—2—2）$$

式中，n 是实际观察值 y 与预测值 $\hat{y}$ 离差的个数。

【例 8—2—2】 以表 8—2—1 数据为例，通过均方误差的比较，选择合适的移动平均项数。

解：3 项移动平均的均方误差 $MSE_3=\frac{(32-26)^2+(23-28.7)^2+\cdots+(29-28.3)^2}{9}=\frac{154.7}{9}=17.2$

5 项移动平均的均方误差 $MSE_5=\frac{(30-26.6)^2+(31-27.8)^2+\cdots+(29-27.8)^2}{7}=\frac{78.56}{7}=11.2$

5 项移动平均的均方误差小于 3 项移动平均的均方误差，所以，预测该超市的营业额，采用 5 项移动平均预测比较合适。实际观察值与 3 项、5 项移动平均预测值的折线图如图 8—2—5 所示。

另外，在移动平均项数的确定上，如果时间序列有波动周期，移动平均的时期项数

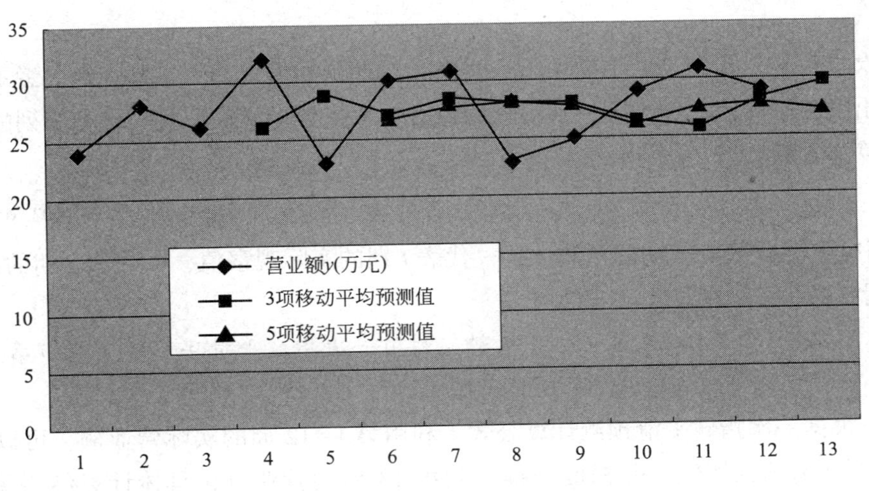

图 8—2—5　实际观察值与 3 项、5 项移动平均预测值折线图

应等于周期长度。例如，以季度为时间单位登记的资料，以 4 项移动平均为宜；以月度为时间单位登记的资料，以 12 项移动平均为宜。

移动平均预测的优点是计算量少，简单易懂。该方法只适宜作短期预测，适合于平稳波动的时间序列，不宜用于有趋势的时间序列。如果用移动平均法对一组具有长期趋势的数据进行外推预测，其估计值往往高于或低于实际值，因此，移动平均法不适用于具有长期趋势的时间序列。

2. 加权移动平均预测

利用简单移动平均法进行预测时，对每个观察值给予了相同的权数。但实际上，近期与远期的观察值对预测值的影响是不同的。通常情况下，近期观察值对预测值的影响要大于远期观察值的影响。加权移动平均预测就是在预测时对近期和远期的观察值给予不同的权数进行加权平均作为预测值。一般来说，权数的确定遵循“近大远小”的原则，距离预测期近的观察值应赋予较大的权数，较远时期观察值的权数依次递减。至于移动平均项数的选择和权数的选择，也应以均方差的大小作为选择依据。

五、指数平滑预测

指数平滑预测是对加权移动平均预测法的改进和发展。它与加权移动平均预测法的相同点是，对实际观察值进行加权平均，并且以“近大远小”的原则确定权数大小，给予近期观察值较大的权数、远期观察值较小的权数。它与加权移动平均预测法不同点是：第一，移动平均预测需要存储 n 个时期的实际观察值，当移动平均的项数 k 很大时，需要存储的数据量也将很大，而指数平滑法只需要存储少量的数据，有时甚至只需要一个最新的观察值、最新的预测值和平滑系数 α 值（即权数）即可；第二，加权移动平均法的权数是等差递减，而指数平滑法的权数则是呈指数递减。

指数平滑预测法有一次指数平滑、二次（多次）指数平滑，这里只介绍一次指数平滑法。

一次指数平滑预测是以本期实际观察值和本期预测值为基数，分别给二者不同的权数，求出指数平滑值，作为下一期的预测值。一次指数平滑法适宜于平稳序列的短期预测。计算公式为：

$$\hat{y}_{t+1}=\alpha \cdot y_t+(1-\alpha)\cdot \hat{y}_t \qquad \text{（式 8—2—3）}$$

式中，$\hat{y}_{t+1}$ 代表 $t+1$ 期的预测值，y_t 代表 t 期的实际观察值，$\hat{y}_t$ 代表 t 期的预测值，α 为平滑系数（$0\leqslant\alpha\leqslant1$）。

【例 8—2—3】 根据表 8—2—1 资料，利用一次指数平滑法预测某超市第 13 周的营业额，平滑系数 α 分别取 0.1、0.5 和 0.9。

解：根据一次指数平滑预测计算公式，利用第 1~12 周的实际营业额，可以求出第 2~12 周营业额的预测值，并据此外推预测第 13 周的营业额，具体计算结果见表 8—2—2。

表 8—2—2　　**指数平滑预测计算表**　　单位：万元

周次	营业额 y	指数平滑预测值		
		$\alpha=0.1$	$\alpha=0.5$	$\alpha=0.9$
1	24	—	—	—
2	28	25.80	25.00	24.20
3	26	26.02	26.50	27.62
4	32	26.02	26.25	26.16
5	23	26.62	29.13	31.42
6	30	26.25	26.06	23.84
7	31	26.63	28.03	29.38
8	23	27.07	29.52	30.84
9	25	26.66	26.26	23.78
10	29	26.49	25.63	24.88
11	31	26.74	27.31	28.59
12	29	27.17	29.16	30.76
13	—	27.35	29.08	29.18

初始值的确定。在实际预测中，第一个时期的预测值，作为一次指数平滑值的初始值，有两种常用的确定方法：一是取第一期的实际观察值作为初始值；二是取最初几期的平均值作为初始值。这里取第 1、2、3 周的平均数 26(24+28+26=26）作为第 1 周的预测值。

如 $\alpha=0.1$ 时，第 2 周的预测值 $\hat{y}_2=\alpha\cdot y_1+(1-\alpha)\cdot\hat{y}_1=0.1\times24+0.9\times26=25.8$，第 3 周的预测值 $\hat{y}_3=\alpha\cdot y_2+(1-\alpha)\cdot\hat{y}_2=0.1\times28+0.9\times25.8=26.2$，以此类推。

一次指数平滑系数 α 的确定。一次指数平滑系数 α 的值是由预测者确定的。平滑系数 α 的大小体现了不同时期的指标值在预测值中所起的作用。α 值越大，越重视本期实际值的作用；α 值越小，越重视本期预测值的作用。平滑系数取不同的值，可获得不同的变化速率，α 值大时反映敏感，预测曲线波动大；α 小时反映平滑，预测曲线波动小。所以，当时间序列有较大的随机波动时，宜选择较大的 α 值，以便能很快跟上近期的变化；当时间序列比较平稳时，宜选择较小的 α 值。

实际中，确定 α 究竟取多大值为宜，通常的做法是先取几个不同的 α 值进行试算，然后分别计算其均方误差，取均方误差最小的 α 值。以表 8—2—2 中的计算为例，$\alpha=0.1$ 时的均方误差最小，为 12.18，所以选 $\alpha=0.1$ 进行预测比较合适。

如 $\alpha=0.1$ 时，$MSE_{\alpha=0.1}=\dfrac{(28-25.8)^2+(26-26.02)^2+\cdots+(29-27.17)^2}{11}=\dfrac{133.98}{11}=12.18$

$\alpha=0.5$ 时，$MSE_{\alpha=0.5}=\dfrac{(28-25)^2+(26-26.5)^2+\cdots+(29-29.16)^2}{11}=\dfrac{173.33}{11}=15.76$

$\alpha=0.9$ 时，$MSE_{\alpha=0.9}=\dfrac{(28-24.2)^2+(26-27.62)^2+\cdots+(29-30.76)^2}{11}=\dfrac{251.47}{11}=22.86$

一次指数平滑法只适用于具有水平发展趋势的时间序列分析，且只能对近期进行预测。如果时间序列具有上升或下降趋势时，预测偏差会比较大，这时最好使用二次指数平滑法进行预测，二次指数平滑法本教材不再涉及，读者可根据需要参考其他相关教材。

六、线性趋势预测

社会经济现象在较长时间内呈现出来的长期变动趋势，以及这种趋势所具有的外延性，成为时间序列外推预测的基础。外推预测通常要借助于时间序列模型。如果时间序列资料随时间变化近似表现为一条直线，即不断上升或不断下降的运动趋势，则可以建立线性趋势模型。但市场经济活动是复杂的，很多现象用线性趋势模型预测不够准确，这时还应考虑非线性趋势模型。当认识模糊时，可以同时对一个时间序列配合两个以上的模型，然后对比不同模型的均方误差，用均方误差最小的模型来预测。

这里介绍最常用的线性趋势方程的拟合及预测方法。

1. 线性趋势方程的拟合

线性趋势方程的拟合就是利用线性回归的方法对时间序列配合一个线性方程，以揭示数据变化的长期趋势。当现象的逐期增长量大体相同时，可以考虑拟合线性趋势方程。线性趋势方程的一般形式为：

$$\hat{y}=a+b\cdot t \qquad \text{（式 8—2—4）}$$

式中，$\hat{y}$ 为时间序列的趋势值，t 为时间序列的时期顺序号，a 为截距，b 为直线斜率，表示时间每外延一期现象观察值的平均变动量。

采用最小二乘法计算参数 a、b，计算公式为：

$$\begin{cases} b=\dfrac{n\sum ty-\sum t\sum y}{n\sum t^2-(\sum t)^2} \\ a=\bar{y}-b\bar{t} \end{cases} \qquad \text{（式 8—2—5）}$$

将时间序号 t 的值依次代入线性方程可得到时间序列的预测值。

【例 8—2—4】 根据表 8—2—3 某公司 2006—2017 年的销售额资料拟合线性趋势方程并预测 2018 年的销售额。

表 8—2—3　　某公司 2006—2017 年的销售额资料

年份	t	销售额（万元）y	$t\cdot y$	t^2	$\hat{y}$	$(y-\hat{y})^2$
2006	1	490	490	1	473.72	265.04
2007	2	480	960	4	503.20	538.24
2008	3	510	1 530	9	532.68	514.38

续表

年份	t	销售额(万元)y	$t \cdot y$	t^2	$\hat{y}$	$(y-\hat{y})^2$
2009	4	590	2 360	16	562.16	775.07
2010	5	570	2 850	25	591.64	468.29
2011	6	640	3 840	36	621.12	356.45
2012	7	680	4 760	49	650.60	864.36
2013	8	670	5 360	64	680.08	101.61
2014	9	690	6 120	81	709.56	382.59
2015	10	760	7 600	100	739.04	439.32
2016	11	750	8 250	121	768.52	342.99
2017	12	800	9 600	144	798.00	4.00
合计	78	7 630	53 810	650	—	5 052.34

解：将表8—2—3中的数据代入参数 a、b 的计算公式得：

$$a=\frac{7\ 630}{12}-29.48\times\frac{78}{12}=444.21$$

$$b=\frac{12\times53\ 810-78\times7\ 630}{12\times650-78^2}=29.48$$

则：$\hat{y}=444.21+29.48\cdot t$

将时间序号 $t=1$、2、…、12的值依次代入线性方程可得到时间序列的预测值，预测结果见表8—2—3中 $\hat{y}$ 列。若想预测2019年的销售额，将 $t=14$ 代入方程，得：

$$\hat{y}_{2018}=444.21+29.48\times14=856.93(\text{万元})$$

利用Excel的“数据分析”工具可快速得到参数 a、b 的计算结果。

2. 预测精度的测量

在利用线性趋势方程外推预测时，通常用线性回归中的估计标准误差来衡量趋势预测的误差，计算公式为：

$$S_y=\sqrt{\frac{\sum(y-\hat{y})^2}{n-m}} \qquad \text{(式8—2—6)}$$

式中，n 是观察值的个数，m 是待定参数的个数。对于线性趋势方程，$m=2$。

【例8—2—5】 根据表8—2—3中的数据计算预测误差。

解：将表8—2—3中数据代入式8—2—6中得预测的估计标准误差为：

$$S_y\sqrt{\frac{5\ 052.34}{12-2}}=22.48(\text{万元})$$

通过线性趋势图也可以直观地看出模型拟合的程度。如图8—2—6所示，线性趋势值基本上反映了销售额的实际变化。

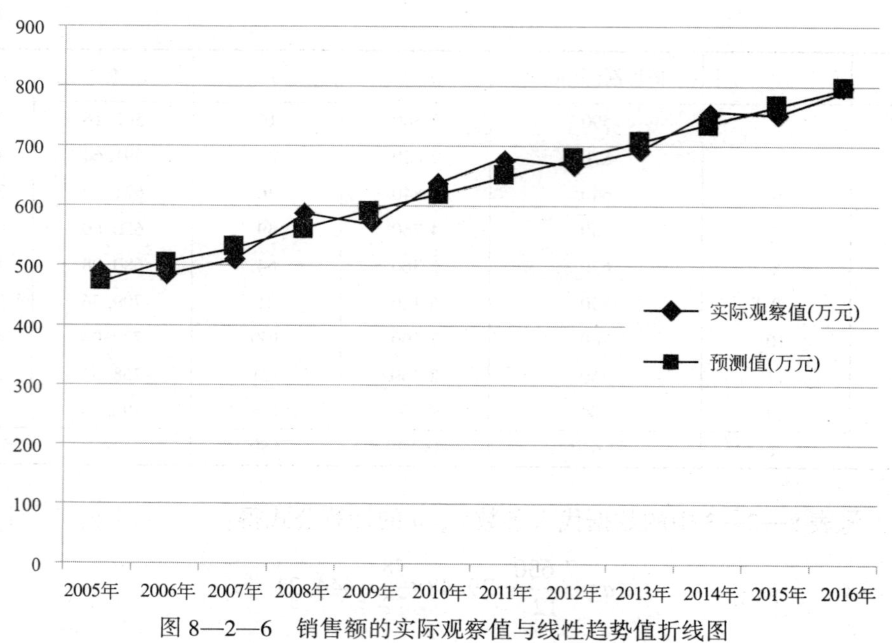

图 8—2—6　销售额的实际观察值与线性趋势值折线图

任务实施

一、通过图形判断序列类型

表 8—1—2 中我国 2000—2016 年人均 GDP 和居民消费价格指数，已经在任务 1 中绘成图 8—1—2 和图 8—1—3。

从图 8—1—2 来看，我国人均 GDP 基本上是呈直线型上升的，长期趋势比较突出，因此可以选择线性方程式来进行外推预测。

从图 8—1—3 来看，居民消费价格指数没有明显的趋势存在，基本属于平稳型时间序列，所以，可采用移动平均法或指数平滑法来进行预测。

二、移动平均法预测我国 2017 年的居民消费价格指数

利用 Excel 中的“移动平均”工具预测我国 2017 年居民消费价格指数的步骤如下：

步骤 1：选择“工具”→“数据分析”→“移动平均”→“确定”。

步骤 2：设置“移动平均”对话框。在“输入区域”用鼠标选中“B2 : B18”；在“间隔”中输入“3”；在“输出区域”输入任一单元格准备放置输出结果，这里输入“C3”；单击“确定”按钮。设置如图 8—2—7 所示，结果如图 8—2—8 所示。

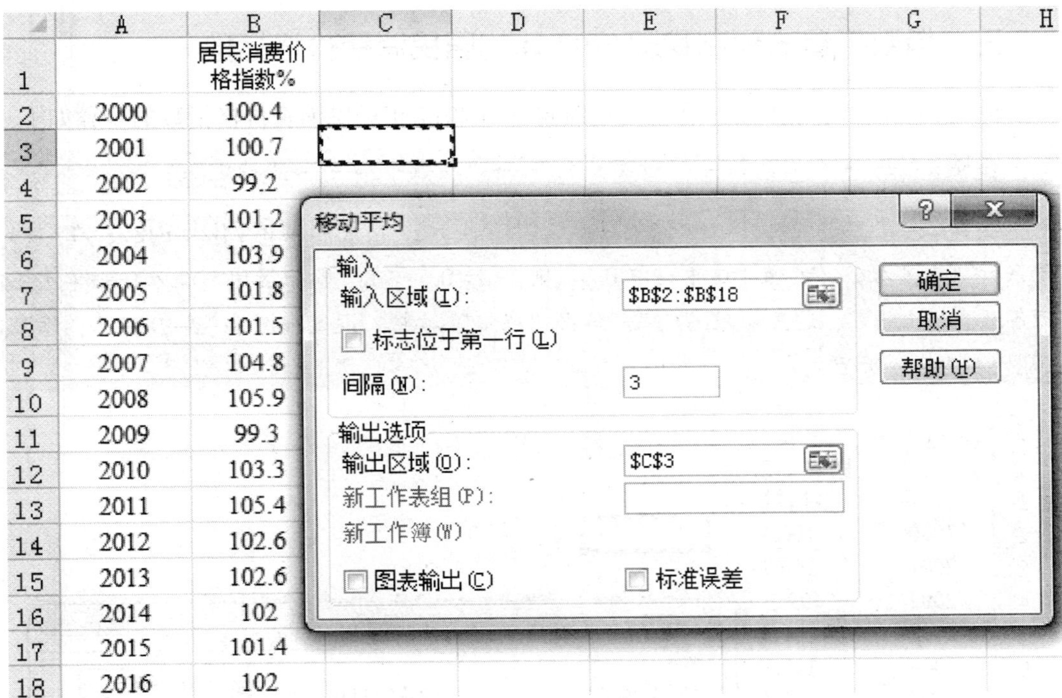

图 8—2—7　“移动平均”对话框

	A	B	C
1		居民消费价格指数%	3项移动平均预测值
2	2000	100.4	
3	2001	100.7	
4	2002	99.2	
5	2003	101.2	100.1
6	2004	103.9	100.4
7	2005	101.8	101.4
8	2006	101.5	102.3
9	2007	104.8	102.4
10	2008	105.9	102.7
11	2009	99.3	104.1
12	2010	103.3	103.3
13	2011	105.4	102.8
14	2012	102.6	102.7
15	2013	102.6	103.8
16	2014	102	103.5
17	2015	101.4	102.4
18	2016	102	102.0
19	2017		101.8

图 8—2—8　居民消费价格指数的 3 项移动平均预测值

三、指数平滑法预测我国 2017 年的居民消费价格指数

利用 Excel 中的“指数平滑”工具预测我国 2017 年居民消费价格指数的步骤如下：

步骤 1：选择“工具”→“数据分析”→“指数平滑”→“确定”。

步骤 2：设置“指数平滑”对话框。在“输入区域”用鼠标选中“B2：B18”；在“阻尼系数”中输入 1-α 的值，这里 α 取 0.3，则 1-α=0.7；在“输出区域”输入任一单元格准备放置输出结果，这里输入“C3”；单击“确定”按钮。设置如图 8—2—9 所示，结果如图 8—2—10 所示。

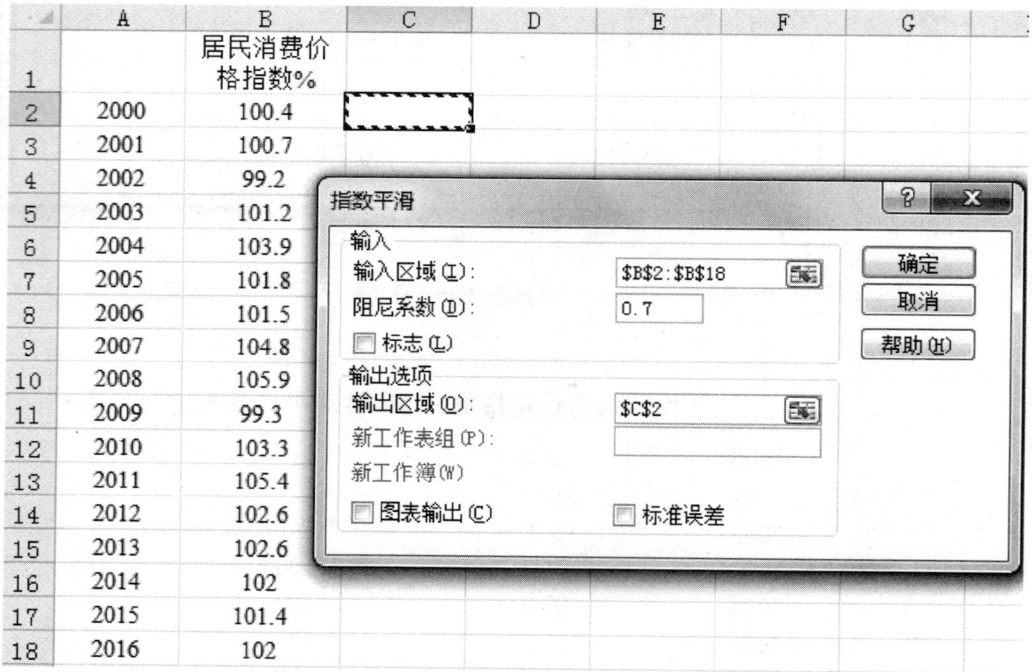

	A	B	C	D	E	F	G
1		居民消费价格指数%					
2	2000	100.4					
3	2001	100.7					
4	2002	99.2					
5	2003	101.2					
6	2004	103.9					
7	2005	101.8					
8	2006	101.5					
9	2007	104.8					
10	2008	105.9					
11	2009	99.3					
12	2010	103.3					
13	2011	105.4					
14	2012	102.6					
15	2013	102.6					
16	2014	102					
17	2015	101.4					
18	2016	102					

指数平滑
输入
输入区域(I)：$B$2:$B$18
阻尼系数(D)：0.7
标志(L)
输出选项
输出区域(O)：$C$2
新工作表组(P)：
新工作簿(W)
图表输出(C)　标准误差
确定　取消　帮助(H)

图 8—2—9 “指数平滑”对话框

从三个平滑系数的误差平方和来看，α=0.3 时的预测误差最小。

四、线性趋势法预测我国 2020 年的人均 GDP

利用 Excel 中的“回归”工具预测我国 2020 年人均 GDP 的步骤如下：

步骤 1：选择“数据”→“数据分析”→“回归”→“确定”。

步骤 2：设置“回归”对话框。在“Y 值输入区域”用鼠标选中“C2：C18”；在“X 值输入区域”用鼠标选中“B2：B18”；在“输出区域”输入任一单元格准备放置输出结果，这里输入“D2”；单击“确定”按钮，输出结果如图 8—2—11 所示。

	A	B	C	D	E	F	G	H
1		居民消费价格指数%	$\alpha=0.3$	误差平方	$\alpha=0.5$	误差平方	$\alpha=0.7$	误差平方
2	2000	100.4	—	—	—	—	—	—
3	2001	100.7	100.40	0.09	100.40	0.09	100.40	0.09
4	2002	99.2	100.49	1.66	100.55	1.82	100.61	1.99
5	2003	101.2	100.10	1.20	99.88	1.76	99.62	2.49
6	2004	103.9	100.43	12.03	100.54	11.31	100.73	10.07
7	2005	101.8	101.47	0.11	102.22	0.18	102.95	1.32
8	2006	101.5	101.57	0.01	102.01	0.26	102.14	0.42
9	2007	104.8	101.55	10.57	101.75	9.27	101.69	9.65
10	2008	105.9	102.52	11.39	103.28	6.88	103.87	4.13
11	2009	99.3	103.54	17.95	104.59	27.97	105.29	35.88
12	2010	103.3	102.27	1.07	101.94	1.84	101.10	4.85
13	2011	105.4	102.58	7.97	102.62	7.72	102.64	7.62
14	2012	102.6	103.42	0.68	104.01	1.99	104.57	3.89
15	2013	102.6	103.18	0.33	103.31	0.50	103.19	0.35
16	2014	102	103.00	1.01	102.95	0.91	102.78	0.60
17	2015	101.4	102.70	1.70	102.48	1.16	102.23	0.69
18	2016	102	102.31	0.10	101.94	0.00	101.65	0.12
19	2017	—	102.22	—	101.97	—	101.89	—
20	合计	—	—	67.86	—	73.64	—	84.17

图 8—2—10　指数平滑结果

	A	B	C	D	E	F	G	H	I	
1		t	人均GDP（元/人）							
2	2000	1	7942	SUMMARY OUTPUT						
3	2001	2	8717							
4	2002	3	9506	回归统计						
5	2003	4	10666	Multiple	0.983830606					
6	2004	5	12487	R Square	0.967922661					
7	2005	6	14368	Adjusted	0.965784171					
8	2006	7	16738	标准误差	2935.165158					
9	2007	8	20505	观测值	17					
10	2008	9	24121							
11	2009	10	26222	方差分析						
12	2010	11	30876		df	SS	MS	F	gnificance F	
13	2011	12	36403	回归分析	1	3.9E+09	3.9E+09	452.6198	1.29E-12	
14	2012	13	40007	残差	15	1.29E+08	8615195			
15	2013	14	43852	总计	16	4.03E+09				
16	2014	15	47203							
17	2015	16	50251		Coefficients	标准误差	t Stat	P-value	Lower 95%	Upp
18	2016	17	53980	Intercept	-1126.794118	1489.008	-0.75674	0.460926	-4300.54	20
19				X Variabl	3091.5	145.3123	21.27486	1.29E-12	2781.774	34

图 8—2—11　人均 GDP 的回归结果

所得方程为：$\hat{y}=-1\,126.79+3\,091.5t$

步骤 3：利用趋势方程外推预测。

将 $t=21$ 代入线性方程中，得到 2020 年我国人均 GDP 的预测值：

$$\hat{y}_{2020}=-1\ 126.79+3\ 091.5\times 21=63\ 795(\text{元/人})$$

思考与练习

一、选择题

1. 在下面的陈述中，不属于时间序列预测步骤的是（　　）。

A. 确定时间序列的类型　　B. 找出适当的预测方法

C. 对可能的预测方法进行评估　　D. 计算时间序列的增长率

2. 指数平滑法适用于预测（　　）。

A. 平稳序列　　B. 非平稳序列

C. 有趋势成分的序列　　D. 有季节成分的序列

3. 移动平均法适用于预测（　　）。

A. 平稳序列　　B. 非平稳序列

C. 有趋势成分的序列　　D. 有季节成分的序列

4. 移动平均法的主要作用是（　　）。

A. 削弱偶然因素引起的波动　　B. 削弱长期因素引起的波动

C. 消除季节变动的影响　　D. 消除周期性变动的影响

5. 如果现象随时间的推移而呈现出稳定增长或下降的变化规律，适合采用的预测方法是（　　）。

A. 移动平均法　　B. 指数平滑法

C. 线性模型法　　D. 曲线模型法

6. 若某产品各年销售量的直线趋势方程为 $\hat{y}=140+21t$，则表明（　　）。

A. 时间每增加 1 年，销售量平均增加 21 万件

B. 时间每增加 1 年，销售量平均减少 21 万件

C. 时间每增加 1 年，销售量平均增长 21%

D. 时间每增加 1 年，销售量平均减少 21%

7. 最小平方法的数学依据是（　　）。

A. $\sum(y-\hat{y})^2=0$　　B. $\sum(y-\hat{y})=0$

C. $\sum(y-\hat{y})^2<0$　　D. $\sum(y-\hat{y})^2=$ 最小值

E. $\sum(y-\hat{y})=$ 最小值

8. 用指数平滑法得到的 $t+1$ 期的预测值等于（　　）。

A. t 期的实际观察值与 $t+1$ 期指数平滑值的加权平均值

B. t 期的实际观察值与 t 期指数平滑值的加权平均值

C. t 期的实际观察值与 $t+1$ 期实际观察值的加权平均值

D. t 期的指数平滑值与 $t+1$ 期实际观察值的加权平均值

9. 在使用指数平滑法进行预测时，如果时间序列比较平稳，则平滑系数 α 的取值（　　）。

A. 应该偏小　　B. 应该偏大

C. 应该等于 0　　D. 应该等于 1

10. 下列公式属于计算均方误差的公式是（　　）。

A. $\dfrac{\sum_{i=1}^{n}\left(\dfrac{y_i-\hat{y}_i}{y_i}\times 100\right)}{n}$　B. $\dfrac{\sum_{i=1}^{n}|y_i-\hat{y}_i|}{n}$

C. $\dfrac{\sum_{i=1}^{n}(y_i-\hat{y}_i)}{n}$　D. $\dfrac{\sum_{i=1}^{n}(y_i-\hat{y}_i)^2}{n}$

二、思考题

1. 简述时间序列预测的程序。

2. 简述指数平滑预测法。

三、综合应用题

1. 某公司 2001—2016 年的销售额数据见表 8—2—4。

表 8—2—4　　某公司 2001—2016 年的销售额数据

年份	销售额（万元）	年份	销售额（万元）
2001	443	2009	636
2002	425	2010	710
2003	483	2011	705
2004	533	2012	722
2005	429	2013	674
2006	569	2014	816
2007	572	2015	902
2008	647	2016	881

要求：（1）绘制时间序列线图，判断销售额的变动形态。

（2）计算销售额的 3 项移动平均数，计算均方误差，并预测第 17 年的销售额。

（3）采用指数平滑法，分别用 0.3、0.5、0.7 的平滑系数计算各期营业额的预测值，并预测第 17 年的销售额；计算均方误差，说明用哪个平滑系数预测更合适。

（4）建立一个线性趋势方程，预测第 17 年的销售额，并计算估计标准误差。

（5）预测该公司第 17 年的销售额，选用哪种方法比较合适？给出你的分析和判断。

2. 某公司 2005—2016 年的产量资料见表 8—2—5。

表 8—2—5　　某公司 2005—2016 年销售额数据

年份	销售额（万台）	年份	销售额（万台）
2006	355	2012	470
2007	379	2013	481
2008	381	2014	449
2009	431	2015	544
2010	424	2016	601
2011	473	2017	587

要求：用最小平方法建立线性趋势方程，说明方程中 b 的经济意义，并预测 2018 年度的产量。

实训

1. 利用模块八任务 1 实训项目的时间序列资料，选择合适的预测方法进行预测。
2. 将模块八任务 1 和任务 2 的实训内容写成一篇分析报告。

任务 3　季节变动预测

知识目标

- 掌握季节指数的测定
- 掌握季节变动预测

能力目标

- 能够判断季节变动规律
- 能够进行季节变动预测

任务引入

某购物中心 2013—2017 年销售某产品的资料见表 8—3—1。

表 8—3—1　　某商品 2013—2017 年各季度销售量　　单位：万元

	第一季度	第二季度	第三季度	第四季度
2013	1 1793	7 756	10 775	13 564
2014	12 348	7 960	11 103	14 841
2015	12 681	8 142	11 702	15 159
2016	13 436	8 509	12 610	16 356
2017	13 580	8 913	12 710	16 675

要求：利用上表资料测定该产品销售量的季节变动规律。

任务分析

许多产品的生产和销售存在季节性，如何把握季节变动规律，合理安排生产、库存和销售，使资金高效流动，是企业关心的问题。本任务介绍的就是测定季节变动规律和季节预测的方法。

相关知识

一、季节指数的测定

季节性变动是指经济活动在一年之内呈现出的起伏波动。季节性变动主要是由季节性因素和社会习俗影响而产生的。通常以季度或月度为时间单位观察，以周或日为时间单位的观察也是季节变动研究的范围。分析季节变动的数据至少需要三个周期，比如，月度资料需 36 个月，季度资料需 12 个月。

测定季节变动规律的方法是计算季节指数（或称季节比率）。季节指数是某月（或某季）的数值与全年月（季）平均水平对比后的一个百分数。若某月（或季度）的数值高于全年平均水平，则季节指数大于 100%，反之，若低于全年平均水平，则季节指数小于 100%。季节指数的计算分以下两种情况：时间序列不存在长期趋势时计算季节指数的方法称为按月（或按季）平均法；时间序列存在长期趋势时计算季节指数的方法称为趋势剔除法。

1. 按月（或按季）平均法

如果时间序列不存在明显的长期趋势，计算季节指数可采用按月（或按季）平均法。即先计算若干年的同月（或同季）平均数以消除随机波动，然后再计算季节指数，计算步骤如图 8—3—1 所示。

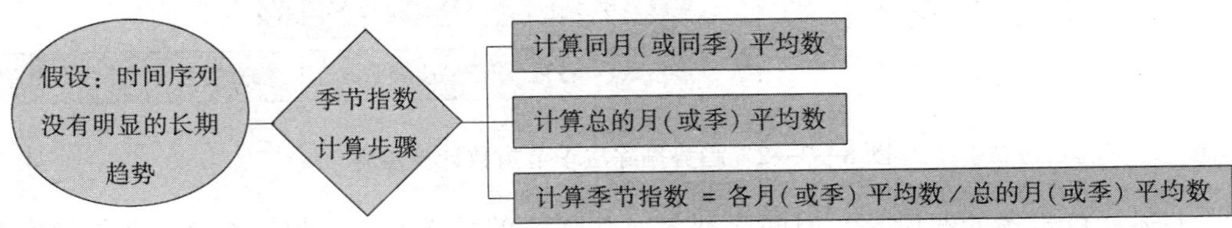

图 8—3—1　按月（或按季）平均法计算季节指数步骤

【例 8—3—1】 利用表 8—3—2 某产品 2015—2017 年销售量数据测定该产品的季节变动规律。

解：表 8—3—2 中产品销售量数据从 2015—2017 年没有明显的长期趋势存在，因此可以采用简单平均法计算季节指数。

表 8—3—2　　某产品 2014—2016 年销售量的简单平均法季节指数计算　　单位：件

季度	2015 年	2016 年	2017 年	同季平均	季节指数（%）
一	24	26	25	25.00	126.58
二	12	13	15	13.33	67.51
三	8	10	9	9.00	45.57
四	30	32	33	31.67	160.34
合计	74	81	82	79.00	400.00
平均	8.5	20.3	20.5	19.75	100.00

例如，一季度的同季平均数 $=\dfrac{24+26+25}{3}=25$

一季度的季节指数 $=\dfrac{25}{19.75}=126.58\%$

计算结果表明，第一、第四季度是该产品销售的旺季，第二、第三季度是该产品销售的淡季。

该方法计算简单，易于理解。但应注意其适用条件，当时间序列存在明显的长期趋势时，该方法计算的季节指数不够准确。当时间序列呈现明显上升趋势时，年末季节指数高于年初季节指数；而当时间序列呈现明显下降趋势时，年末季节指数低于年初季节指数。

2. 趋势剔除法

对于存在长期趋势的时间序列，计算季节指数适合采用趋势剔除法。首先剔除时间序列中的长期趋势，然后再计算季节指数。计算步骤如图 8—3—2 所示。

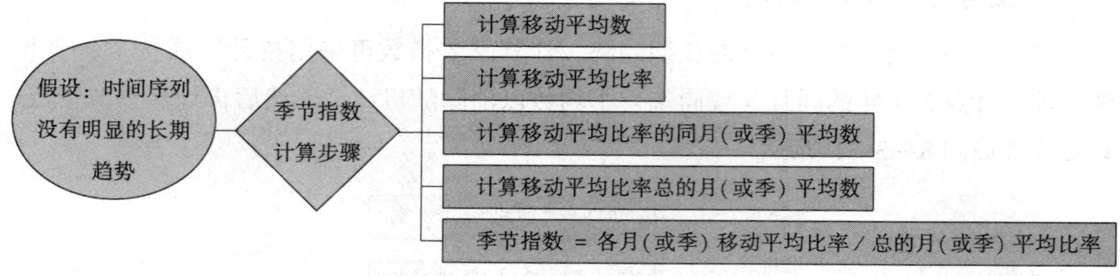

图 8—3—2　趋势剔除法季节指数计算步骤

上述计算步骤的假设是：时间序列各变动因素的关系是 $y=T\times S\times C\times I$，且各年度的不规则变动 I 彼此独立。

计算移动平均数的目的是消除季节变动 S 和不规则波动 I，使序列只包含长期趋势 T 和循环波动 C，即 $T\times C$。在移动平均项数的选择上，若季度资料采用 4 项移动平均，则月度资料采用 12 项移动平均。

计算移动平均比率的目的是消除长期趋势 T 和循环波动 C，使序列包含季节变动 S 和不规则波动 I，即：$\frac{T\times S\times C\times I}{T\times I}$。计算移动平均比率的方法是，用序列观察值 y 除以移动平均趋势值 $T\times C$。

计算移动平均比率同月（或季）平均数的目的是消除不规则波动 I 的影响，使序列只剩下季节变动 S。

【例 8—3—2】 利用表 8—3—3 某商品 2015—2017 年共 36 个月的销售额数据测定该产品的季节变动规律。

解：该商品销售额在年度内存在季节变动，在年度间存在长期趋势，因此，采用趋势剔除法计算季节指数。

步骤 1： 计算 12 个月的移动平均数。

如表中④⑤⑥列所示，计算 12 项移动平均数需要两步。首先，12 项移动平均值应放在这 12 项观察值中间的位置上，这个位置没有相对应的时间，解决这个问题的办法是再进行 2 项移动平均，即将其进行“中心化”处理，2 项移动平均的结果放在这两项中间的位置上，这样，经过两次移动平均后获得了表 8—3—3 中④⑤⑥列的“中心化移动平均值”，第一个 12 项移动平均数是在 2014 年 7 月的位置上，最后一个 12 项移动平均数是在 2016 年 6 月的位置上。

在采用移动平均法对时间序列进行平滑时，凡是偶数项（4 项、12 项）移动平均都需要进行两次移动平均，而移动平均后的数列项数比原数列少相应项数，如 12 项移动平均的新数列比原数列少 12 项，4 项移动平均的新数列比原数列少 4 项；奇数项移动平均比较简单，如 3 项移动平均的结果放在 3 项中间第 2 项的位置上，新序列比原数列少 3 项，5 项移动平均的结果放在 5 项中间第 3 项的位置上，新序列比原数列少 5 项。

步骤 2： 计算移动平均比率。

即将序列的各月观察值除以相应的中心化移动平均值，见表 8—3—3 中⑦⑧⑨列。

表 8—3—3　　某商品销售额的趋势剔除法季节指数计算　　单位：万元

月份	实际观察值 y			12 个月移动平均 $\hat{y}$			移动平均比率 $\frac{y}{\hat{y}}$（%）			同月平均比率（%）	季节指数（%）
	2015 年	2016 年	2017 年	2015 年	2016 年	2017 年	2015 年	2016 年	2017 年	⑩	⑪
	①	②	③	④	⑤	⑥	⑦=①/④	⑧=②/⑤	⑨=③/⑥		
1	353	400	460	—	263	291	—	152.04	157.85	154.95	155.20

续表

月份	实际观察值 y			12个月移动平均 $\hat{y}$			移动平均比率 $\frac{y}{\hat{y}}$（%）			同月平均比率（%）	季节指数（%）
	2015年	2016年	2017年	2015年	2016年	2017年	2015年	2016年	2017年	⑩	⑪
	①	②	③	④	⑤	⑥	⑦=①/④	⑧=②/⑤	⑨=③/⑥		
2	342	378	412	—	266	292	—	142. 11	141. 26	141. 68	141. 91
3	260	360	390	—	269	292	—	133. 87	133. 47	133. 67	133. 89
4	240	287	300	—	271	296	—	105. 99	101. 41	103. 70	103. 87
5	245	280	310	—	273	302	—	102. 72	102. 62	102. 67	102. 84
6	200	220	230	—	275	308	—	80. 00	74. 73	77. 36	77. 49
7	170	200	210	240	279	—	70. 82	71. 75	—	71. 28	71. 40
8	190	230	226	244	283	—	78. 03	81. 37	—	79. 70	79. 83
9	150	180	197	249	285	—	60. 20	63. 08	—	61. 64	61. 74
10	175	190	260	255	287	—	68. 55	66. 17	—	67. 36	67. 47
11	212	240	320	259	289	—	81. 95	83. 07	—	82. 51	82. 64
12	320	350	407	261	291	—	122. 61	120. 45	—	121. 53	121. 72
平均	238	276	310	—	—	—	—	—	—	99. 84	100. 0

步骤3：计算同月移动平均比率的平均数。

对各年度同月份的移动平均比率计算简单平均数，见表8—3—3中第⑩列。

例如，1月移动平均比率的平均数 $=\dfrac{152.04+157.85}{2}=154.95$

2月移动平均比率的平均数 $=\dfrac{142.11=141.26}{2}=141.68$

步骤4：计算移动平均比率总的月平均数，见表中第⑩列。

总的月平均比率 $=\dfrac{154.95+141.68+133.67+103.70+\cdots+82.51+121.53}{12}=99.8373\%$

步骤5：计算季节指数。

即同月平均比率除以总的月平均比率，见表中第⑪列。

例如，1月季节指数 $=\dfrac{154.95\%}{99.8373\%}=154.95\%$

2月季节指数 $=\dfrac{141.68\%}{99.8373\%}=141.91\%$

从表8—3—3的计算可以看出，季节指数大的1月、2月、3月、12月是商品的销售旺季，季节指数小的9月、10月是销售淡季。

二、利用季节指数预测

利用季节指数进行预测可分为以下几个步骤，如图 8—3—3 所示。

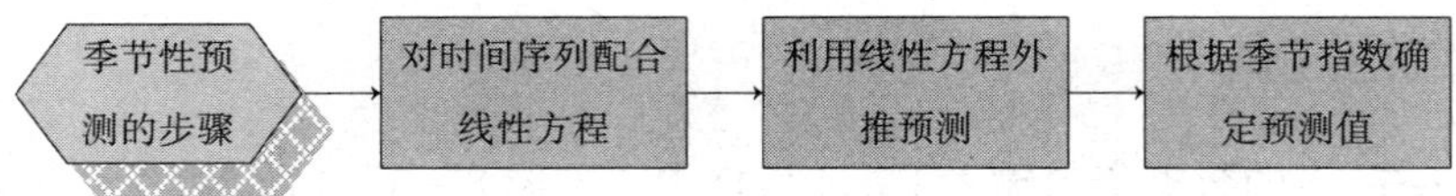

图 8—3—3　季节指数预测的步骤

【例 8—3—3】 根据表 8—3—3 资料，利用季节指数预测 2018 年各月的销售额。

解：根据季节指数预测的步骤，分以下三步：

1. 根据原时间序列配合线性方程

根据表 8—3—3 中 2015 年 1 月至 2017 年 12 月的实际销售额资料，采用最小二乘法配合线性趋势方程（方法参见模块八任务 2），方程为：

$$\hat{y}=248.1857+1.44t$$

2. 利用线性方程外推预测

若想预测 2018 年 1 月至 12 月的销售额，t 的取值应是 36 个月之后的第 37～48 个月，分别将 37～48 这 12 个数带入方程中，可得到 2018 年 1～12 月的线性趋势值。线性趋势值如表 8—3—4 第①列所示。

3. 根据季节比率确定季节性预测值

用例 8—3—2 计算的季节指数乘以线性趋势值，即得到 2018 年 12 个月的季节性预测值。2018 年各月销售额的预测值如表 8—3—4 第③列所示。

表 8—3—4　**季节变动预测计算表**

月数	线性趋势值（万元）	季节指数（%）	季节预测值（万元）
	①	②	③=①×②
37	301	155.20	468
38	303	141.91	430
39	304	133.89	407
40	306	103.87	318
41	307	102.84	316
42	309	77.49	239
43	310	71.40	221
44	312	79.83	249
45	313	61.74	193
46	314	67.47	212
47	316	82.64	261
48	317	121.72	386

任务实施

一、数据准备

将表 8—3—1 的数据资料输入 Excel 表格中，如图 8—3—4 所示。

	A	B	C	D	E
1		一季度	二季度	三季度	四季度
2	2013	11793	7756	10775	13564
3	2014	12348	7960	11103	14841
4	2015	12681	8142	11702	15159
5	2016	13436	8509	12610	16356
6	2017	13580	8913	12710	16675

图 8—3—4　2013—2017 年各季度数据

二、计算季节比率

步骤 1：计算 2013—2017 年的同季度销售量合计，如图 8—3—5 所示。

步骤 2：计算 2013—2017 年同季度销售量的平均数，如图 8—3—5 所示。

步骤 3：计算 2013—2017 年所有季度销售量的平均数，即总的季平均数，计算结果为 12 030. 65 万元。

步骤 4：计算季节指数，即用“同季度销售量的平均数”除以“总的季平均数”，计算结果如图 8—3—5 所示。结果表明，4 季度和 1 季度是销售旺季，3 季度和 2 季度是销售淡季。

	A	B	C	D	E
1		一季度	二季度	三季度	四季度
2	2013	11793	7756	10775	13564
3	2014	12348	7960	11103	14841
4	2015	12681	8142	11702	15159
5	2016	13436	8509	12610	16356
6	2017	13580	8913	12710	16675
7	同季合计	63838	41280	58900	76595
8	同季平均数	12767.6	8256	11780	15319
9	季节比率%	106.13	68.62	97.92	127.33

图 8—3—5　季节指数计算表

思考与练习

一、选择题

1. 时间序列在一年内重复出现的周期性波动称为（　　）。

A. 长期趋势　　B. 季节性波动

C. 周期性波动　　D. 随机变动

2. 按季度资料计算的季节指数之和应等于（　　）。

A. 100%　　B. 400%　　C. 120%　　D. 1 200%

3. 如果某月份（或某季度）有明显的季节变化，则其季节指数应（　　）。

A. 大于 100%　　B. 等于 1

C. 大于或小于 100%　　D. 等于 0

4. 若某产品销售量的季节指数分别为：第一季度 115%，第二季度 65%，第三季度 85%，第四季度 135%，则受季节因素影响最大的是（　　）。

A. 第一季度　　B. 第二季度　　C. 第三季度　　D. 第四季度

二、思考题

1. 简述不考虑长期趋势时计算季节指数的步骤。

2. 简述考虑长期趋势时计算季节指数的步骤。

三、综合应用题

1. 某城市 2015—2017 年各季度旅游人数资料见表 8—3—5。

表 8—3—5　　某城市 2015—2017 年各季度旅游人数　　单位：万人

年份	第一季度	第二季度	第三季度	第四季度
2015	8. 3	12. 7	32. 8	11. 6
2016	12. 4	17. 5	36. 9	14. 5
2017	16. 3	21. 4	40. 8	17. 1

要求：（1）计算季节指数并说明季节变动情况。

（2）预测 2018 年各季度的旅游人数。

2. 某产品 2017 年在 A 市实现的销售额是 230 万元，公司希望 2018 年 A 市的销售额在 2017 年的基础上增长 15%。根据前 4 年的销售数据计算，第一～四季度的销售季节指数分别是 126%、68%、86%、120%。请对 2018 年各季度的销售额进行预测。

实训

从政府统计网站或统计年鉴上收集某种工农业产品产量的月度或季度数据，最少包含三年的数据，利用该数据考察该产品的季节变动规律。

附表 1

正态分布分位数表

$$z_p:\int_{-\infty}^{x}\frac{1}{\sqrt{2\pi}}\rho^{-\frac{x^2}{2}}dx=p$$

z_p	0. 00	0. 01	0. 02	0. 03	0. 04	0. 05	0. 06	0. 07	0. 08	0. 09
0. 0	0. 500 0	0. 504 0	0. 508 0	0. 512 0	0. 516 0	0. 519 9	0. 523 9	0. 527 9	0. 531 9	0. 535 9
0. 1	0. 539 8	0. 543 8	0. 547 8	0. 551 7	0. 555 7	0. 559 6	0. 563 6	0. 567 5	0. 571 4	0. 575 3
0. 2	0. 579 3	0. 583 2	0. 587 1	0. 591 0	0. 594 8	0. 598 7	0. 602 6	0. 606 4	0. 610 3	0. 614 1
0. 3	0. 617 9	0. 621 7	0. 625 5	0. 629 3	0. 633 1	0. 636 8	0. 640 4	0. 644 3	0. 648 0	0. 651 7
0. 4	0. 655 4	0. 659 1	0. 662 8	0. 666 4	0. 670 0	0. 673 6	0. 677 2	0. 680 8	0. 684 4	0. 687 9
0. 5	0. 691 5	0. 695 0	0. 698 5	0. 701 9	0. 705 4	0. 708 8	0. 712 3	0. 715 7	0. 719 0	0. 722 4
0. 6	0. 725 7	0. 729 1	0. 732 4	0. 735 7	0. 738 9	0. 742 2	0. 745 4	0. 748 6	0. 751 7	0. 754 9
0. 7	0. 758 0	0. 761 1	0. 764 2	0. 767 3	0. 770 3	0. 773 4	0. 776 4	0. 779 4	0. 782 3	0. 785 2
0. 8	0. 788 1	0. 791 0	0. 793 9	0. 796 7	0. 799 5	0. 802 3	0. 805 1	0. 807 8	0. 810 6	0. 813 3
0. 9	0. 815 9	0. 818 6	0. 821 2	0. 823 8	0. 826 4	0. 828 9	0. 835 5	0. 834 0	0. 836 5	0. 838 9
1. 0	0. 841 3	0. 843 8	0. 846 1	0. 848 5	0. 850 8	0. 853 1	0. 855 4	0. 857 7	0. 859 9	0. 862 1
1. 1	0. 864 3	0. 866 5	0. 868 6	0. 870 8	0. 872 9	0. 874 9	0. 877 0	0. 879 0	0. 881 0	0. 883 0
1. 2	0. 884 9	0. 886 9	0. 888 8	0. 890 7	0. 892 5	0. 894 4	0. 896 2	0. 898 0	0. 899 7	0. 901 5
1. 3	0. 903 2	0. 904 9	0. 906 6	0. 908 2	0. 909 9	0. 911 5	0. 913 1	0. 914 7	0. 916 2	0. 917 7
1. 4	0. 919 2	0. 920 7	0. 922 2	0. 923 6	0. 925 1	0. 926 5	0. 927 9	0. 929 2	0. 930 6	0. 931 9
1. 5	0. 933 2	0. 934 5	0. 935 7	0. 937 0	0. 938 2	0. 939 4	0. 940 6	0. 941 8	0. 943 0	0. 944 1
1. 6	0. 945 2	0. 946 3	0. 947 4	0. 948 4	0. 949 5	0. 950 5	0. 951 5	0. 952 5	0. 953 5	0. 953 5
1. 7	0. 955 4	0. 956 4	0. 957 3	0. 958 2	0. 959 1	0. 959 9	0. 960 8	0. 961 6	0. 962 5	0. 963 3
1. 8	0. 964 1	0. 964 8	0. 965 6	0. 966 4	0. 967 2	0. 967 8	0. 968 6	0. 969 3	0. 970 0	0. 970 6
1. 9	0. 971 3	0. 971 9	0. 972 6	0. 973 2	0. 973 8	0. 974 4	0. 975 0	0. 975 6	0. 976 2	0. 976 7
2. 0	0. 977 2	0. 977 8	0. 978 3	0. 978 8	0. 979 3	0. 979 8	0. 980 3	0. 980 8	0. 981 2	0. 981 7
2. 1	0. 982 1	0. 982 6	0. 983 0	0. 983 4	0. 983 8	0. 984 2	0. 984 6	0. 985 0	0. 985 4	0. 985 7
2. 2	0. 986 1	0. 986 4	0. 986 8	0. 987 1	0. 987 4	0. 987 8	0. 988 1	0. 988 4	0. 988 7	0. 989 0
2. 3	0. 989 3	0. 989 6	0. 989 8	0. 990 1	0. 990 4	0. 990 6	0. 990 9	0. 991 1	0. 991 3	0. 991 6
2. 4	0. 991 8	0. 992 0	0. 992 2	0. 992 5	0. 992 7	0. 992 9	0. 993 1	0. 993 2	0. 993 4	0. 993 6
2. 5	0. 993 8	0. 994 0	0. 994 1	0. 994 3	0. 994 5	0. 994 6	0. 994 8	0. 994 9	0. 995 1	0. 995 2
2. 6	0. 995 3	0. 995 5	0. 995 6	0. 995 7	0. 995 9	0. 996 0	0. 996 1	0. 996 2	0. 996 3	0. 996 4
2. 7	0. 996 5	0. 996 6	0. 996 7	0. 996 8	0. 996 9	0. 997 0	0. 997 1	0. 997 2	0. 997 3	0. 997 4
2. 8	0. 997 4	0. 997 5	0. 997 6	0. 997 7	0. 997 7	0. 997 8	0. 997 9	0. 997 9	0. 998 0	0. 998 1
2. 9	0. 998 1	0. 998 2	0. 998 2	0. 998 3	0. 998 4	0. 998 4	0. 998 5	0. 998 5	0. 998 6	0. 998 6
3. 0	0. 998 7	0. 999 0	0. 999 3	0. 999 5	0. 999 7	0. 999 8	0. 999 8	0. 999 9	0. 999 9	1. 000 0

附表 2

t 分布表

$$P\{t(n)>t_\alpha(n)\}=\alpha$$

n	$\alpha=0.25$	0. 10	0. 05	0. 025	0. 01	0. 005	0. 002 5	0. 001	0. 000 5
1	1. 000	3. 078	6. 314	12. 706	31. 821	63. 657	127. 321	318. 309	636. 619
2	0. 816	1. 886	2. 920	4. 303	6. 965	9. 925	14. 089	22. 327	31. 599
3	0. 765	1. 638	2. 353	3. 182	4. 541	5. 841	7. 453	10. 215	12. 924
4	0. 741	1. 533	2. 132	2. 776	3. 747	4. 604	5. 598	7. 173	8. 610
5	0. 727	1. 476	2. 015	2. 571	3. 365	4. 032	4. 773	5. 893	6. 869
6	0. 718	1. 440	1. 943	2. 447	3. 143	3. 707	4. 317	5. 208	5. 959
7	0. 711	1. 415	1. 895	2. 365	2. 998	3. 499	4. 029	4. 785	5. 408
8	0. 706	1. 397	1. 860	2. 306	2. 896	3. 355	3. 833	4. 501	5. 041
9	0. 703	1. 383	1. 833	2. 262	2. 821	3. 250	3. 690	4. 297	4. 781
10	0. 700	1. 372	1. 812	2. 228	2. 764	3. 169	3. 581	4. 144	4. 587
11	0. 697	1. 363	1. 796	2. 201	2. 718	3. 106	3. 497	4. 025	4. 437
12	0. 695	1. 356	1. 782	2. 179	2. 681	3. 055	3. 428	3. 930	4. 318
13	0. 694	1. 350	1. 771	2. 160	2. 650	3. 012	3. 372	3. 852	4. 221
14	0. 692	1. 345	1. 761	2. 145	2. 624	2. 977	3. 326	3. 787	4. 140
15	0. 691	1. 341	1. 753	2. 131	2. 602	2. 947	3. 286	3. 733	4. 073
16	0. 690	1. 337	1. 746	2. 120	2. 583	2. 921	3. 252	3. 686	4. 015
17	0. 689	1. 333	1. 740	2. 110	2. 567	2. 898	3. 222	3. 646	3. 965
18	0. 688	1. 330	1. 734	2. 101	2. 552	2. 878	3. 197	3. 610	3. 922
19	0. 688	1. 328	1. 729	2. 093	2. 539	2. 861	3. 174	3. 579	3. 883
20	0. 687	1. 325	1. 725	2. 086	2. 528	2. 845	3. 153	3. 552	3. 850
21	0. 686	1. 323	1. 721	2. 080	2. 518	2. 831	3. 135	3. 527	3. 819
22	0. 686	1. 321	1. 717	2. 074	2. 508	2. 819	3. 119	3. 505	3. 792
23	0. 685	1. 319	1. 714	2. 069	2. 500	2. 807	3. 104	3. 485	3. 768
24	0. 685	1. 318	1. 711	2. 064	2. 492	2. 797	3. 091	3. 467	3. 745
25	0. 684	1. 316	1. 708	2. 060	2. 485	2. 787	3. 078	3. 450	3. 725
26	0. 684	1. 315	1. 706	2. 056	2. 479	2. 779	3. 067	3. 435	3. 707
27	0. 684	1. 314	1. 703	2. 052	2. 473	2. 771	3. 057	3. 421	3. 690
28	0. 683	1. 313	1. 701	2. 048	2. 467	2. 763	3. 047	3. 408	3. 674
29	0. 683	1. 311	1. 699	2. 045	2. 462	2. 756	3. 038	3. 396	3. 659
30	0. 683	1. 310	1. 697	2. 042	2. 457	2. 750	3. 030	3. 385	3. 646

续表

n	α=0. 25	0. 10	0. 05	0. 025	0. 01	0. 005	0. 002 5	0. 001	0. 000 5
31	0. 682	1. 309	1. 696	2. 040	2. 453	2. 744	3. 022	3. 375	3. 633
32	0. 682	1. 309	1. 694	2. 037	2. 449	2. 738	3. 015	3. 365	3. 622
33	0. 682	1. 308	1. 692	2. 035	2. 445	2. 733	3. 008	3. 356	3. 611
34	0. 682	1. 307	1. 091	2. 032	2. 441	2. 728	3. 002	3. 348	3. 601
35	0. 682	1. 306	1. 690	2. 030	2. 438	2. 724	2. 996	3. 340	3. 591
36	0. 681	1. 306	1. 688	2. 028	2. 434	2. 719	2. 990	3. 333	3. 582
37	0. 681	1. 305	1. 687	2. 026	2. 431	2. 715	2. 985	3. 326	3. 574
38	0. 681	1. 304	1. 686	2. 024	2. 429	2. 712	2. 980	3. 319	3. 566
39	0. 681	1. 304	1. 685	2. 023	2. 426	2. 708	2. 976	3. 313	3. 558
40	0. 681	1. 303	1. 684	2. 021	2. 423	2. 704	2. 971	3. 307	3. 551
50	0. 679	1. 299	1. 676	2. 009	2. 403	2. 678	2. 937	3. 261	3. 496
60	0. 679	1. 296	1. 671	2. 000	2. 390	2. 660	2. 915	3. 232	3. 460
70	0. 678	1. 294	1. 667	1. 994	2. 381	2. 648	2. 899	3. 211	3. 436
80	0. 678	1. 292	1. 664	1. 990	2. 374	2. 639	2. 887	3. 195	3. 416
90	0. 677	1. 291	1. 662	1. 987	2. 368	2. 632	2. 878	3. 183	3. 402
100	0. 677	1. 290	1. 660	1. 984	2. 364	2. 626	2. 871	3. 174	3. 390
200	0. 676	1. 286	1. 653	1. 972	2. 345	2. 601	2. 839	3. 131	3. 340
500	0. 675	1. 283	1. 648	1. 965	2. 334	2. 586	2. 820	3. 107	3. 310
1 000	0. 675	1. 282	1. 646	1. 962	2. 330	2. 581	2. 813	3. 098	3. 300
∞	0. 674 5	1. 281 6	1. 644 9	1. 960 0	2. 326 3	2. 575 8	2. 807 0	3. 090 2	3. 290 5

附表 3

随机数字表

03 47 43 73 86	36 96 47 36 61	46 98 63 71 62	33 26 16 80 45	60 11 14 10 95
97 74 24 67 62	42 81 14 57 20	24 53 32 37 32	27 07 36 07 51	24 51 79 89 73
16 76 62 27 66	56 50 26 71 07	32 90 79 78 53	13 55 38 58 59	88 97 54 14 10
12 56 85 99 26	96 96 68 27 31	05 03 72 93 15	57 12 10 14 21	88 26 49 81 76
55 59 56 35 64	38 54 82 46 22	31 62 43 09 90	06 18 44 32 53	23 83 01 30 30
16 22 77 94 39	49 54 43 54 82	17 37 93 23 78	87 35 20 96 43	84 26 34 91 64
84 42 17 53 31	57 24 55 06 88	77 04 74 47 67	21 76 33 50 25	83 29 12 06 76
63 01 63 78 59	16 95 55 67 19	98 10 50 71 75	12 86 73 58 07	44 39 52 38 79
33 21 12 34 29	78 64 56 07 82	52 42 07 44 38	15 51 00 13 42	99 66 02 79 54
57 60 86 32 44	09 47 27 96 54	49 17 46 09 62	90 52 84 77 27	08 02 73 43 28
18 18 07 92 46	44 17 16 58 09	79 83 86 19 62	06 76 50 03 10	55 23 64 05 05
26 62 38 97 75	84 16 07 44 99	83 11 46 32 24	20 14 85 88 45	10 93 72 88 71
23 42 40 64 74	82 97 77 77 81	07 45 32 14 08	32 98 94 07 72	93 85 79 10 75
52 36 28 19 95	50 92 26 11 97	00 56 76 31 38	80 22 02 53 53	86 60 42 04 53
37 85 94 35 12	83 39 50 08 30	42 34 07 96 88	54 42 06 87 98	35 85 29 48 39
70 29 17 12 13	40 33 20 38 26	13 89 51 03 74	17 76 37 13 04	07 74 21 19 30
56 62 18 37 35	96 83 50 87 75	97 12 25 93 47	70 33 24 03 54	97 77 46 44 80
99 49 57 22 77	88 42 95 45 72	16 64 36 16 00	04 43 18 66 79	94 77 24 21 90
16 08 15 04 72	33 27 14 34 09	45 59 34 68 49	12 72 07 34 45	99 27 72 95 14
31 16 93 32 43	50 27 89 87 19	20 15 37 00 49	52 85 68 60 44	38 68 88 11 80
68 34 30 13 70	55 74 30 77 40	44 22 78 84 26	04 33 46 09 52	68 07 97 06 57
74 57 25 65 76	59 29 97 68 60	71 91 38 67 54	13 58 18 24 76	15 54 55 95 52
27 42 37 86 53	48 55 90 65 72	96 57 69 36 10	96 46 92 42 45	97 60 49 04 91
00 39 68 29 61	66 37 32 20 30	77 84 57 03 29	10 45 65 04 26	11 04 96 67 24
29 94 98 94 24	68 49 69 10 82	53 75 91 93 30	34 25 20 57 27	40 48 73 51 92
16 90 82 66 59	83 62 64 11 12	67 19 00 71 74	60 47 21 29 68	02 02 37 03 31
11 27 94 75 06	06 09 19 74 66	02 94 37 34 02	76 70 90 30 86	38 45 94 30 68
35 24 10 16 20	33 32 51 26 38	79 78 45 04 91	16 92 53 56 16	02 75 50 95 98
38 23 16 86 38	42 38 97 01 50	87 75 66 81 41	40 01 74 91 62	48 51 84 08 32
31 96 25 91 47	96 44 33 49 13	34 86 82 53 91	00 52 43 48 85	27 55 26 89 62
66 67 40 67 14	64 05 71 95 86	11 05 65 09 68	76 83 20 37 90	57 16 00 11 66
14 90 84 45 11	75 73 88 05 90	52 27 41 14 86	22 98 12 22 08	07 52 74 95 80
68 05 51 18 00	33 96 02 75 19	07 60 62 93 55	59 33 82 43 09	49 37 38 44 59
20 46 78 73 90	97 51 40 14 02	04 02 33 31 08	39 54 16 49 36	47 95 93 13 30
64 19 58 97 79	15 06 15 93 20	01 90 10 75 06	40 78 73 89 62	02 67 74 17 33
05 26 93 70 60	22 35 85 15 13	92 03 51 59 77	59 56 78 06 83	52 91 05 70 74
07 97 10 88 23	09 98 42 99 64	61 71 62 99 15	06 51 29 16 93	58 05 77 09 51
68 71 86 85 85	54 87 66 47 54	73 32 08 11 12	44 95 92 63 16	29 56 24 29 48

26 99 61 65 53	58 37 78 80 70	42 10 50 67 42	32 17 55 85 74	94 44 67 16 94
14 65 52 68 75	87 59 36 22 41	26 78 63 06 55	13 08 27 01 50	15 29 39 39 43
17 53 77 58 71	71 41 61 50 72	12 41 94 96 26	44 95 27 36 99	02 96 74 30 83
90 26 59 21 19	23 52 23 33 12	96 93 02 18 39	07 02 18 36 07	25 99 32 70 23
41 23 52 55 99	31 04 49 69 96	10 47 48 45 88	13 41 43 89 20	97 17 14 49 17
60 20 50 81 69	31 99 73 68 68	35 81 33 03 76	24 30 12 48 60	18 99 10 72 34
91 25 38 05 90	94 58 28 41 36	45 37 59 03 09	90 35 57 29 12	82 62 54 65 60
34 50 57 74 37	98 80 33 00 91	09 77 93 19 82	74 94 80 04 04	45 07 31 66 49
85 22 04 39 43	73 81 53 94 79	33 62 46 86 28	08 31 54 46 31	53 94 13 38 47
09 79 13 77 48	73 82 97 22 21	05 03 27 24 83	72 89 44 05 60	35 80 39 94 88
88 75 80 18 14	22 95 75 42 49	39 32 82 22 49	02 48 07 70 37	16 04 61 67 87
90 96 23 70 00	39 00 03 06 90	55 85 78 38 36	94 37 30 69 32	90 89 00 76 33

附表 4

Excel 中的统计函数

函数名称	函 数 说 明
AVERAGE (number1, number2…)	返回参数的算术平均值
AVERAGEA (value1, value2…)	计算所有参数的平均值（算数平均值）。不仅数字，而且文本和逻辑值（如 TRUE 和 FALSE）也将计算在内
CORREL (array1, array2)	返回单元格区域 array1 和 array2 之间的相关系数。使用相关系数可以确定两种属性之间的关系
COUNT (value1, value2…)	计算参数表中的数字参数和包含数字的单元格的个数
COUNTA (value1, value2…)	计算参数表所包含的数值个数以及非空单元格的个数
DEVSQ (number1, number2…)	返回数据点与各自样本均值偏差的平方和
FREQUENCY (data_array, bins_array)	以一列垂直数组返回某个区域中数据的频率分布
GEOMEAN (number1, number2…)	返回正数数组或数据区域的几何平均值
HARMEAN (number1, number2…)	返回数据集合的调和平均值。调和平均值与倒数的算术平均值互为倒数
KURT (number1, number2…)	返回数据集的峰值
LINEST (known_ y´s, known_ x´s, const, stats)	使用最小二乘法计算对已知数据进行最佳直线拟合，并返回描述此直线的数组
MAX (number1, number2…)	返回给定参数表中的最大数值，忽略逻辑值及文本字符
MEDIAN (number1, number2…)	返回给定数值集合的中位数。中位数是在一组数据中居于中间的数
MIN (number1, number2…)	返回给定参数表中的最小值，忽略逻辑值及文本字符
MODE (number1, number2…)	返回在某一数组或数据区域中的众数（即出现频率最多的数值）
NORMSDIST (z)	返回标准正态分布的函数值。该分布的平均值为 0，标准偏差为 1

续表

函数名称	函数说明
NORMSINV (probability)	返回标准正态分布的区间点。该分布的平均值为 0，标准偏差为 1
PEARSON (array1，array2)	返回 Pearson（皮尔生）乘积矩相关系数 r，这是一个范围在-1.0 到 1.0 之间（包括-1.0 和 1.0 在内）的无量纲指数，反映了两个数据集合之间的线性相关程度
QUARTILE (array，quart)	返回数据集的四分位数。四分位数通常用于在销售额和测量值数据集中对总体进行分组。例如，可以使用函数 QUARTILE 求得总体中前 25%的收入值
SKEW (number1，number2…)	返回分布的偏斜度。偏斜度反映以平均值为中心的分布的不对称程度。正偏斜度表示不对称边的分布更趋向正值。负偏斜度表示不对称边的分布更趋向负值
STANDARDIZE (x，mean，standard_ dev)	返回以 mean 为平均值，以 standard_ dev 为标准偏差的分布的正态化数值
STDEV (number1，number2…)	估算样本的标准偏差。标准偏差反映相对于平均值（mean）的离散程度
STDEVA (value1，value2…)	估算基于给定样本的标准偏差。标准偏差反映数值相对于平均值（mean）的离散程度。文本值和逻辑值（如 TRUE 或 FALSE）也将计算在内
STDEVP (number1，number2…)	返回以参数形式给出的整个样本总体的标准偏差。标准偏差反映相对于平均值（mean）的离散程度
STDEVPA (value1，value2…)	计算样本总体的标准偏差。标准偏差反映数值相对于平均值（mean）的离散程度
STEYX (known_ y's，known_ x's)	返回通过线性回归法计算 y 预测值时所产生的标准误差。标准误差用来度量根据单个 x 变量计算出的 y 预测值的误差量
TINV (probability，degrees_ freedom)	返回给定双尾概率和自由度的学生氏-t 分布的区间点
VAR (number1，number2…)	估算样本方差（忽略样本中的逻辑值及样本）
VARA (value1，value2…)	估算基于给定样本的方差。不仅数字，文本值和逻辑值（如 TRUE 和 FALSE）也将计算在内
VARP (number1，number2…)	计算样本总体的方差
VARPA (value1，value2…)	计算样本总体的方差。不仅数字，文本值和逻辑值（如 TRUE 和 FALSE）也将计算在内

附表 5

Excel 中的数学函数

函数名称	函数说明
SQRT (number)	返回一组数据的平方根
SUM (number1, number2…)	返回单元格区域中所有数值的和
SUMSQ (number1, number2…)	返回所有参数的平方和。参数可以是数字，或者是涉及数字的数组、名称或引用

主要参考文献

[1] A. B. 布兰肯西普，乔治·爱德华·伯恩，艾伦·达卡．市场调研方案（第二版）[M]．林文平，等，译．北京：中国城市出版社，2002.

[2] 迟艳芹．统计学原理与应用 [M]．北京：清华大学出版社，2005.

[3] 顾晓安，朱建国．统计学实务 [M]．上海：立信会计出版社，2005.

[4] 贾俊平，等．统计学 [M]．北京：中国人民大学出版社，2007.

[5] 贾怀勤．应用统计 [M]．北京：对外经济贸易大学出版社，2005.

[6] 柯惠新，祝建华，孙江华．传播统计学 [M]．北京：北京广播学院出版社，2003.

[7] 卢淑华．社会统计学 [M]．北京：北京大学出版社，2005.

[8] M. C. 弗莱明，J. G. 纳理斯．商务统计 [M]．牛南洁，郭金龙，译．北京：中信出版社，1999.

[9] 王吉利，何书元，吴喜之．统计学教学案例 [M]．北京：中国统计出版社，2004.

[10] 小卡尔·迈克丹尼尔，罗杰·盖兹．市场调研精要（第3版）[M]．范秀成，等，译．北京：电子工业出版社，2002.

[11] 徐国祥等译．工商统计学 [M]．上海：上海财经大学出版社，2004.

[12] 徐国祥．统计预测与决策 [M]．上海：上海财经大学出版社，2001.

[13] 杨世莹．Excel 数据统计与分析范例应用 [M]．北京：中国青年出版社，2005.

[14] 杨敏华．商务统计 [M]．大连：东北财经大学出版社，2002.

[15] 游士兵．统计学 [M]．武昌：武汉大学出版社，2001.

[16] 袁卫，等．统计学 [M]．北京：中国统计出版社，1996.

[17] 周复恭，等．应用数理统计 [M]．北京：中央广播电视大学出版社，1987.

[18] 中华征信所．市场调查手册 [M]．北京：中信出版社，2003.

[19] 张小斐．统计学 [M]．北京：中国统计出版社，2007.

[20] 张勇．财会统计业务基本技能训练教程 [M]．北京：中国人民大学出版社，2003.